汕头大学新国学研究中心 编

新国学研究

第16辑

CNS 中南出版传媒 岳麓書社·长沙

谨以此辑纪念王富仁先生

《新国学研究》辑刊
编者的话

“新国学”是在原有“国学”概念的基础上提出来的。

“国学”是在西方文化输入中国，为了将中国学术与西方学术（“西学”）区别开来而提出的一个学术概念。再早有张之洞等洋务派官僚提出的“中学”，但这个“中学”主要指的是中国传统儒家的伦理道德学说，而由章太炎提倡的“国学”则包括中国古代哲学、文学、文字学、音韵学等各种不同的学术门类，在哲学中也包括儒、释、道等诸子百家各种不同的思想学说，是有关中国古代学问的总称。“五四”新文化运动之后，为了将“国学”与“国粹”区别开来，胡适曾经将“国学”界定为“国故学”，这一方面扩大了“国学”这个学术概念的涵盖范围，将中国古代通俗文化和金文、甲骨文的研究包含在了“国学”的范围之中，另一方面也更加强调了对中国古代文化史料的重新整理和研究，但胡适的“国学”也仍然是有关中国古代历史和中国古代文化的学问，并不包括“五四”新文化运动之后生成和发展起来的新的历史和新的文化。1949 年之后，除了港台地区和海外华文文化圈还继续使用这个学术概念之外，中国的学术界基本上已经不再使用它，但这也使中国学术和中国学者丧失了自身的整体感觉，从而将内部的矛盾和差异发展到彼此无法相容的程度。直到“文化大革命”结束之后，这个概念才再次出现在中国大陆的学术界，并且成了一个被广泛使用的概念。但直至现在，它仍然沿袭着原来的用法，即它仍然是关于中国古代历史和中国古代文化学问的总称。

但是，从“国学”这个学术概念诞生之日起，中国历史和中国文化又有了一个世纪的历史，这一个世纪的中国历史和中国文化，尽管受到外来文化的影响，但仍然主要是中国人民、特别是中国知识分子的独立创造，是需要我们深入了解和研究的。也就是说，从那时开始的中国现代历史和中国现代文化，同样是中国历史和中国文化的一部分，理应纳入“国学”这个总体的学术概念之中。我们所说的“新国学”，是与原有“国学”相对举的，但却不是相对立的，它既包括对中国古代历史和中国古代文化史料的整理和研究，也包括对中国现代历史和现代文化史料的整理和研究；既包括中国学者对本民族历史和本民族文化史料的整理和研究，也包括中国学者对外国历史和外国文化史料的翻译、介绍、整理和研究；同时也把中国学者对现实实践问题和现实理论问题的思考和研究纳入这个学术概念的涵盖范围之中来，目的是使“国学”真正成为涵盖中国学术的全部成果、真正体现中国学术的独立性和整体性的学术概念。

《新国学研究》的创办旨在重建中国学术的整体观念，并在这种新的整体观念的基础上更加主动积极地、更加有效地从事各个不同领域、不同学科和不同专业的学术研究。“新国学”并不排斥任何一个有价值的研究成果，其中也包括在原有“国学”观念基础上取得的学术成果，只是要把这些成果纳入“新国学”这个更大的学术整体中进行具体的阐释、理解和运用，以使之有机地融合到民族学术的整体之中去。"新国学"并不否认学术争鸣、学术讨论的必要性，但这种争鸣和讨论的目的却不在争论双方一时一事的胜负，而在各自认识的深化以及对整个民族学术事业的丰富和发展。《新国学研究》中的任何一篇文章都不是作为"新国学"这个学术概念的样板而被刊发的，它只是给各种不同的学术研究成果提供一个发表的阵地，并以它的包容性和严肃性体现我们对"新国学"这个学术概念的具体理解。

《新国学研究》以刊发 2 — 12 万字的长篇学术论文为主。这并非我们的偏好，而是因为当前的学术刊物大都以发表 2 万字以下的论文为主，而出版社出版的学术著作又大都不能少于 12 万字，这就使 2 — 12 万字的长篇学术论文很难找到发表的机会，也在某种程度上造成了学术文体的单一化。我们希望给这些难以发表的长篇学术论文提供一个发表的阵地，并使我们的学术文体变得更加自由、更加多样。

由于人手的不足，《新国学研究》暂时只刊发特约稿件，不接受外来投稿。

《新国学研究》是在汕头大学学校领导和李嘉诚基金委员会的大力支持下创办起来的，在此，谨向他们致以诚挚的感谢。

目 录

学识·史识·胆识（其四）：鲁迅与顾颉刚（一至十五）

王富仁

内容提要

本文通过对历史观念、学术思想、荣辱观念（面子观念）和所谓鲁迅《中国小说史略》抄袭盐谷温《中国文学概论讲话》事件的分析，揭示了鲁迅和顾颉刚矛盾和分歧的内在文化意义，指出鲁迅和顾颉刚的矛盾和分歧，实际上是鲁迅以“立人思想”为核心的现代文化观念与顾颉刚在受教育过程中形成的中国现代学院精英知识分子文化观念的差异和矛盾。

关键词

鲁迅 顾颉刚 胡适 章太炎“整理国故” 疑古主义史学 “层累地造成的中国古史说” 今文学派 古文学派 抄袭事件“面子观念” 学识 史识 胆识

一

显而易见，顾颉刚的古史研究和他的疑古主义的史学传统，是在胡适"整理国故"的口号下正式提出并发展起来的,而胡适的"整理国故"的"新国故学"的主张又是直接联系着"五四"新文化、新文学运动对中国传统文化的批判倾向提出并发展起来的。实际上，所有这些主张，都有一个共同的对立面，即中国古代书院文化与书院学术的尊古主义的历史观。不论是宋明理学，还是清代学术；不论是古文学派的学术，还是今文学派的学术，它们的一个共同的特点就是其人生的价值标准不在今，不在己，而在古，而在古圣先贤的遗训。对于古圣先贤及其遗训,只能尊,只能肯定,只能赞颂，不能反对，不能批判，不能质疑。"五四"新文化、新文学运动所要批判的就是这种尊古主义的文化传统。它们不再将文化（其中也包括中国文化、中国传统文化）仅仅作为崇拜、尊重、肯定的对象，而是作为认识的对象、研究的对象。而要认识，要研究，主体就是在"今"、在"我"、在"今之我"，对象的性质和作用就不是先定的,而是认识的结果,研究的结果。所以胡适的"新国故学"与"旧国故学"的一个根本区别就是不首先确定"国故"的性质和作用,不将"国故"先定为"国粹",而认为既有"国粹",也有"国渣"，这要通过分析和研究得以分辨。他说："'国学'在我们的心眼里，只是'国故学'的缩写。中国的一切过去的文化历史，都是我们的'国故'，研究这一切过去的历史文化的学问，就是'国故学'，省称为'国学'。'国故'这个名词，最为妥当；因为它是一个中立的名词,不含褒贬的意义。'国故'包含'国粹',但他又包含'国渣'。我们若不了解'国渣'，如何懂得'国粹'？所以我们现在要扩充国学的领域，包括上下三四千年的文化，打破一切的门户成见，拿历史的眼光来整统一切，认清了'国故学'的使命是整理中国一切文化历史，便可以把一切狭陋的门户之见都扫空了。"[1]自然"国故"中既有"国粹",也有"国渣",不都是好的、对的，那就是可以质疑的，可以怀疑的，所以顾颉刚在中

[1] 胡适：《〈国学季刊〉发刊宣言》,《胡适文集》第3卷，第10页。北京大学出版社，1998年版。

国历史学研究中提出自己的疑古主义主张，也就成了顺理成章的事情。但是，我们同时也能看到，这是一条沿着“学识”的道路层层递进的关系，也是我们平时经常说的继承与被继承的关系，只不过顾颉刚继承的不仅仅是中国古代的学术传统，而更是“五四”新文化、新文学的传统。但有继承，就一定有变异，到了顾颉刚的疑古主义的历史观，实际上已与陈独秀、胡适、鲁迅等“五四”新文化、新文学运动倡导者的历史观有了本质意义上的差别。——它们是两种不同的历史观，而不是同样一种历史观的不同表现形式。

陈独秀、胡适、鲁迅等“五四”知识分子的历史观是怎样的？统而言之，他们的历史观其实就是当时常说的“进化的历史观”，用我们现在的说法也可以称之为“历史发展观”。在他们看来，整个人类，其中也包括中华民族的历史，不应当是停滞不前的，不应该是凝固不变的，而应该是进化的、发展的。一个时代有一个时代的历史，一个时代有一个时代的文化，一个时代有一个时代的文学，进化发展才是正常的，停滞不前则是不正常的。这联系到中华民族当时实际的社会的和文化的处境，更容易得到理解。中国社会、中国文化、中国知识分子，特别是中国青年，再也不能继续沿着科举制度废除之前“尊孔读经”的老路继续走下去了。教育制度变了，政治制度变了，现实处境变了，文化、人也要变，也要进化，也要发展。正像我们现在常说的：“变”，才是“硬道理”；“不变”，是没有出路的。他们是刚刚从“旧文化”中走出来的人，是首先感觉到需要“变”、需要“进化发展”的一批中国知识分子。他们不是到社会上来当“圣人”的，甚至也不是到中国社会上来当什么“家”的，而是来促“变”的，是对中国社会、中国文化、中国青年做“叫醒服务”的。也就是说，在他们的眼里，中国的历史还是那个历史，中国的文化还是那个文化；中国的历史、中国的文化不是从根上就是坏的，但也不是从根上就是完美无缺的，只不过现在不能不“变”了，不能不“发展”了。这正像爷爷还是那个爷爷，奶奶还是那个奶奶，爸爸还是那个爸爸，妈妈还是那个妈妈，只不过爷爷是吸大烟的，奶奶是裹小脚的，爸爸、妈妈对爷爷是百依百顺的，孙子、孙女则不同了，不像以前那么听话了，不把爷爷、奶奶、爸爸、妈妈当作做人的典范了。但是，这并不意味着孙子、孙女就不承认这份家业是爷爷、奶奶创下来的，是爸爸、妈妈传承下来的，他们只不过是要走另外一条人生的道路罢了。自己一生的道路将会怎样，是不是一定会比爷爷、奶奶的更辉煌，是不是一定会比爸爸、妈妈的更顺利，他们是不计较，也来不及计较的。总之,“五四”这代知识分子“反传统”,但不是“反历史”。他们承认过去的历史，只是不想重复过去的历史；他们对历史有了自己新的看法，但是并不否定中国古代的历史是由中国古代的人创造的；他们不是与中国古代的人，特别是那些历史名人比个人的高低的，只是向中国社会表达自己与中国古代人不同的理想、不同的追求、不同的看法的，并且也希望他们的同时代人能够理解他们的理想和追求，理解他们的看法，因为至少他们自己认为，这是有利于整个中国社会，有利于全体中国人的。

这种历史观，到了胡适的“整理国故”的“新国故学”这里，实际上已经发生了重心的转移和意义的变迁。“五四”那代倡导文化革命、文学革命的中国知识分子，其中也包括当时的胡适，其历史观主要还是一种整体的历史的观念，这种整体的历史的观念虽然也建立在对中国古代历史事实的感受和认识上，但其生成却不仅仅依靠对中国古代历史事实的感受和认识，其中既有他们对中国现实社会、中国现实社会文化的亲身感受和体验，也有对世界其他民族历史的观察和了解，西方学者历史观的影响也是形成他们新的历史观念的基础因素之一。但到了胡适的“整理国故”的“新国故学”，就把重心转移到中国古代历史这个特定的研究对象身上了，重心就不在研究者历史观念的本身了。如果说“五四”新文化、新文学革命更是一个思想的革命、文化的革命、思想观念和文化观念上的革命，那么，胡适“整理国故”的主张提出的就是一个学术领域的具体的学术研究了，就是中国古代历史这个特定学科的研究了。这就将重心由研究主体转移到了研究对象。但在这里，胡适却自觉与不自觉地忽略了一个根本之点，即中国现当代历史学家历史观念本身的建构与养成。这使他的“整理国故”的“国故学”实际上仍然属于梁启超所说的中国历史的文献学、史料学，“整理国故”就是整理这些历史文献、历史资料，只不过它不再遵循中国古代书院文化的尊古主义的学术原则罢了。在这个意义上，胡适的“整理国故”的“新国故学”仍然不是一种完整意义上的中国现当代学院历史学，因为没有一种新的中国现当代学院历史观念的支撑，中国现当代历史学家仍然像中国古代书院学术那样将中国的历史仅仅作为政治统治者治理民众的“资治通鉴”，中国现当代学院历史学家是不可能在浩如烟海、纷纭复杂的中国古代历史资料的整理中建立起仅仅属于自己的“史识”的，而没有仅仅属于自己的“史识”，历史学也就失去了作为历史学、历史研究也就失去了作为历史研究的价值和意义。历史学、历史研究不是仅仅要人们记住过去时代的一些事实和故事的，而是建构中国现当代人的社会观念、世界观念，其中也包括历史观念的途径之一。

在“整理国故”的“新国故学”中，胡适的历史观在总体上仍然是反对尊古主义的，仍然是主张进化、发展的，仍然是将“现在”、将“自我”、将“现在的自我”作为研究的主体的，但在如何理解“现在的自我”的问题上，在胡适提出“整理国故”的“新国故学”的时候，却有了显著的不同。在“五四”新文化、新文学运动中，他反对文言文，提倡白话文，但他并不认为自己的白话文就是中国现代白话文的典范，也并不认为自己的标准就是衡量所有语言文化作品的标准。也就是说，他有自己的主体性，但却没有将自己的主体性绝对化，没有将自己的主体性视为唯一合理的主体性，他的主体性是在与其他多种具有自己主体性的事物和人所构成的关系中得到某种程度的贯彻和实现的。在这里，主要有三种主体性：其一是研究者的主体性，即研究主体；其二是接受者的主体性，即接受主体；其三是研究对象的主体性，即对象主体。研究者应有自己的主体性，但他的研究不能仅仅为了自己，同时还是为了社会，为了现实社会中的人。他要将自己的研究成果公布于社会，希望得到当时社会、当时社会上的人的了解、理解和同情。即使不能得到整个社会的同情和理解，得到社会上所有人的同情和理解，至少也要得到他假想的读者群的同情和理解。这样，他就得承认接受者的主体性，尊重接受者的主体性，希望他们在不放弃自己的主体性地位的前提下理解和同情自己的思想和见解。他不能将自己周围的人都视为傻子，不能认为接受者不论在什么情况下都会无条件地接受自己的思想和见解。与此同时，他的研究对象也是有自己的主体性的。它是为自己而存在的，是以自己的形式存在的。研究者可以不承认研究对象存在的完满性与完善性，但研究主体却不能认为研究对象就不应该为自己而存在，就不应该以自己的方式而存在。也就是说，研究者应该有自己的主体性，但其主体性却必须在与接受主体、对象主体的关系中而存在，因而它不是绝对的，不是凝固不变的。在其研究过程中，无论哪一个研究主体也是需要不断充实、调正、演化和发展的。不难看到，到了胡适提倡的“整理国故”的“新国故学”中，胡适这个“现在”、这个“自我”、这个“现在的自我”，开始有了某种绝对的性质，开始具有了能够分辨“国粹”与“国渣”的标准的意义和价值。“五四”新文化、新文学运动在中国社会和中国文化中发生的革命性影响、“五四”白话文革新的胜利和白话文在中国语言文化中的“正宗”地位的正式确立，在世界最“先进”、最“发达”的资本主义国家美国的留学经历和作为美国博士的学术头衔，所师从的杜威实用主义哲学在当时美国乃至世界哲学中的崇高地位，中国第一高等学府北京大学教授的学术地位以及在新进青年学生心目中的崇高威望，使胡适不再怀疑自己在一个经济贫穷、文化落后的中国作为“先进文化代表”的资格。也就是说，作为一个研究的主体，他已经意识不到一个自身思想意识的进化与发展的问题，已经不需要一个自身历史观念的逐渐完善和发展的过程，而在他这样一个研究主体的面前，接受主体不存在了，对象主体也不存在了，“国故”就只成了一些纯粹客观的历史资料。对这些纯粹客观的历史资料，已经掌握了当时世界最先进的科学研究方法论的研究主体是完全能够依照自己的标准将其分辨为“国粹”与“国渣”的，因而也完全能够通过这种分辨对中国古代的历史做出完全正确合理的描述和判断。关键仅仅在于，对中国古代大量的历史典籍和历史遗迹要了解、要整理、要研究。而只要能够充分地占有这些资料，只要不辞劳苦地按照正确的方法对这些历史资料进行认真整理和研究，过去各种错误的历史观念就能得到纠正，“一切狭陋的门户之见都扫空了”，中国的历史也就能够在自己手下成为一部“信史”，成为一部不包括任何错误和异议的“信史”，一部能够被全中国人公认的中国历史。在这里，他实际上是用中国古代历史文献学、史料学的观念完全取代了中国现当代学院知识分子的历史观念，也给顾颉刚、傅斯年一代中国古代历史学家的中国古代历史学罩上了一层阴影。

二

胡适“整理国故”的“国故学”到了顾颉刚的古史研究，重心又发生了转移，意义又有了变迁。胡适的“整理国故”的“新国故学”虽然站在“科学方法论”的高度俯瞰中国古代的历史，有了一种“会当凌绝顶，一览众山小”的感觉，但他面对的还是历史，还是历史的本身，而不是研究的方法。但到了顾颉刚的古史研究，情况就有了不同：他直接面对的实际上已经不是历史的本身，而是研究的方法，而是“科学”。他之所以对自己的历史研究充满了信心，首先不是因为他对中国古代历史本身有了自己独特的感受和了解，而是因为他自认为已经掌握了中国古代历史学家所未曾掌握的更先进、更正确的研究方法，这种方法就是通过胡适的提倡和介绍从西方哲学传统中接受过来的科学研究的方法，就是杜威实用主义的“大胆假设，小心求证”的方法。实际上，杜威实用主义的“大胆假设,小心求证”的方法根本不是历史研究的方法,不但不是中国历史学家研究中国历史的方法，也不是西方历史学家研究西方历史的方法。

顾颉刚之所以成为蜚声文坛的中国历史学家，首先是因为他提出的“层累地造成的中国古史”的学说。

他在《与钱玄同先生论古史书》中说：“我很想做一篇‘层累地造成的中国古史’，把传说中的古史的经历详细一说。这有三个意思。第一，可以说明‘时代愈后，传说的古史期愈长’。……第二，可以说明‘时代愈后，传说中的中心人物愈放愈大’。……第三，我们在这上，即不能知道某一件事的真确的状况，但可以知道某一件事在传说中的最早的状况……”[1]循着这样一个思路，顾颉刚认为:“中国的古史全是一篇糊涂账。二千余年来随口编造,其中不知有多少罅漏,可以看得出是假造的。”[2]他的《古史辨》就是一部揭露这个“造假的历史”的著作。

顾颉刚的“层累地造成的中国古史”说一提出，即得到“疑古玄同”（钱玄同）的直接的响应，胡适也认为是“今日史学界的一大贡献”[3];当时在国外留学的傅斯年在给顾颉刚的回信中,更是盛赞他在中国史学中的成就，说他“在这个学问中的地位，便恰如牛顿之在力学,达尔文之在生物学”,并借罗家伦等人的话说“颉刚是在史学上称王了”。[4]可见其在当时中国学界的影响之大。至少在形式上,它成了“五四”之后的“新史学”与“五四”之前的“旧史学”相区别的一个界碑。直至现在，文化保守主义者还经常将

[1] 顾颉刚：《与钱玄同先生论古史书》,《古史辨自序》，第 4 页。商务印书馆，2011 年 12 月版。

[2] 顾颉刚：《启事三则》,《古史辨》第 1 册，第 161 页。海南出版社，2003 年 12 月版。

[3] 胡适：《古史讨论的读后感》,《胡适文集》第 3 卷，第 81 页。

[4] 傅斯年：《与顾颉刚论古史书》,《傅斯年全集》第 4 册，第 457 页。台湾联经出版事业公司，1970 年 9 月版。

其直接作为“五四”新文化传统进行批评和否定。

但是，学术就是学术，学术必须从学术的角度进行讨论，而不能笼统地归结为一个相对抽象的传统。与此同时，传统就是传统，传统必须从传统的角度来区分，而不能仅仅具体化为某种学术。如果仅从学术的角度，我们就不能不说，顾颉刚在其中国古史研究中直接面对的还不是“历史”，而是“史料”；他对“史料”的关注也不在“史料”与“历史”的关系，而是“史料”与制作了“史料”的人、与历史家本人的关系，因而就其历史观念的本身，就有了许多可议之处。

对于历史学，对于历史学家，首要的一个问题应当是：什么是“历史”？虽然我们不可能对其做出一个完整的回答，但至少有一点则是不可移易的，即“历史”是人的观念中的一种客观“存在”，而不是人的观念的本身，不是人的主观意志、主观想象和主观愿望的本身。它不是直接的现实，不是在人的直接观察、了解、感受和体验中形成的现实世界，因而也不具有直接的客观性。它是在人的观念中构成的，但在人的观念中，它却是作为一种外在于自我而存在着的客观对象。这种“存在”甚至并不以人对它了解的详尽程度为转移，有时它可以以“无”的形式而存在，但这个“无”也就是“有”。正像一个人没有见过自己的爷爷，对爷爷的情况也一无所知，但他却从来不会怀疑自己有一个爷爷。历史也是这样，我们对我们民族远古的历史所知甚少，但我们并不怀疑我们民族远古历史的存在。

在我们现在的人的观念中，“历史”好像是由历史人物及其事实（史实）构成的，好像是依照从古向今的时间顺序逐渐积累起来的一些“史实”，但对于人类，其中也包括对一个民族或一个民族的人，“历史”首先是从人的时间意识中生成的，是从人对现实世界的感受和了解开始的。人不是首先知道了自己有一个曾祖父，然后才知道自己有一个祖父；首先知道了自己有一个祖父，然后才知道自己有一个父亲。而是相反：他是先知道了自己的父亲，然后才知道自己的父亲也有一个父亲，这就是他的祖父；他是先知道了自己的祖父，然后才知道自己的祖父也有一个父亲，那就是他的曾祖父。也就是说，时间意识是从感受和了解现实存在的事物出发的、是从“现在”开始的。从“现在”出发，向前的追溯有了“过去”，有了“历史”；向后的展望有了“未来”，有了“幻想”或“理想”，并且构成了一个由“过去”到“现在”再到“未来”的完整的时间链条。这个“过去”，这个“历史”，首先是在时间意识中形成的一种观念性的存在，而后才由历史上真实存在的一些人和事——“史实”——逐渐构建起来。而有意识地通过已知的历史事实（“史料”）将这个历史尽量准确、尽量完备地逐渐构建起来的人就是历史家。

我认为，只要我们关注的是中国上古历史的本身，只要我们知道“历史”是从人的时间意识中产生的，我们就会知道，顾颉刚所说的“时代愈后，传说的古史期愈长”并不是中国古史不可靠的根据，而恰恰是中国古史形成的基本形式之一。这里的原因并不是多么难以理解的：在一个相当漫长的历史时期，中华民族的历史上是没有文字的，因而也没有文字记载的历史。但是，没有文字，没有文字记载的历史，却不等于中华民族就没有历史，也不等于中华民族当时就没有历史的意识，就没有历史的想象和历史的记忆。中华民族的历史的意识，关于远祖的意识，关于人、关于世界起源的意识，理应是在文字发明之前很早很早就发生了，只是它没有，也不可能著之竹帛而已。在这里，口头语言的产生及其发展同样也是中华民族历史发展过程中的重要的关节点。实际上，在文字产生之前很久很久，中华民族就有了口头的语言，口头语言的不断丰富化及其表现力的不断加强，则是这个历史时期的显著特征之一。口头的语言是直接联系着人与人之间的现实的，但在这现实的联系中也逐渐形成了关于中华民族对过去历史的想象或记忆，这些对于过去历史的想象和记忆在文字产生之后不是一次性地全部进入文字记载的范围的。文字的产生和运用，越是在开始的时候，越是集中在极少数人的极少的目的和用途上，有意地用于对过往历史事实或传说的记述，实际上是很晚很晚的事情。所以，中华民族文字产生之前的历史不是按照后来的人们了解历史的需要而出现在文字记载之中的，而是依照书写者当时的现实需要而在有意或无意之间出现在文字记载之中的，即使那时被称为“史”的“记言”或“记事”，也只不过是一种现实的需要，与我们现在所说的“历史”实际是大相径庭的。它们加强了中华民族关于自己历史的记忆，但却不是为了记述当时的历史。这到了先秦诸子，虽然都有了较为明确的历史意识和较为丰富的历史知识，但其历史意识和历史知识，仍然不是着眼于历史，而是为了表达他们自己的思想。所以，与他们的现实认识有直接关联的历史人物和历史事实，在通常的情况下是首先出现在他们的著作和思想之中的，但这并不说明在当时的历史上，流传着的只有他们所关心的这些历史人物和历史事实。更远时期的历史传说和历史想象很可能是在此后陆续出现在文字资料之中的，所以，顾颉刚所说的“时代愈后，传说的古史期愈长”，更是中国文字记载中的古史的形成过程的特征，而不能作为这个历史并不存在的根据。实际上，这个古史的长度不是由这些具体的历史事实所决定的，而是由中华民族对自己过往历史的追溯所决定的，由中华民族对于自己的远祖、对人和世界的起源的追溯决定的。在这个历史上，当时流传的大量的历史人物和历史事实，在文字书写中是以另外一种形式、另外一种先后顺序出现在我们现在还保留着的书面的文字资料之中的，它与其产生的过程和在历史上的实际顺序都有不同：在历史上最早出现的，在文字记载中可能出现很晚；在历史上出现较晚的，在文字记载中可能出现得更早。

在这里，还有一个历史的记忆和历史的想象之间的关系的问题。在我们现在的历史观念中，常常将历史的记忆与历史的想象绝对割裂开来，认为只有真实的历史记忆才是真实的人类的历史，历史的想象则是背离历史真实的，是应当从人类历史的记忆中剔除的一些杂质。但是，只要回到人类的远古、上古历史的思考和研究之中去，我们就会看到，历史的记忆与历史的想象永远是不可分离的：任何历史的记忆都不可能不伴随着历史的想象，而任何历史的想象中也都不可能不沉淀着历史的记忆。人类，包括中华民族远古、上古的历史都是这样构成的，它也是那个时代的历史的存在形式之一，而不是这个历史的真实性的问题。历史，是在人类观念中的一种客观存在。它不同于人直接观察、了解、感受和体验中的现实的世界，它没有直接的客观性，人是通过想象而将历史人物和历史事实呈现在自己面前的，即使我们对像孙中山这样一些近现代历史人物及其历史活动的了解，也不是亲眼看到、亲耳听到的，而是根据前人的记述通过自我的想象而具体呈现出来的，只不过我们的想象可以借助更多的历史资料而使其得到进一步的修正和丰富，因而也可以获得更为确切、更加可信的性质而已。所以，在文字产生之初出现在文字记载中的古代人物或历史事实，开始通常是在一个特定角度被记载下来的，其性质是极其单纯的，其情节是极其简单的，但它自然出现在文字的记载中，也就像在中华民族的历史荒原上有了一个历史的标记，各种不同的历史记忆和历史想象开始以它为基础集聚起来而形成一个像历史的驿站一样的更加丰富的历史的意象。这个历史人物越处于历史的中心地位，与之相联系的人物和事件越多，能够赋予他的历史的想象越丰富。在这里，可能有各种不同的情况：其一是当一个人物或事实出现在文字记载中，同时也引发了其他人将自己所知道的有关这个人物的情况也用文字的形式记载下来，这就将这个人物的作用放大了；其二是当一个人物或事实出现在文字记载中，其他人也在其基础上展开了自己的合理的想象，从而丰富了对它的叙述，强化了他在历史上的作用；其三是像神农尝百草、仓颉造字等传说一样，人们将在历史上已经产生的所有有关的事物都集中到一个真实的或想象的人物身上，这个真实的或想象中的人物的重要性也就放大了。所以，顾颉刚所说的“历史愈后，传说中的中心人物愈放愈大”也是上古历史形成的基本形式之一，而不能将其作为这个历史不存在或不真实的证明。也就是说，历史的真实离不开历史人物和历史事实本身的真实性，因而历史研究也离不开历史考证方法的运用，但历史的真实性却不等同于历史人物和历史事实本身的真实性，因而历史考证的方法是历史研究的重要方法之一，但却不是历史研究的唯一合理的方法。

在人类文明的初期发展阶段，关于历史的想象无非这样两种主要形式：其一是神的人化，其二是人的神化。所谓“神”，是在人类或一个民族的想象中形成的超人间的、大自然力量的象征性的意象，但所有的神灵都是人化了的大自然的力量。不论是开天辟地的盘古，还是造人补天的女娲，都有人的意志、意愿和生命力量。这些神话不但体现了中华民族对自己远祖所处自然环境的想象和认识，而且也折射出他们对人类历史发展原动力的朦胧的感受和体认，同样是具有真实的历史内容的，并不是完全虚幻的。人的神化更是对人及其行为表现的想象性描写，他们把具有超越平常人的智慧和力量、在历史上有突出表现的人提高到神的高度加以感受和理解，也正是他们感受和理解这些人物及其行为的基本形式，其中包含的则是真实的历史内容。总之，这些神话和传说实际上就是人类或一个民族早期历史的一种基本存在形式。离开了这些神话和传说，也就没有了人类或一个民族的早期的历史。顾颉刚认为它们只可以使我们知道其“在传说中的最早的状况”，而不能使我们知道“某一件事的真确的状况”，即它们不具有真确的历史的内容，只是这些神话和传说自身存在和演变状况的证明。这种说法并不是完全确实的。

必须指出，历史学、历史研究，对于已有的历史叙述，是可以怀疑的，是可以否定的，甚至可以在整体上完全颠覆已有的历史叙述框架而代之以自己全新的历史叙述框架。但是，所有这一切，又都必须是为了建构历史的叙述，而不是为了取消历史的叙述。顾颉刚说“中国的古史全是一篇糊涂账”，作为一个历史学家，他理应用一篇“明晰账”或者相对的“明晰账”，代替这篇“糊涂账”，而不能仅仅用“糊涂账”将中国这二千余年的历史像从黑板上擦掉已经写上的一些字一样从中国历史上全部擦掉。人类，包括一个民族的历史也像是门捷列夫的元素周期表一样，我们只能用相对确实的代替相对虚幻的，用相对具体的代替相对抽象的，用相对正确的代替相对错误的，用相对丰富的代替相对单薄的，却不能将其中某些时段变成连合理的历史想象都无法容纳的绝对的空白。这也决定了历史与历史资料的关系。历史是用历史的资料充实起来的，历史的资料占有了历史叙述中的特定的时空位置，同时也负载了这个时空位置的特定的历史内容。在这个意义上，任何的历史资料都不是孤独地出现在原有的历史叙述之中的，它除了是自己之外，同时还是它负载着的大量可见与不可见的历史的内容。历史家要从历史资料中发现历史，而不能用“怀疑”历史资料可靠性的方式抹杀它所负载的历史内容。所以，在历史学和历史研究中，“怀疑”只能是研究的开始，不能是研究的结果，历史研究的结果永远应该是用新的历史叙述代替旧的历史叙述，而不是继续维持这种怀疑的态度。否则，我们只能“存疑”，而“存疑”就是不以这种怀疑改变原来的历史叙述的本身。（实际上，单纯的“怀疑”对历史的认识和历史的叙述也是不会发生实质性的影响的。例如，像黄帝、尧、舜、禹这样一些上古历史人物存在的真实性，我们很可能将永远无法得到确凿无疑的历史实证，但只要我们找不到更加真实可信的历史人物代替他们在中国历史上的位置和作用，相信他们作为历史人物存在的真实性就比怀疑他们作为历史人物存在的真实性更有必要，因为他们的重要性不仅仅因为他们是“历史名人”，更因为他们是他们那个历史时代存在的标志。）

历史，是人们观念中的一种客观存在，其历史的记忆与历史的想象永远是混杂在一起的，所以历史需要实证性的研究，但不能仅仅依靠实证性的研究。在这里，也就提出了另外一个问题，即不能将“历史的想象”等同于历史的“造假”。“假”与“真”是以绝对对立的形式联系在一起的。“造假”之人的心目中一定有一个“真”，一个真实的状况，但他为了某种主观目的性而不能不将这种真实的状况用“假”、用一种不真实的描述将其遮蔽起来，而起到掩人耳目的作用，用“假”取代了“真”。“历史的想象”与“历史的真实”则是以相关性的形式联系在一起的。人，即使一个专门的历史家也无法直接目击历史的真相，他只能通过已知的事实在自己的头脑中构筑起一种更接近“历史的真相”的情景。所以“造假”之人是为了掩盖真相，“历史的想象”则是为了更接近历史的真相，即使有错误也是可以理解的。对于历史家的历史叙述，这几乎是两种完全相反的才能：富有丰富的历史想象力是一个杰出的历史家的主要标志之一，而“造假”对于一个历史家则是一种极不道德的行为。顾颉刚将中国上古两千余年的历史都说成是“假造”的，就是因为他将“历史的想象”全部当成了“历史的造假”，而这对于中国古代那些严肃的历史学家则是有欠公允的。

实际上，顾颉刚古史研究中的所有这些可议之处，均在于他的历史研究首先重视的还不是“历史”，还不是“历史”的本身，而是“历史的资料”。而在对“历史的资料”的关注中，他首先重视的也不是“历史的资料”与“历史”本身的关系，而是历史家与“历史的资料”的关系。在这个狭小的范围中，由于当时历史资料，特别是文字资料的严重匮乏，顾颉刚极难找到这些原始历史资料的更早的来源和出处，也就极容易将这些伴随着明显历史想象成分的历史资料视为当时作者的杜撰和编造，从而也将中国上古的历史全部视为后人的“造假”，并用“造假的历史”将其全部抹杀。但是，只要首先关注当时的“历史”，只要从时间意识的角度首先承认这个“历史”时期的客观存在，历史家的任务就是努力在已有的历史资料中发现能够体现当时历史特征的历史资料，而不是首先寻找这些历史资料本身的出处和根据。而只要这些资料是最能呈现当时历史特征的资料，它们的真实性就已经得到了部分的证实，除非有了更加真实可信的历史资料，历史家是不会轻易摒弃这些历史资料的。即使有“疑”，也会“存疑”，因为他首先重视的是这个时期的“历史”，而不是这些“资料”的本身:“资料”是为了说明“历史”的，而不是“历史”是为了说明“资料”的。——在学术研究中，“疑”只能成为研究的开端，而不能成为研究的结果。

在历史学和历史研究中，尊古主义不是一种完全合理的思想理念，疑古主义也不是一种完全合理的思想理念。

三

在中国的学术界，对胡适学术传统，其中也包括对顾颉刚史学传统的批评常常被引导到否定“五四”新文化、新文学革命的道路上去，但这分明是不符合历史事实的，因为在当时对胡适“整理国故”主张和对顾颉刚古史研究的最直接、最尖锐的批评还不是来自当时反对或旁观“五四”新文化、新文学运动的知识分子，而恰恰来自于“五四”新文化、新文学阵营的内部，来自于“五四”新文化、新文学运动倡导者之一的鲁迅。在这里，我们遇到的实际上已经不是拥护还是反对“五四”新文化、新文学运动的问题，而是如何建设和发展中国新文化、新文学的问题，而是一个如何建设中国现代学院学术的问题。

在中国的学术界，有一种根据鲁迅的《青年必读书》而判定鲁迅是一个“西化派”、一个“全盘西化论者”，而根据胡适的“整理国故”的主张而将胡适说成好像不是一个“西化派”，不是一个“全盘西化论者”的倾向，但到了他们对顾颉刚古史研究的不同态度中就会发现，这种判断把鲁迅和顾颉刚两个人的思想全看“拧”了。在这里，实际上有两个文化层面的问题，其一是作为一个整体的中国文化革新的问题即“五四”新文化、新文学革命的问题，其二则是中国历史和中国文化的学术研究的问题。鲁迅的《青年必读书》与胡适的“整理国故”的“新国故学”的分歧主要发生在第一个文化层面上。在这个文化层面上，鲁迅强调的是刚刚从自我封闭的文化系统中探出头来的中国青年学子必须继续走文化开放的道路，必须拥有更加丰富具体的西方文化的“学识”的问题。在学术研究中，这是一个研究主体的问题，一个研究主体自身知识结构和文化心理结构的建构与完善的问题，是更加重视与现实社会人生的紧密联系、更加注重与现实社会人生的生存和发展有直接联系的学术研究活动的问题。在这个层面上，他不认为胡适在“整理国故”的旗帜下将新的一代青年学子继续拴在中国的“故书堆”中“整理国故”是一种明智之举。但是，到了顾颉刚古史研究这种具体的中国古代历史和中国古代文化的学术研究中，就只剩下了一个学术思想和学术规范的问题，就只剩下了为什么“整理国故”以及怎样“整理国故”的问题。因为即使在鲁迅的观念里，“整理国故”也不是一件杀人放火一类的绝对不可为的事情，不是一件没有其本身的社会文化价值和意义的事情。在这里，鲁迅所坚持的就不是中国新文化、新文学的文化革命和思想革命的立场，而是一个具体的学术思想和学术研究的立场。在这里，也只有在这里，我们才能看到，鲁迅在关于中国历史和中国文化的研究中，始终坚守的实际是较之那些文化复古主义者、文化爱国主义者都有过之而无不及的更加执着，乃至更加“执拗”的“中国文化本体论”的立场。他反对文化尊古主义倾向和在文化尊古主义倾向基础上发展起来的文化排外主义倾向，但对钱玄同、顾颉刚的疑古主义史学倾向和在“西化主义”基础上发展起来的“全盘西化论”的倾向也表现出了本能的反感和坚决的抵制。

何谓“中国文化本体论”的立场？“中国文化本体论”的立场就是要将中国文化放在中华民族自身生存和发展的需要中来思考、来研究、来评判，而不能仅仅以它种文化的标准来思考、来研究、来评判，这到了对中国古代文化的研究中就具体表现为要将中国古代文化放在中华民族生存和发展的古代历史上来思考、来研究、来评判，而不能仅仅以当代知识分子自己的思想标准来思考、来研究、来评判。此二者实际是紧密联系在一起的，因为只有将中国古代文化放在中华民族生存和发展的古代历史上来思考、来研究、来评判，我们才不会仅仅用外来文化的标准要求我们自身的社会选择和文化选择，而只要我们不用外来文化的标准要求我们自身的社会选择和文化选择，我们也就不能用我们自己的标准要求中国古代人的社会选择和文化选择。这都是个体如何对待另外一些个体的问题，而不仅仅是如何贯彻和实现自己的自由意志的问题。例如，中国现代青年男女的自由恋爱归根到底是因为中国现代青年男女需要、也能够争取到自由恋爱的权利，而不能认为中国现代青年男女就应该向西方的青年男女学习，就应该坚持西方文化的自由恋爱的原则。这不仅仅是一个“说法”的问题，还是一个主体在我与在人的问题；再如，中国现代诗人是写现代自由体的白话诗的，但这并不意味着中国古代诗人也应该写现代自由体的白话诗，并不意味着中国古代诗人的格律诗就是一些不够完美、不够先进的诗。在这里，也就有了一个学术思想和学术研究的规范的问题。“学术”不是写诗，不能一味地自我表现，而必须建立在研究主体对研究对象的最充分的感受、体验、同情、了解和理解的基础上；它是对对象的认识，不能仅仅是对对象的主观判断，任何的判断都必须是在认识基础上的判断。对对象自身的状况没有一个起码的正确的认识，不论根据多么伟大、多么先进的思想标准做出的判断都不可能是正确的判断，因而也是毫无价值的。可以说，在人类或一个民族的历史的面前，任何一个历史家都只是一个像徐霞客那样的游览者或者考察者，而不应仅仅是一个批评家。历史家不能像一个道德家或者哲学家那样面对历史，他不是一个至善至美或全知全能的人，他没有仅仅根据个人的好恶裁判历史人物和历史事件的权利。

如上所述，历史存在于历史家的主体意识中，但在其主体意识中又是一个客观的存在。决定这个存在的是一系列历史上的他者，而不是历史家本人。

毫无疑义，鲁迅对顾颉刚、傅斯年、罗家伦这些“新潮社”的新进青年学子原来是抱有好感的，是像胡适一样将“五四”新文化、新文学发展的希望寄托在他们身上的，并且对“新潮社”的成长和发展也曾有过实际的帮助和支持。但是，顾颉刚还是触怒了鲁迅，因为顾颉刚的古史研究触到了鲁迅最敏感的学术神经。在鲁迅的立场上，钱玄同、顾颉刚在中国古代历史和中国古代文化研究中的疑古主义立场是根本无法接受的。

在这里，就有了一个中国学术传统自身的发展和演变的问题。为了更直接地触摸到这个问题对于“五四”新文化、新文学运动之后中国学术发展和流变状况的影响，我们可以先从中国近代学术与“五四”新文化、新文学倡导者在学术传统上的关系说起。只要我们暂时摆脱西方文化对“五四”新文化、新文学传统的影响而直接考察“五四”新文化、新文学倡导者与近代学人的关系，我们就会看到，在学术上，鲁迅更是章太炎思想文化传统的传人，而胡适则更是梁启超思想文化传统的传人。

四

我们说鲁迅与章太炎的思想文化传统有着直接的传承关系，并非说鲁迅的思想完全等同于章太炎的思想，而是说鲁迅和章太炎都不主要是在制度、理论、体式这些有形的文化层面上，而更是在无形的文化精神的层面上建构自己的文化思想的，因而他们也更加重视中华民族自身精神的养成和发展，而在学术上，他们也都与古文学派的学术风格有着内在的承传关系，显现着缜密精严、底气充足的特征。他们都不将自己的学术直接建立在一个现成的思想学说或研究方法的基础上，而更重视对研究对象自身的考察和研究。古文学派“我注六经”的传统虽然是在经学研究的基础上形成并发展起来的，但它重视的是对研究对象自身的了解、认识、阐释和分析，是指向“研究对象”的，是以“研究对象”为“本体”的。“研究主体”必须接受“研究对象”的制约，使其认识完全符合“研究对象”的实际，不以自己的主观目的随意驱遣研究对象，使“研究对象”仅仅成为诠释自己思想主张的一种根据或材料。到了晚清学术，特别是到了章太炎的学术研究中，则早已冲破了单纯的经学研究的范围，而成了对中国固有文化经典的带有整体性质的系统考察和研究，从而将其提高到了“国学”的高度，为中国现当代中国古代文化的研究奠定了最初的基础。我们完全可以说，鲁迅是带着章太炎的思想文化传统进入“五四”新文化、新文学阵营的。他不再像章太炎一样仅仅将自己的文化视野、思想视野和学术视野局限在中国古代文化传统的内部，但在其思维方式和治学路径上却仍然保留着章太炎的许多主要特征。在文化上，鲁迅追求变化，追求发展，但又不以“今”为绝对之“是”，以“古”为绝对之“非”，而同时又以“古”（在鲁迅这里可以理解为“原创性”）为本、以“今”（在鲁迅这里可以理解为一种文化在传承过程中的流变与蔓延）为末，主张“取今复古”（将新的发展放到原创性的基础上），不断重建仅仅属于中华民族自己的新的文化传统。（“此所谓明哲之士，必洞达世界之大势，权衡较量，去其偏颇，得其神明，施之国中，翕合无间。外之既不后于世界之思潮，内之仍弗失固有之血脉，取今复古，别立新宗，人生意义，致之深邃，则国人之自觉至，个性张，沙聚之邦，由是转为人国。人国既建，乃始雄厉无前，屹然独见于天下更何有于肤浅凡庸之事物哉？”[1]）可以说，重在从“根本”上看整体，不重在“枝叶”之间分优劣，是章太炎与鲁迅在治学方法上的共同特点。

[1] 鲁迅：《坟·文化偏至论》，《鲁迅全集》第 1 卷，第 56 页。人民文学出版社，1981 年版。

在《名人和名言》一文中，鲁迅将当时中国的学者分为两种类型，一类是“专门家”，一类是“博识家”。他说这两类学者都有自己的缺陷：“博识家的话多浅，专门家的话多悖。”[1]在该文中，“专门家”的具体所指就是章太炎。但他又说，“专门家”的话多悖，“未必悖在讲述他们的专门，是悖在倚专家之名，来论他专门以外的事。社会上崇敬名人，于是以为名人的话就是名言，却忘记了他之所以得名是那一种学问或事业。名人被崇奉所诱惑，也忘记了自己之所以得名是那一种学问或事业，渐以为一切无不胜人，无所不谈，于是乎就悖起来了”[2]。也就是说，鲁迅对章太炎反对白话文革新的言论，是持批评态度的，但这并不意味着对他在中国革命史和学术史上的地位也是否定的。在这个范围中，章太炎是“革命的先觉，小学的大师”[3]，不论将来的历史怎样发展、社会怎样前进、思想怎样革新、研究方法怎样变迁，章太炎作为一个历史人物的价值和意义则是不会发生根本的动摇的。至少在鲁迅的观念中，章太炎作为一个历史人物是理应得到后代中国人，特别是后代知识分子的尊敬和爱戴的。——他做了他那个时代的中国知识分子应做也能做的事情。

在《名人和名言》一文中，“博识家”的例子举的是江亢虎，但我认为，胡适也是鲁迅心目中的这类“博识家”。作为中国文化转型期的一个知识分子，胡适在国内接受的中国传统文化的教育和在美国接受的西方文化的教育，使其“学识”的广博可谓达到了前无古人的程度。他的学术兴趣也是极其广泛的，几乎到了无所不至的程度，在文化传统上的东方文化和西方文化，在学术类别上的哲学、社会科学和自然科学，在社会文化领域中的政治、学术与文学，几乎没有他未曾染指过的领域，但这也使他的学术流于“浅”，在任何领域都缺乏堪称精深的开掘。他好像对任何研究

[1] 鲁迅：《且介亭杂文二集·名人和名言》，《鲁迅全集》第6卷，第362页。
[2] 同上。
[3] 同上。

对象都仅仅满足于外部的观察，而不愿深入其内部去做更精细的考察。他只围绕着研究对象转，就是不想钻到对象的里面去。（最典型的例子是他的中国古代小说研究，他将这些小说作品的周边世界考证得清清楚楚，但对这些小说作品的本身却没有做过堪称精到的分析。）他的“学识”太博了，他的学术兴趣太广了，他好像急于巡视一遍自己的“学识”领地，致使他在任何一个研究对象身上都来不及做较长时间的驻留。他在学术上是一个没有自己的“根据地”的人，他的贡献是多方面的，但除了他的白话文改革的主张之外，他却没有人们常说的“看家的本领”。……在所有这些方面，他都与章太炎不同，而与梁启超有着更加接近的性质。

梁启超师从康有为而又有自己更远大的开展。如果说在晚清维新派的学术文化中康有为就是先秦儒家中的孔子，居于“圣人”的位置，梁启超就是先秦儒家中的孟子和荀子的合体，居于“亚圣”的位置，而其思想又不完全包容在康有为思想的内部。但是，所有这一切，又都根源于康有为所传承的今文学派的学术传统。在晚清文化界，古文学派在学术研究上通过对佛学、老子、庄子、墨子、韩非子、文学、历史学、语言文字学、音韵学等等这些并非属于或并非完全属于儒家经典的研究突破了传统儒家学术的藩篱，而将其上升到了整体的中国古代文化（“国学”）研究的高度，但在思想观念上却发展出了晚清特有的建立在排外主义思想基础上的复古主义思想。在思想观念上首先冲破儒家道统的束缚而走向政治革新道路的则是属于今文学派的康有为。今文学派之所以能够直接走向政治改革的道路，正是因为它的“六经注我”的方法论上的特点。它在学术上不是指向研究对象的，不是指向“六经”本身的，不是为了更精确、更深刻地理解“六经”的思想内涵及其社会价值和意义，而是以“六经”的思想为根据说明和阐释研究者本人的思想主张的。如果说晚清古文学派追求的主要是让别人说自己“有学问”，晚清今文学派追求的就是让别人认为自己“有思想”了——像孔子那样“有思想”。仅仅从方法论的意义上，如果说古文学派“我注六经”的方式更接近现代学院学术中的“研究”，今文学派“六经注我”的方式则更接近现代社会文化、政治文化中的“宣传”。“宣传”，就是将自己认为正确的、好的思想尽量广泛地传播开来，让别人也接受乃至信从这种思想，但仅从学术上来说，这种“宣传”是有严重的理论上和逻辑上的缺口的。在康有为的思想中，孔子虽然处在被膜拜的地位上，但康有为的目的却不是为了让读者更深刻、更精确地感受和理解孔子的思想，而是以孔子的改制为铺垫，将自己的改革主张宣传出去。实际上，即使康有为所说的孔子改制符合历史的事实，也不能证明康有为所要提倡的君主立宪制的政治制度在当时的中国就是合法的、合理的和可行的，所以孔子的改制并不能成为康有为政治改革的根据。与此同时，康有为提倡的君主立宪制并不是康有为自己的发明和创造，而是从英、日等发达资本主义国家的政治制度和政治思想中“拿来”的，是他的“学识”的一部分；他对这个制度本身采取的也不是研究的态度，也不是为了让读者更深刻、更精确地理解这种政治制度的本身，而是以此为模式（所谓“榜样”）而改革中国现实的政治制度。它的可行性与有效性是通过它在英、日等发达资本主义国家的政治实践得到某种程度的证实的，但这种证实并不是在中国政治实践中得到的。用现在的话来说，就是他所提倡的作为一种政治制度的君主立宪制是不是“符合中国的国情”，即使对于康有为自己也是没有得到最终的证明的。这样，他抓住的就不是对这两个思想对象的认识，而是分属于中国和外国的两种思想的权威性。在当时的中国，这两种思想的权威性只集中于康有为自己的一身，实际上是将康有为提高到当代中国“圣人”地位、“国师”地位的思想。也就是说，康有为是通过“圣化”自我而集聚自己的文化力量和政治力量的。他的目的不是为了完善自己和自己的读者对这两种思想的认识，而是为了通过这两种具有权威性的思想证明自己思想的正确性和神圣性。他，谋求的是社会公众对自我的崇拜和信从。

在维新派知识分子之中，康有为是一个思想权威，一个当代中国的“圣人”，梁启超则是康有为思想的一个首席宣传家。康有为的思想是由中国和外国两种具有权威性的思想构成的，但是，在当时的中国，孔子思想的权威性是固有的，是不需要大力宣传的，而围绕着君主立宪制的政治制度而展开的西方的文化、西方的政治和政治思想，则是当时的中国知识分子所陌生的，是需要大力宣传和提倡的。这就使梁启超成了中国第一个卓有成效的西方思想的接受者和传播者，从而成就了他较之康有为更加显赫的启蒙思想家的地位。当维新运动失败，君主立宪制的政治改良理想化为泡影，康有为就仅仅成了一个孔子思想道统的维护者，而梁启超则因其对西方文化的了解、重视和崇拜而与辛亥革命后的民主思想家结成同盟，并成为封建帝制的政治上的敌人。但是，他的思想归根到底仍然来源于今文学派的“六经注我”的治学传统。权威崇拜并通过认同、学习和宣传一种或几种已经具有权威性的思想以建立自己思想的权威地位，仍然是梁启超思想的特点。归根到底，梁启超作为一个启蒙思想家不是因为他构筑了一种仅仅属于自己的思想，而是他重视和崇拜当时西方的文化和西方的政治制度、政治思想，同时也将他重视和崇拜的西方的思想当成了自己的思想。也正因为如此，当第一次世界大战之后像柏格森这样的西方思想家提出对西方思想的整体质疑的时候，他就放弃了对西方文化的重视和崇拜转而提倡中国固有的文化传统。但是，不论他崇拜的是西方文化，还是中国古代文化，梁启超对它们的态度都主要停留在宣传、评论和推崇的阶段，严格说来，还不是将其作为一种客观的历史现象进行考察和研究，求其“知”而不是求“知”其“不知”；“学”（学习）而不“究”（研究），“传”（宣传、传播）而不“构”（构建仅仅属于自己的思想）。总之，晚清古文学派（那些真诚的书院学者）是通过对固有知识和思想文化现象的认知而实现自我知识和思想的逐渐成长和变化的，是通过“学识”的不断积累而实现自我知识和思想的逐渐丰富化和精确化的，因而对固有的知识和思想也取着“研究”的态度，但他们的排外主义极大地限制了他们的文化视野和思想视野，使他们根本无法实现自我知识和思想由传统向现代的飞跃，而今文学派则是在权威崇拜心理的支配下将已有的知识和思想就作为自己的文化思想的，他们的文化视野是广阔的，但却没有将任何一个领域的知识和思想真正提高到研究的高度，没有将对象仅仅作为对象来思考、来考察、来研究，从而建立起仅仅属于自己的知识和思想的体系。其变化是跳跃式的，在任何一个特定的时段，都有一个异常明确的理想的思想目标，这个理想的思想目标同时也是其评判事物的标准。不论一个事物自身存在的根据何在，只要是符合这个标准的，就是好的，就是正确的，而不符合这个标准的，就是不好的，就是不正确的；当自己是崇拜西方文化的，西方文化就是绝对正确的；当自己已经失望于西方文化，西方文化就是绝对错误的。但是，严格说来，不论是西方文化，还是中国古代文化，凡是已有的知识和思想，对于一个人充其量都只是一种“学识”，是可以通过学习而直接接受和掌握的。它起到的是丰富自己的“学识”、扩大自己知识和思想视野的作用，并不完全等同于自己的思想。自己的思想需要在自己成长和发展的过程中逐渐建立起来。它并不等同于通过学习而直接获得的任何知识和思想的本身；它既不会完全等同于中国古代的一种思想，也不会完全等同于外国的一种思想；它不是一种“学识”，而是仅仅属于自我的另外一种知识和思想的系统。——自己的思想就是自己的思想，而不可能是任何一个别人的思想。

胡适的学术风格为什么更像梁启超而不像章太炎？因为除了他的白话文革新的主张之外，他在政治、文化和学术上的思想，都与他对美国文化的观察、了解以及崇拜的心理有关。他是以美国当代已有的文化、特别是杜威的实用主义哲学为标准感受、理解和评判包括中国古代和当代的文化现象在内的一切文化现象的，这使他给中国文化研究带来了一番新的景象，但这个“新”

却多多少少带有一些表面的性质，像是给中国文化穿上了一套新定做的衣裳（世界名牌），而对中国文化的躯体本身（以上所说的“中国文化的本体”）却没有本质性的影响。这里的问题仍然和康有为、梁启超在今文学派的治学路径上所遇到的一样，即他的思想在理论上和逻辑上都有一些严重的缺口：不论是对于美国文化，还是对于中国文化，他都没有将其作为一种纯粹客观的存在，都没有从其自身存在的根据上看待其存在的价值和意义，而是以自己所重视和崇拜的一种文化的标准作为衡量一切其他事物的标准。实际上，世界上没有任何人是为别人预先制定的一套标准而活的，也没有任何一种社会文化现象是为别人预先制定的一套标准而存在、而发展的。不论这个标准看起来多么正确、多么先进、多么伟大，它都不可能套住整个人类和整个人类社会，其中也包括中国和中国社会。

但是，在胡适这里，与章太炎思想文化传统的差异和矛盾还没有公开化和尖锐化，而到了顾颉刚这里，二者的差异和矛盾就公开化和尖锐化了。

五

为什么到了顾颉刚这里，胡适的思想文化传统与章太炎的思想文化传统的差异和矛盾就公开化、尖锐化了呢？

实际上，这与顾颉刚这代学院知识分子心目中的“权威”的转换是有直接关系的。在人类成长和发展的过程中，权威崇拜的作用和意义向来是不容忽视的。一个人在通常的情况下都是通过权威崇拜而建立起自我最初的存在价值和意义的感觉的。在这时，他在自觉与不自觉中就是以自我心目中的一个或一些权威人物的标准而塑造自己的，并且以此开始了自己的社会人生追求。这赋予了他成长和发展的动力，也赋予了他成长和发展的自觉性。他开始有了自己评价事物的标准，开始有了自己感受和理解事物的价值观念，但是，所有这一切，还都是自我成长和发展的最初的动力，而并非自我成长和发展的过程，更不是自我成长和发展的结果。在自我成长和发展的过程中，一个人遇到的将不仅仅是奖掖和鼓励，还将遇到更大量的矛盾和差异，而从这矛盾和差异中，一个人感到的将是阻力、压力和困难，并且越是往前走，自己遇到的阻力、压力和困难就将越大。一个人要想在自己的人生道路上走得更坚实些，就必须有效地面对和承担而不是虚幻地面对或逃避这些阻力、压力和困难。在这个过程中，需要忍耐的力量和意志的力量，但最需要的还是更多、更深入地感受、了解和理解与自己不同的人、不同的事物和不同的社会人生追求，并与这些不同的人、不同的事物和不同的社会人生追求构成特定的关系。在这种关系中，一方面不因其他人的自以为是的追求妨碍或阻塞了自己的有益的追求，一方面也不因自己的自以为是的追求而妨碍或阻塞了他人的有益的追求。因为在任何的历史时代，都不会仅仅有自己心目中的一个或一些权威人物的一种社会人生追求，而必然是由各种不同的人的各种不同的社会人生追求共同构成的。社会是多元化的随时变化着的一个结构，时代也是多元化的随时变化着的一个结构，不论多么伟大的人物的多么伟大的追求，都不可能成为一个社会的一个历史时代的唯一的追求。正是在一个人更多、更深入地感受、了解和理解与自己不同的人、不同的事物和不同的社会人生追求的过程中，他也逐渐从自己心目中的权威人物的阴影下解放出来，从自己最初的权威崇拜的心理阴影下解放出来，逐渐走向独立，逐渐能够用自己的眼光独立地面对现实世界，逐渐能够用自己的力量独立地承担自己的社会人生和自己的社会人生追求。在这时，他不再仅仅用自己心目中的一个或一些权威人物的标准感受、了解和理解所有的事物，不再像集装箱那样将大量的人和事物装在一起加以集体性地对待和处理，而是开始在不同人和不同事物自身存在根据的基础上感受、了解和理解这些不同的人和不同的事物（其中也包括自我），开始将其视为不受、也不应受自己主观愿望支配的客观对象而感受、了解和理解。正是在这里，一个人才有了“研究”的需要，才不再用一个固定的标准直接判定所有的人和所有的事物。

一个人的成长和发展是这样，一个学院知识分子的成长和发展也是这样。

顾颉刚在《古今伪书考序》中说：“我在二十岁以前，所受的学术上的洪大的震荡只有两次。第一次是读了一部监本《书经》，又读了一篇《先正事略》中的《阎若璩传》。第二次就是这一回，翻看了一部《汉魏丛书》，又读了一本《古今伪书考》。我深信这两次给予我的刺戟深深地注定了我的毕生的治学的命运，我再也离不开他们的道路了。”[1] 也就是说，顾颉刚在学术上，一开始就是继承着疑古证伪的学术传统的。这对于一个青年学者学术倾向的形成过程，是没有任何可以挑剔的地方的，因为一个青年学者总是在接受一种特定的学术传统的基础上开始走上自己的学术道路的，他不可能从踏上自己的学术道路的那一刻起，就是一个学术上的“通人”，就会包容现有各种学术传统的全部合理性而避免它们的全部局限性。正是沿着这种疑古证伪的学术传统，在晚清学术中，顾颉刚对晚清今文学派夏曾佑《最新中学中国历史教科书》和康有为《新学伪经考》《孔子改制考》情有独钟，而对以章太炎为代表的晚清古文学派的学术传统深感不满。仅仅停留在晚清今文学派和晚清古文学派这两种学术传统的学术分野中，顾颉刚这种学术倾向的演进与发展也是无可厚非的，因为任何一个学者都是有自己特定的学术倾向的，都是在自己特定学术倾向中从事自己有特定意义的研究活动，并在这个特定倾向上推进着学术事业的发展的。但当顾颉刚接受了胡适学术思想的影响而以新文化、新史学的代表人物在中国文坛“闪亮登场”的时候，其意义就有了不同。在这时，他就将自己原本属于传统今文学派的学

---

[1] 顾颉刚:《古今伪书考序》,《顾颉刚全集》第7卷,第6页。中华书局,2010年12月版。

术倾向推到了不适当的高度，从而严重遮蔽了中国古代古文学派在中国学术史上的贡献，使自己的史学陷入疑古主义（实际是虚无主义）的深渊。

顾颉刚在其《古史辨自序》中曾具体叙述过他的疑古主义史学思想与胡适思想影响的关系："哲学系中讲《中国哲学史》一课的，第一年是陈伯弢先生汉章，他是一个极博洽学者，供给我们无数材料，使得我们的眼光日益开拓，知道研究一种学问应该参考的书是多至不可计的。他从伏羲讲起，讲了一年，只到得商朝的'洪范'。我虽是早受了《孔子改制考》的暗示，知道这些材料大都是靠不住的，但到底尊敬他的渊博，不忍有所非议。第二年，邀请胡适之先生来教。'他是一个美国新回来的留学生，如何能到北京大学里来讲中国的东西？'许多同学都这样怀疑，我也未能免俗。他来了，他不管以前的课业，重编讲义，辟头一章是'中国哲学结胎的时代'，用《诗经》作时代的说明，丢开唐、虞、夏、商，径从周宣王以后讲起。这一改把我们一班人充满着三皇五帝的脑筋骤然作一个重大的打击，骇得一堂中舌挢而不能下。许多同学都不以为然；只因班中没有激烈分子，还没有闹风潮。我听了几堂，听出了一个道理来了，对同学说：'他虽没有伯弢先生读书多，但在裁断上是足以自立的。'那时候傅孟真先生斯年正和我同住在一间屋内，他是最敢放言高论的，从他的言论中常常增加我批评的勇气，我对他说：'胡先生讲得的确不差，他有眼光，有胆量，有断制，确是一个有能力的历史家。他的议论处处合于我的理性，都是我想说而不知道怎样说才好的。你虽不是哲学系，何妨去听一听呢？'他去旁听了，也是满意。从此以后，我们对于适之先生非常信服；我的上古史靠不住的观念在读了《改制考》之后又经过这样地一温。但如何可以推翻靠不住的上古史，这个问题在当时绝对没有想到。"[1]

[1]顾颉刚：《古史辨自序》（上），第52—53页。

不难看出，顾颉刚对胡适的接受更是对胡适这个新的学术权威人物的接受，他感到了胡适中国哲学史观的创造性及其合理性，也从这种创造性中获得了精神上的鼓舞和思想上的启发，但是，这种建立在对对方肯定乃至崇拜心理基础上的学术蝉联关系，却并不一定是对对方文化思想和学术传统的真正意义上的继承和发扬，而有可能只是两种不同学术观念的错位性的对接和想象中的联合。胡适将中国古代哲学史的“结胎”时代放在周宣王之后，完全是从中国古代哲学史的实际出发的，因为只有到了那个时代，中国才有了较为完整、较有系统的哲学思想，这些思想是由老子、孔子这些中国古代知识分子（“士”）创建起来的，这与顾颉刚在中国古代历史的意义上完全否认中国上古史存在的可靠性并没有必然的联系。但是，顾颉刚到底是从胡适这个“五四”新文化运动的旗手这里受到鼓舞的，到底是在胡适“整理国故”的学术旗帜下杀上文坛的，所以不论是在周围学人的眼里，还是在顾颉刚自己的意识里，都是把他和他的“古史辨”派嫁接到以胡适为代表的新文化、新学术的传统之上的，都是嫁接到胡适所提倡的“科学方法论”之上的。

当顾颉刚将自己从传统今文学派的学术传统中建立起来的中国历史观嫁接到新文化、新学术的传统上，嫁接到“科学方法论”的传统上之后，他的学术就与以章太炎为代表的晚清古文学派的学术传统处于直接对立的地位上了。

六

在这里，我们需要从另外一个角度更贴近地感受和理解在中国古代文化历史上影响深远的古文学派与今文学派的矛盾和分歧。这两个学派是在中国古代儒家文化传统内部产生的，是在具体发掘、整理和阐释先秦儒家文化经典的过程中分化出的两个经学派别。它们之间的矛盾和分歧是相对的，而不是绝对的，但由于儒家文化传统在中国古代文化史上影响的深远性和广泛性，所以这两个学派的矛盾和分歧在中国古代文化史上又具有整体的意义，是无法被忽略也不应被忽略的。如果我们忽略掉一些学术细节和二者可以相互过渡的特征，而仅从二者的差别着眼，我们就会看到，今文学派从汉代形成之日开始，就是由像董仲舒这样一些能够与当时最高政治统治者（皇帝）直接对话的顶尖知识分子构成的，他们立于“国师”的地位向当时的皇帝提供经世治国的思想方略和政治方针，并在这种思想方略和政治方针的指导下完成了国家政治制度的整体设计。“罢黜百家，独尊儒术”就是董仲舒这个今文学大家首先提出来的，它之所以能够被汉武帝所采纳并成为此后历代封建政治王朝的基本文化方针，与其说是这些封建政治王朝在更大程度上适应了孔子、孟子等知识分子的社会理想和人生理想，不如说是孔子、孟子的思想在更大程度上适应了这些王朝巩固和加强自己的政治统治的需要。它的基本意义就是将产生于先秦的儒家思想与现实的国家政治统治直接结合起来而成为整个国家政治制度的思想基础，成为现实社会伦理关系、礼仪制度、法权关系的思想基础，从而实现了儒家思想从知识分子个人的思想学说向国家意识形态的正式转变。它是直接为当时的中央集权制的国家政治统治服务的，是以这样一个国家政治统治的实际需要为基本依据的。这些今文学派的儒家知识分子与孔子、孟子等先秦儒家知识分子有一个根本的区别，即先秦孔子、孟子等儒家知识分子的根本意图是为了借助政治的力量实现他们自己的思想理想和社会理想，而汉代这些今文学派的知识分子之所以将儒家思想上升到独尊的地位是因为儒家思想在更高的程度上适应了现实国家政治统治的需要。如果说孔子、孟子的思想学说在本质上更属于社会的学说，而今文学派知识分子的思想学说在本质上就属于政治的学说、国家的学说，这也决定了他们基本的治学方式和治学态度。

我们完全可以说，在中国的历史上，今文学派在汉代生成和发展的历史时期是中国知识分子与现实国家政治统治度过的唯一一个短暂但却宝贵的蜜月期。在这样一个蜜月期里，以董仲舒为代表的今文学派的知识分子得到了当时中央集权制国家政权的最高统治者——皇帝的几乎毫无保留的高度信任，而这些知识分子也以几乎不容置疑的高度忠诚为当时中央集权制的国家政权基本完成了意识形态和政治制度的整体设计。这个设计不是以这些知识分子本人的地位和荣誉为杠杆的，不是以他们个人的利益为指归的，而是以皇帝个人的至高无上的权威地位为杠杆的，是以当时中央集权制国家政权的最高利益为指归的，从而也使这个国家政权的政治功能能够得到更充分的发挥。但是，必须意识到，国家政治对知识分子及其文化总是有所需求的，但这种需求又总是极其有限的。一旦知识分子为当时的国家政权完成了意识形态和政治制度的整体设计，一旦这种整体设计已经以规范和要求的形式通过各种不同的制度相对固定下来，国家对知识分子及其文化的需求就会迅速低落下来，国家政权的最高政治统治者——皇帝对知识分子及其文化的个人热情也会迅速冷却下来。因为在这时政治统治者已经完全可以仅仅依靠自己的力量、依靠自己手中的权力保证现实正常政治秩序的建立和现实正常政治制度的落实，在这时，知识分子的过多的议论反而会干扰乃至破坏他们为现实的国家政治统治设计的正常秩序的建立和正常制度的落实。与此同时，当现实国家政治统治充满对知识分子及其文化的饥渴的时候，这些知识分子之间的联合趋势总是大于分裂的趋势，因为他们之间的联合是他们能够争取到中央集权制国家最高政治统治者——皇帝的信赖和重用的前提条件，也有利于知识分子自身力量的壮大和发展，而一旦国家政治统治对知识分子及其文化的需求低落下来，这些知识分子之间的联合趋势立即便会被分裂的趋势所代替，因为只有将自己从知识分子群体中分裂出来，他们才有可能得到皇帝的特殊的礼遇，而那些已经获得显赫政治地位和文化地位的知识分子，则不希望有更多的知识分子也获得这样的

“殊荣”，因为正是这些知识分子，才是他们政治地位和文化地位的直接挑战者，严重威胁着他们自身的地位和安全。当知识分子只能通过中央集权制国家政权的力量才能间接地发挥自己的社会作用的时候，知识分子由联合趋势向分裂趋势的转变实际上是无法避免的，这与他们所信奉思想学说的自身性质并没有太大的关系（皇帝喜欢胖女人，胖女人之间的竞争就会加剧；皇帝喜欢瘦女人，瘦女人之间的竞争就会加剧）。

实际上，汉代古文学派就是在汉王朝对知识分子及其文化的需求相对低落下来，汉王朝最高政治统治者——皇帝对知识分子及其文化的热情也相对冷却下来之后诞生的，所以在汉代的文化历史上并不主要表现为它对今文学派的反叛和反抗，而更表现为今文学派对它的冷落和排斥。在开始阶段，古文学派并不否定今文经典的真实性和权威性，而是今文学派否定古文经典的真实性和合法性。“迄孝武世，书缺简脱，礼坏乐崩，圣上喟然而称曰：‘朕甚闵焉！’于是建藏书之策，置写书之官，下及诸子传说，皆充秘府。”[1]这标志着在秦始皇“焚书坑儒”之后中国知识分子文化的再一次腾飞，不过这次腾飞依靠的已经不是中国知识分子自身的力量，而是汉王朝整个中央集权制国家政治的力量，因而它也是为汉王朝中央集权制国家政权服务的。在这时，开始发展起来的是今文学派的学术，他们依据的是用今文（汉代的文字）抄写的文本，有自己相对明确的师承关系，其治学主要集中于对经典文本背后的“微言大义”的阐发，实际上是更重视能够为现实国家政权经世安邦的文化理念和政治理念的建构。在今文学派发展的历史上，曾召开过两次当朝皇帝亲临参加的国家级的“学术研讨会”（“石渠阁会议”和“白虎观会议”），先后增列42个五经博士，有14种五经传本（鲁、齐、韩三家《诗》，欧阳氏、大小夏侯氏三家《书》，大小戴氏二家《礼》，施氏、孟氏、梁

[1]班固：《汉书·艺文志》。

丘氏、京氏四家《易》，公羊、穀梁二家《春秋》）被确立为今文经典传本。“武帝末，鲁共王坏孔子宅，欲以广其宫，而得古文《尚书》及《礼记》《论语》《孝经》凡数十篇，皆古字也。共王往入其宅,闻鼓琴瑟钟磬之音,于是惧,乃止不坏。孔安国者,孔子后也，悉得其书，以考二十九篇，得多十六篇。安国献之，遭巫蛊事，未列于学官。”[1]显而易见，如果此前没有今文经学的繁荣和发展，没有今文学派知识分子被列为五经博士而为皇帝所重用，这些从孔子宅中发掘出来的古文文本，在充满文化饥渴的汉武帝那里，自然会得到高度重视的。但在今文学派的学术已经得到长足发展的时候，这么多古文传本的经书的发现，对那些已经拥有权威地位的今文学派的今文经典就是一个极其严重的挑战了，以各种可能的理由将其排斥在官学之外就成了很难避免的事情。这里所说的“古文”，就是先秦六国文字的抄本，不是汉代文字的抄本。这些未被列于学宫的古文抄本，遂被今文学派的知识分子说成是孔安国伪造的，“疑古证伪”也就成了今文学派的治学传统之一。

在汉代，从孔子宅中发掘出来的这些古文传本未被列于学宫，发掘、整理、注释、阐释这些古文经的知识分子自然也不会像大多数今文学派的知识分子那样直接得到皇帝的信任和重用,不会因此而被增列为五经博士。但是，通过皇帝的提倡，对文化典籍的重视到底已经成为当时知识分子的一种风习，对文化典籍的发掘、整理、注解和阐释也已经成为当时知识分子表现自己智慧和才能的方式之一，受到越来越多的人的重视。所以，此后出土的古文经典文本虽然已经不能列于学宫，但仍然不乏知识分子对其进行整理和研究，这就成为此后古文学派逐渐成长和壮大的原因。他们已经不像今文学派的知识分子那样受到中央集权制国家政权的重视，越到后来，越是在民间（现在所说的“社会”）通过个人著述和授徒讲学的形式得到传播和传承，所以像马融、郑玄

[1] 班固 :《汉书 · 艺文志》。

这样一些古文大家都主要活动在民间，没有显赫的政治地位，郑玄还曾被牵连进党锢之祸，他们虽然仍然传承着今文学派的基本思想理念和政治理念，但较之今文学派的学术，其重心却发生了转移。如果说今文学派的学术风格主要是“经世致用”，其目的在于“托古改制”，其基本性质是现实的、政治的，核心在一个“用”字，古文学派的学术风格则主要是“修学好古，实事求是”，其目的在于对文本本身意义的考定和证实，其基本性质是历史的、学术的，核心在一个“是”字；今文学派喜欢发挥己意，随意引申，影射现实，议论政治，古文学派则重视训诂考据，崇实尚朴。而像许慎的《说文解字》，即使用我们现在的标准进行衡量，也更属于一部纯学术的著作。它在中国文字学史上的地位，等同于司马迁的《史记》在中国史学史上的地位。《汉书》的作者班固也是一个古文学大家。《汉书·艺文志》就是删取古文经学的创立者刘歆的《七略》而成。在汉代，刘歆第一个批评了今文经学“信口说而背传记，是末师而非往古”[1]的弊病。

严正先生在《郑玄经学思想述评》中对郑玄的经学做了这样的概括：“郑玄是东汉后期著名的经学大师，他师承古文经学大师马融，是汉代古文经学的集大成者；同时他又兼通今文经学和谶纬，是汉代经学的总结者。郑玄遍注群经，学问渊博，识断精审，弟子众多，著述百余万言。自郑学流行后，两汉时期的今古文经学分立的局面被郑学所取代，经学出现了一个短暂的统一时期。在魏晋南北朝时代，郑玄所注的《周易》《尚书》《毛诗》《周礼》《论语》《孝经》等皆先后被立为官学，学术界在这个时期所争论的主要是郑玄和王肃之学等，而不再局限于汉代的今、古文家法，一直到唐代孔颖达作《五经正义》，其中的《三礼》和《诗经》所采用的依旧是郑玄的注解。两汉经学家们的著作绝大多数都已佚失，然而郑玄的《三礼注》和《毛诗笺》却完整地流传下来，成为我们今天了解汉学的基本经典。郑玄在其《三礼注》和《毛诗笺》

[1] 刘歆：《移书让太常博士》。

中所展现的文字训诂和章句疏解，成为汉学经典诠释的杰作，它们与《说文解字》和《尔雅》一道成为中国语言文字发展和经典诠释不可或缺的最重要的著述。顾炎武曾有诗赞曰："大哉郑康成，探赜靡不举。六艺既该通，百家亦兼取。至今三礼存，其学非小补。"[1]

从汉代开始，中国的儒家文化就是在义理之学、训诂之学、文章之学三个传统的流变分合中繁衍发展起来的，义理之学主要指儒家的思想传统，文章之学主要指儒家的文学传统，训诂之学则主要指儒家的学术传统。义理之学是面对现实的，是面对政治的，是贯彻儒家修身、齐家、治国、平天下的人生理想、政治理想和社会理想的；文章之学是面对个人的，是面对个人的思想和情感的，是用儒家的审美观念感受和评论文学作品的价值和意义的；训诂之学则是面对儒家的经典文本的，是用语言文字等各类知识诠释这些经典文本的意义和内涵的。儒家的学术传统，在很大程度上就是由汉代古文学派的训诂之学奠其基的。

七

如果我们带着汉代古文学派和今文学派这种既相联系、又相区别的意识回到清代知识分子的文化传统中来，我们就会感到，清代学术中的从宋明理学的义理之学的传统中相对疏离出来而主要转向了古文学派的训诂之学，是有一种在政治关系中相对疏离政治的潜在倾向的。清王朝是以异族入侵的方式建立起自己的政治统治的，当清初汉族知识分子的反清斗争被镇压下去，清王朝的政治统治已经成为现实的唯一合法的、有效的国家政权之后，儒家知识分子便大量涌入清王朝政治统治体系的内部，成为清王朝的政治官僚。这一方面是清王朝政治统治者自觉推行汉化政策的

[1] 严正:《郑玄经学思想述评》,引自姜广辉主编《中国经学思想史》第2卷,第469页。中国社会科学出版社，2003年9月版。

结果，同时也是中国传统儒家教育自身本质的体现。儒家的教育在其本质上就不具有民族教育的特征，而是在现实国家政治体系的内部生成的，是为稳固和加强这个现实的国家政治统治政权服务的，是为这个现实的国家政治统治政权“维稳”的。所以，作为一种国家教育，它并不具有完整性。严格说来，它不是完整的社会文化教育，而只是单一的国家政治教育。而在国家政治教育中，它也既不是真正意义上的帝王教育，也不是真正意义上的平民教育；它既不传授作为一个政治帝王运用自己手中的权力治理国家的权术、治术（这种权术和治术在中国古代文化中是由法家知识分子创立并传承的），也不传授作为一个平民在其平民的地位上求取自身生存和发展的知识和技能（这些知识和技能更是以家庭教育和职业性质的师傅带徒弟的方式进行传授的），儒家教育仅仅是一种官僚教育，是培养政治官僚的。所以，在中国传统儒家教育中，读书和做官是直接联系在一起的：读书是为了做官，做官则必须读书。而辅佐帝王，治理民众，维护现实国家政权的稳定和安全，保证帝王之帝业“长治久安”，则是这些官僚知识分子的神圣使命。帝业从来不是官僚知识分子自己的，所以只要一个帝王（不论他是谁、用什么手段）牢固地建立起了一个国家的政权，儒家知识分子就不能不到这个政权中来做官，来发挥自己作为一个儒家知识分子的智慧和才能，否则，儒家知识分子就没有自己的用武之地了。但是，清王朝的政治统治到底是一个过于特殊的统治，它和元王朝一样是通过异族军事入侵的方式建立起自己的统治地位的，这些异族入侵者的异族血统和汉族知识分子在明末清初进行的惨烈的反清斗争、发表过的激越的反清言论，使这些汉族知识分子无论如何也无法摆脱自己“亡国之臣”的感觉，无论如何也无法摆脱他们对这个封建王朝的异己的感觉。实际上，他们对训诂之学的重视和迷恋就曲折地反映了他们内心的这种感觉。今文学派以及由今文学派首先建构起来的义理之学是“经世致用”的，是为现实政治统治服务的，是为维护清王朝这个现实的异族统治政权服务的，是在汉族知识分子与异族政治统治之间的关系中建立起来的，在这种关系中汉族知识分子永远不具有自己的主体性地位。而古文学派的训诂之学则只是一种做学问的方法，是“求是”的，而不是“致用”的。这个“是”就在汉族知识分子所创造出来的中国古代文化经典以及由这些文化经典所负载着的关于中国古代社会、中国古代文化的大量信息的本身，与现实的清王朝的政治统治没有直接的必然的联系。这就使清代的汉族知识分子有了一种反客为主的感觉——他们在训诂之学的“学问”中感觉到了自己的主体性地位，从而摆脱了或相对摆脱了（尽管是虚幻地）罩在自己头上的那个异族政治统治的阴影。在政治上，异族统治者是中国社会的主人，汉族知识分子只是他们的奴隶，而在文化上，他们这些汉族知识分子才是真正的主人，异族政治统治者只不过是被汉族文化“同化”了的他者。不难看出，这也是绵延至今的中国知识分子的文化爱国主义思想的最早的表现形式。（这种文化爱国主义将热爱未经异域文化“污染”过的中国古代文化作为爱国主义的根本标志，而将接受、肯定、赞扬和崇拜异域文化的言行一律视为“数典忘祖”的不爱国乃至卖国的言行。）

古文学派是“求是”的，但却不是“致用”的，是对现实社会的改善和发展无补的，至少在当时人们的意识中是如此。但是，现实社会永远是这个社会的人所无法摆脱的梦靥，社会的改善和发展也永远是这个社会的人所无法摆脱的最内在、最真实的意愿，因为只有通过社会的改善和发展，才能从根本上摆脱那些困扰着当时人们的实际灾难或困难。所以，尽管那些古文学派的知识分子对自己的训诂之学乐此不疲，对自己的学术成就也不无沾沾自喜之意，但在今文学派的知识分子看来，这些古文学派的知识分子同当时绝大多数儒家知识分子一样，仍然难脱“避席畏闻文字狱，著书都为稻粱谋”（龚自珍）的嫌疑，是逃避现实社会责任的表现。当清王朝度过了自己的极盛时期，特别是到了鸦片战争之后，民族的危机、社会的危机、政治的危机日趋严重，今文学派知识分子的现实社会意识日益加强，要求改革现实、改革政治、改革社会的愿望也日趋强烈，因而他们对弥漫于整个有清一代文坛的古文学派的学风也深感不满。但在这时，今文学派和古文学派的关系却与汉代今文学派和古文学派的关系处于迥然不同的情势之中：在汉代，古文学派是在今文学派的生成和发展的趋势中自然延伸出来的，今文学派享有现实国家政权的最高统治者——皇帝的高度信任和直接支持，居于主流地位，在社会上拥有自己的话语统治权，因而也能直接地贯彻自己的意志；而在清代，在很大的程度上，今文学派只是在古文学派生成和发展的趋势中自然延伸出来的，它并未得到现实国家政权的信任和支持，并不居于主流的地位，在社会上也不拥有自己的话语统治权。不难看出，“疑古证伪”在更早一些的时候，只是掺杂在古文学派考据学传统中的一种特定的倾向，不论是阎若璩的《尚书古文疏证》，还是姚际恒的《古今伪书考》，贯穿的都还是有清一代古文学派的考据精神，因而也并不意味着对古文经的全盘否定，甚至在有清一代今文学派的早、中期的代表人物如庄存与、刘逢禄、龚自珍、魏源等学者那里，“疑古证伪”还不是他们学术思想的第一块跳板。只是到了晚清今文学派知识分子廖平、康有为等人的手中，“疑古证伪”的重要性才空前地加强起来，而这，显而易见，则意味着今文学派知识分子向古文学派知识分子实行文化反夺权的开始。廖平公开宣布，汉代古文经都是刘歆伪造的，这就整体地否定了从汉到清整个古文经学存在的合法性和合理性，将自己的今文经学的地位提高到唯一合理并合法的位置上。但是，正像黄开国在其《廖平的“经学六变”及其意义》一文中所说的一样，“廖平关于古文经学起于刘歆作伪的观点，缺乏严格的历史文献的考据，多为臆说推论，实际上是站不住脚的”[1]。从汉代开始，今文学

[1] 黄开国：《廖平的“经学六变”及其意义》，引自姜广辉主编《中国经学思想史》第4卷，第754页。

派就是以不承认古文经的存在、将古文经一律视为伪书的方式而将古文学派排斥在主流经学之外的，晚清今文学派之所以重新祭起“疑古证伪”的大旗，其真实的目的并不在于中国古代文化史、中国古代思想史的研究和探讨，甚至也并不在于辨别古文经的真伪本身，而是为了将当时更广大的知识分子的视线从古文学派所关注的历史研究上引开，而将其主要集中到“孔孟之道”的“核心价值观”上来，集中到孔子一生文化活动的意义和价值上来，并通过他们对“孔孟之道”的“核心价值观”的重新阐释和解读而集中到对现实社会、现实政治和现实社会文化的改革之中来，其基本意义和价值仍如汉代今文学派一样，实现的是“托古改制”的现实社会目标，而在政治上，则是争取当时国家政权的最高统治者——皇帝的信任和支持的方式，以利用皇帝手中的权力实现自己所意欲实现的社会改革和政治改革。在所有这两个重点上，晚清今文学派都与汉代今文学派完全相同。也就是说，晚清今文学派“疑古证伪”的真正意义并不是学术的、历史的，而是政治的、现实的；它追求的是现实的社会的效果和政治的效果，而不是问题本身的结论，而不是或主要不是古文经是不是真经这个具体的学术问题。康有为有三部著作：《新学伪经考》《孔子改制考》《大同书》，它们异常清晰地画出了康有为这个中国最后一个今文学大师的学术脉络和“疑古证伪”在他的整个思想体系中的地位和作用。《新学伪经考》起的作用是清除古文学派的学术影响，为重新塑造作为圣人的孔子的革新家的形象扫除障碍；《孔子改制考》则以孔子的改制暗示了现实政治改革的合理性和神圣性；而《大同书》则以自己的社会理想重新构建了中国传统儒家知识分子的大同理想。

实际上，晚清今文学派（他们在政治上属于维新派）不论在其政治实践中，还是在其学术研究中，都是极其脆弱的，这是因为他们所实际关心的问题不但早已超越了儒家文化传统的范围，甚至也超越了中国固有文化传统的范围；中国当时的社会改革和政治改革，已经不可能仅仅依靠中国儒家文化传统内部的力量，甚至也不可能仅仅依靠中国固有文化传统内部的力量，但是，晚清今文学派知识分子却仍然是在中国传统儒家文化的内部矛盾中提出问题和解决问题的：在学术上，他们是在儒家今文学派与古文学派的分歧中提出问题的，“疑古证伪”就成了他们主要的学术武器；在政治上，他们作为在野儒家知识分子是在自己与清王朝政治体制内的广大守旧派官僚知识分子的矛盾中提出问题的，“公车上书”就成了他们进入清王朝政治体制内部并超越守旧派官僚的阻挠和反对的主要政治手段。而所有这些，都是没有实际力量的。他们之所以在晚清文坛上仍然产生了巨大的影响，仍然激起了一个不小的历史的波澜，既不是因为他们政治策略上的正确，也不是因为他们学术上的有力，而是因为他们更多地倚重了儒家“文章之学”的力量。不论是梁启超的“诗界革命”（他与黄遵宪同是“诗界革命”的倡导者）、“小说界革命”，还是他的“笔锋常带感情”的“新文体”，都是文学性的，并且在传统儒家文学观念（“文以载道”、为现实政治服务的文学观）的基础上将文学的视野扩大到了前所未有的广度，成了中国古代文学与“五四”新文学的一个接榫处，这是与他们改革社会、改革政治的主观热情联系在一起的。（报纸、杂志这种从西方输入的现代传媒形式在他们思想的传播过程中起了关键作用。）

在中国传统的儒学中，儒家的义理之学、文章之学、训诂之学是融为一体的，但各自又都有其独立性。儒家的义理之学是儒家思想的基本原则，是儒家思想的“核心价值观”，它是在孔子、孟子等儒家文化创始人的思想的基础上被后儒总结出来的，并成为历代儒家知识分子共同信奉的一些基本原则和信条。董仲舒为汉帝国提供的“罢黜百家、独尊儒术”的国家文化战略首先将儒学提高到独尊的地位，使其成为与国家政治专制体制相呼应的文化专制体制，同时也赋予了儒家的义理之学以具体的形式和内容。儒家文化的专制主义性质主要是通过它的“义理之学”而得到具体贯彻的，它在吸收了先秦诸子百家思想学说中那些有利于自己的因素之后而将其排斥在国家意识形态之外，束缚和禁锢着它们独立成长和发展的自由性，更抑制着各种新的思想生成和发展的可能性。宋明理学家在佛学得到长足发展的历史条件下重新整理和阐释了儒家的义理之学，并将儒学的“治世”之术同“治心”之术更紧密地结合起来，使儒学的文化专制主义性质得到了进一步的巩固和加强，并通过控制全国的学校教育而严重地禁锢了中国社会、中国政治、中国文化的进一步发展；儒家的文章之学并不是孔子、孟子等儒家文化的创始人自己创造出来的，而是他们在其成长和发展的过程中所接受的前人的文学传统。《诗经》成为儒家文化的经典之一，是因为孔子以自己的方式肯定了它的价值和意义，而在其实质上，它是可以被任何一个思想学说所接受、所采纳的。所以儒家文化对中国社会和中国文学的束缚与禁锢并不在于它所接受并采纳了的文学作家和文学作品，而是在于儒家的义理之学以及由此所规定的文学的标准。文学（指在于那些成功的、真正的文学作品）是个人的具有主观情感、情绪色彩的语言表现形式，它从来就不会完全等同于一种理性的结论和概括性的标准，当一种标准不但具有理性判断的性质，同时还具有国家政治的法律效能的时候，它就具有了扼杀文学作家的文学创作的作用。所以，能够束缚和禁锢文学发展的是儒家的义理之学及其文化专制主义性质，而不是被儒家文化所接受和采纳了的那些文学作品。儒家的训诂之学是儒家知识分子对儒家经典的解读，其中主要在于文字的训诂和章句的疏解，其中牵连着文字学、音韵学、训诂学、校勘学、考订学等各项知识和技能，更牵连着中国古代历史上的历史人物、历史事实、语言文字、典章文物、礼仪制度、风土人情、博物知识和诸子百家思想学说中的大量知识，这些知识有一些是儒家文化经典产生过程中的背景知识，有一些则是儒家文化创始人的发明和创造，但不论是哪一类的知识，都是一种物质的、社会的、文化的或精神性的“有”或“存在”，是可以成为一个人的“学识”并起到丰富人的学识基础的作用的。儒家训诂之学的局限性是它的泥古主义（在特定的情况下表现为“复古主义”）倾向，它以“古”为本位，以“古”为标准，反对变化，反对革新，今文学派在儒家文化内部是讲“与时俱进”的，而古文学派即使在儒家文化内部也属于保守派。但是，古文学派的这种保守性并不是它的训诂之学本身的性质，而是儒家义理之学的文化专制主义与中央集权制国家政治专制主义相结合的产物。儒家文化是以孔子、孟子为“至圣先师”的，是以“孔孟之道”为万古不变的思想信条的，儒家古文学派将他们从儒家文化经典的考释中所获得的思想和知识相对凝固起来，使其具有了保守性，但这不是儒家训诂之学作为一种方法论的本身的性质，更不是通过儒家训诂之学所发掘出来的大量有关中国古代社会、中国古代文化的历史知识本身的性质。只要在这个意义上看待“五四”新文化运动的价值和意义，我们就会看到，“五四”新文化运动的“反传统”，“五四”新文化运动的“批儒反孔”，并没有也不可能是对中国传统文化的“斩尽杀绝”，即使对中国传统的儒家文化，也不具有“全盘否定”的性质。恰恰相反，“五四”新文化运动不但是“五四”知识分子自己的一个思想解放运动，不但是中国现代文化的一个改革开放运动，同时也是中国传统文化的一个解放运动（任何一个真正的思想解放运动都必然是对人类固有文化传统的解放运动，它是通过解放人类固有的文化传统而解放人类社会和人类自己的）。“五四”新文化颠覆的不是中国传统文化中的任何一个具体的、实际的文化成果，而是颠覆儒家的义理之学与中央集权制国家政治专制体制的连襟关系，从而也颠覆了儒家义理之学的文化专制主义性质。这不但解放了各种被儒家文化传统视为异端学说的不同的文化传统，使其具有了与儒家文化传统平等的地位，同时也解放了儒家文化传统自己，使其不再是中央集权制国家政治专制体制的附庸和帮凶，使其成为中国思想史上的独立的文化传统。得到解放的还有在儒家义理之学的束缚和禁锢中的文章之学和训诂之学。在“五四”之后，儒家的文章之学更多地汇入中国文学发展的历史长河之中，儒家的训诂之学则更多地汇入中国学术发展的历史长河之中，并与从西方输入的文化相结合，共同成为中国现代文化发展的学识基础。

当我们站在“五四”新文化（中国现代文化）的此岸反观晚清今文学派的文化时，我们就会看到，真正启发和影响了“五四”新文化知识分子的是今文学派那种改革社会、改革政治的强烈的主观愿望和他们那些充满真诚的改革热情、富有文学想象力的政论文章，是今文学派对新文化、新思想、新文学的热切期待和瞩望，亦即他们的文章之学，而今文学派在学术上所坚持使用的“疑古证伪”的治学方式，充其量只能视为古文学派考据学方法中的一种特例，而并不具有独立的方法论的意义，更不具有普遍的历史观的性质。而有清一代古文学派的训诂之学，在脱离了儒家义理之学的束缚和禁锢之后，则成为中国现代学术发展的基础之一，是为“五四”新学术所不能不吸收的学术成果之一。如果说梁启超是带着中国古代的文学传统进入“五四”以后的中国文化史、学术史的一个大师级人物（在学术上那时他已放弃今文学派的立场，转而从整体上介绍和研究有清一代的学术传统和学术成就），那么章太炎则是带着中国古代的学术传统进入“五四”以后的中国文化史、学术史的一个大师级人物，并且在“五四”以后的中国文化史、学术史上仍然发挥着自己独立的作用和影响。

顾颉刚阴差阳错地将早已不具有实质意义的今文学派的“疑古证伪”的学术方法接受过来并将其提高到了一个不适当的高度，从而也将自己与清代古文学派的学术传统直接对立起来。这就与鲁迅的中国古代历史观、中国古代文化史观有了本质的差别。

八

鲁迅不是一个专治中国古代历史、中国古代文化史的学者，他没有系统的中国古代历史、中国古代文化史的著作，但尽管如此，我们还是能够通过一些中国古代历史、中国古代文化史的关节看得出他与顾颉刚中国古代历史观、中国古代文化史观的差别和对立。

鲁迅和顾颉刚的矛盾和对立，并不像顾颉刚和许多后来人所叙述的那样，是在后来的私人恩怨中产生的。恰恰相反，他们两人在学术思想上的矛盾和对立，是从顾颉刚在学术上出道伊始就已经充分表现出来。

首先就表现在他们对章太炎文化传统、学术传统的不同态度上。

20世纪20年代的中国学人都不可能感觉不到，顾颉刚的古史观在学术上是有一个假想敌的，那就是章太炎及其后学所代表的晚清古文学派的学术传统。在《古史辨自序》中，顾颉刚对章太炎做了这样一个总体评价：

> 又过了数年，我对太炎先生的爱敬之心更低落了。他薄致用而重求是，这个主义我始终信守，但他自己却不胜正统观念的压迫而屡屡动摇了这个基本信念。他在经学上，是一个纯粹的古文家，所以有许多在现在已经站不住的汉代古文家之说，也还要代他们弥缝。他在历史上，宁可相信《世本》的《居》篇、《作》篇，却鄙薄彝器钱物诸谱为琐屑短书，更一笔抹杀殷墟甲骨文字，说全是刘鹗假造的。
>
> 他说汉、唐的衣服车驾的制度都无可考了，不知道这些东西在图画与明器中还保存得不少。在文学上，他虽是标明“修辞立诚”，但一定要把魏、晋文作为文体的正宗。在小学上，他虽是看言语重于文字，但声音却要把《唐韵》为主。在这许多地方，都可证明他的信古之情比较求是的信念强烈得多，所以他看家派重于真理，看书本重于实物。他只是一个从经师改装的学者。[1]

对于这个评价，从我们这些旁观者的眼里看来，似乎没有值

---

[1] 顾颉刚：《古史辨自序》（上），第43页。

得大惊小怪的地方，但只要进入鲁迅当时的亲身感受和体验之中去，我们就会发现，对于这个评价，鲁迅是绝对无法接受的：在鲁迅的心目中，章太炎尽管也有自己不可讳言的弱点和不足，但在整体上却是一个在中国革命史和中国学术史上具有不可忽视的重要地位和历史作用的历史人物，是理应受到后代中国知识分子尊敬和爱戴的，而在顾颉刚的眼里，章太炎则只是一个无足轻重的过了时的陈旧学者，是一个一旦被超越就永远被超越了的历史人物。

作为"五四"新文化运动的倡导者，鲁迅实际上也是在晚清维新派思想的影响下走上自己作为一个中国现代知识分子的思想道路的。鲁迅在南京求学期间，就通过梁启超等主办的《时务报》等书刊接触晚清的新思潮，接触他们翻译和介绍的西方学术名著，从而开始了他自己的思想之旅。鲁迅终其一生都是一个中国文化的革新家，一个密切关注着中国社会及其文化的现实发展、关注着中国社会及其文化的"改革、开放"的知识分子，"致用"是他的文化思想的"核心价值观"之一。在这个意义上，他始终是晚清维新派思想传统的一个继承者和发扬者，而不是一个保守主义者、复古主义者。但是，他接受晚清维新派的影响，几乎完全是在思想上的，特别是在对外国文化的积极容受态度上的，而晚清维新派作为今文学派的"疑古证伪"的治学方法，几乎就没有进入他的关注视野之内。他已经不在儒家文化传统内部的矛盾关系中思考问题和解决问题了，因而今文学派与古文学派在学术上的矛盾和对立对于他已经没有任何实质的意义。在学术上，他虽然不是晚清古文学派训诂之学的传人，虽然也像晚清今文学派知识分子那样不遗余力地反对晚清古文学派知识分子的泥古主义、复古主义的文化倾向，但对晚清古文学派在自己的研究活动中所取得的实际的研究成果和他们在自己的研究活动中所表现出来的一丝不苟的实事求是的学术作风却是怀有好感的。而所有这一切，几乎又都是通过章太炎对他的思想影响而具体表现出来的。

鲁迅师从章太炎，听他讲解《说文解字》还是在他受到维新派维新思想的影响，已经走上新的思想道路之后的留日时期。在那时，章太炎早已是闻名遐迩的反满革命家。鲁迅前去听讲，也主要不是因为他是一个晚清古文学派的学术大师，而是因为他是一个“有学问”的革命家。但是，章太炎所讲解的却是从汉代到清代儒家古文学派训诂之学范围内生成和发展起来并被章太炎进一步丰富和完善起来的一个知识体系，一门“学问”，一种“学识”。在这时，在鲁迅的眼里，章太炎实际上有三种不同的文化形象，其一是一个历经磨难而革命之志不稍退减的实践的反满革命家，其二是一个以其充沛的革命热情、革命意志与革命精神与各种反对革命的思想言论进行激烈的思想论战的革命政论家，其三则是一个学识丰富、治学严谨、富有独创精神的中国文字学家，一个“小学的大师”。不难看出，在这时的章太炎这里，从汉代到清代儒家古文学派训诂之学范围内生成并发展起来的中国文字学——“小学”，在其基本的意义上，已经不具有泥古主义、复古主义的思想性质，因为它是与一个“革命家”章太炎联系在一起的，而在这样一个革命家这里，它已经不属于儒家的文化传统，已经不是依附于任何一个中央集权制的国家政权并为这个政权“维稳”的。在这时，我们只能说，它是一门“学问”，一个独立的知识体系，一些可以成为任何一个人的“学识”构成成分的知识元素。

迄今为止，在人类包括一个民族的历史上积累起来的所有的“知识”“学问”“学识”，都是在一个特定的时代，在一个特定的人的特定的思想意识、文化理念的基础上生成的，但一种“知识”，一种“学问”，一种“学识”，一旦生成，就有了超越“时代”、超越特定人的特定的思想意识、文化理念而在社会和历史上独立流转和传承的可能了，就有了与其他不同的知识元素进行重新组合并构成一种新的知识系统、新的思想系统的可能了。在这时，决定它的性质和意义的是它在当下条件下所具有的性质和所发挥的具体作用，是它在当下的条件下所体现的思想意识和文化理念，而不再是它生成时候的性质和作用了。章太炎的“《说文》学”，章太炎的中国文字学也是这样。鲁迅没有继续沿着章太炎做学问的路子成为一个中国的文字学家，一个小学家，但他也没有将从章太炎那里接受的关于中国文字学的知识视为陈旧落后的东西而抛到九霄云外。在我写作这篇鲁迅与顾颉刚的关系的文章的过程中，周江平恰好有一篇文章，题为《甲骨文、〈说文〉与鲁迅若干文学作品的内部关系研究》[1]，论述了鲁迅的中国古文字学知识与他的现代文学作品创作的关系，这也说明鲁迅是始终重视他当初从章太炎那里接受过来的关于中国古文字学的知识的，并在此基础上将自己的兴趣扩大到了甲骨文、金文的范围(在晚清,它是主要由罗振玉、王国维传承着的学术传统)。实际上，他在相当长的一段时间内，一直想写一部“中国字体变迁史”，这也是一部纯学术的中国古代文字学的著作，不是今文学派那种应时的、“经世致用”的思想学说，而是古文学派那种历史的、“求是”的学问。虽然最终没有完成，但他对这门知识的重视却是显而易见的。

胡奇光先生在其《中国小学史》上以“小学因古文经学以立”概括了中国小学与中国汉代古文经学的关系，他说：“这古文经的发现，促使人们去研究训诂，探求古文经里古字的奥秘。要攻读古文经,就得先弄懂古字。”[2]许慎就是在古文经学的基础上完成了他的划时代的中国文字学著作《说文解字》的，他为中国文字学建立了以“六书”为中心的文字学理论，并在字形、字音、字义三者的关系中构成了中国文字学不同于西方拼音文字的独立的文字学系统。清代古文学派的学术（汉学、朴学）的根底就建立在以《说文》研究为中心的文字学上，根据胡奇光先生在其《中国小学史》上的介绍,在清代从事过《说文》研究的有200多人,在《说文》研究上有过贡献的也有50人左右,在此基础上又有“《说文》四大家”（段玉裁、桂馥、朱骏声、王筠）名世。说《说文》

[1]载《青海社会科学》2013年第5期，第165—171页。
[2]胡奇光:《中国小学史》第50、52页。上海人民出版社，1987年11月版。

研究集中了有清三百年学术研究的精华恐怕也不为过。所以，鲁迅在留日时期就学于章太炎，听他讲解《说文解字》，在鲁迅一生的治学道路上绝对不是毫无意义的。这使他对有清三百年的学术成就有了一个集中而又切近的认识和了解。这虽非他后来自己治学的方向和重心，但却也绝对不是他"学识"储备中的一个空白之域。

在中国小学史上，处在中国古代小学史殿军位置的章太炎，不但有自己的独立贡献，同时也是中国古代小学史的集大成者，是将中国古代小学的学术传统直接带入中国现代学术史的跨时代的学术泰斗式的人物。清代小学对汉代小学的一个重大贡献就是古音学（通过汉字形体求出上古的实际读音）的发明，而在介绍清代小学这一突出贡献的时候，胡奇光先生在其《中国小学史》中所拟的标题就是"古音学的发明：从顾炎武到章太炎"，说明章太炎在这个研究领域的学术发展中是有其独立的地位和作用的，绝对不只是一个固有传统的接受者，不是一个传声筒式的学者。胡奇光先生说："戴（震）、孔（广森）之说到清末明初，为章太炎所发展。……章以'对转''旁转''次对转''次旁转'之类术语，构拟成一个庞大的古韵旁转的理论体系。这理论体系先见于《国故论衡·小学集说》，接着在《文始》里进一步完善。"[1]

古音的发明，集中体现了音韵学研究的最高水平，而词源的探索则集中体现了训诂学研究的最高水平。"词源的研究，不能停留在作平面的声义相通的说明，更要进一步作纵面上的声义递衍的探求。到辛亥革命的前夕，学贯中西的章太炎揭出'语根'说，才开创了全面研究汉语同源字的新阶段。自此以后，用语音演变的观点考察声义递衍的历史轨迹，成了词源研究的基本课题。章太炎语根说的最大贡献就在这里。"[2]

（由于本人对中国小学及其历史知识的无知，以上内容几乎

[1] 胡奇光：《中国小学史》，第 246 页。
[2] 同上，第 256—257 页。

全部转述于胡奇光先生的《中国小学史》，在此谨向胡奇光先生致谢。如有不当，也请胡奇光先生和广大读者批评指正。）

同整个中国文化一样，汉语语言学研究在近现代历史上也发生了急剧的变化。一个方面，自马建忠的《马氏文通》之后，经由吕叔湘、王力、高名凯、朱德熙等著名学者的努力，在充分吸收西方现代语言学成果的基础上，逐渐建构起以中国现代语法为基础的语言学体系，成为中国现当代语言学发展的主流。笔者在读高级小学时读的第一本中国语法的书记得就是朱德熙先生的《中国语法修辞讲话》，而在大学使用的普通语言学教材就是高名凯先生、石安石先生的《语言学概论》，说明这个语言学体系已经普及到整个中国社会，对中国社会的语言学观念的发展变化已经发生了普遍的影响；另一方面，随着现代科学技术的进步和考古发掘工作规模的进一步扩大，继罗振玉、王国维之后，中国的甲骨文、金文的研究又有了飞速的发展，涌现出了像董作宾、郭沫若、于省吾、唐兰等一大批成绩卓著的甲骨文、金文学者，甲骨文、金文的研究甚至可以说已经成为中国现当代学术中的一门显学，在中国现当代学院学术中享有崇高的威望。但是，与此同时，章（太炎）、黄（侃）学派的语言文字学作为一个独立的语言学传统也在中国现当代学术中传承并发展起来，我所任教的北京师范大学中文系的陆宗达教授、王宁教授和他们的弟子们，我的大学母校山东大学中文系的殷孟伦教授都是章黄学派在中国当代学院学术中的传人。章黄学派在中国现当代学术中的继续存在和发展，充分说明章太炎作为一个学者绝对不像顾颉刚所说的那样只是一个“由经师改装的学者”，而是有其独立存在的价值和意义的，而是有其学术生命的活力的。对于中国的语言文字学，笔者完全是一个外行，但仅从我这个外行的表面观察而言，章黄学派作为从汉代到清代古文学派文字学研究成果的传承者和集大成者，虽然中经“五四”白话文革新运动的剧烈动荡和冲击，但中国现代白话文的书面文字符号却仍然是汉语的方块字，而不是西方的拼音文字，而这种以汉语方块字为其符号的文字语言，仍然主要是从先秦书面文化发展起来之后才通过“变易”和“孳乳”两种渠道而更加迅速地演变发展而来的（“变易者，形异而声、义俱通；孳乳者，声通而形、义小变。”[1]）甲骨文、金文是这种文字语言的原始形态，而在当代社会生活中产生的新的语汇和大量外来语词也仍然是通过转换为汉语方块字语言而进入现代汉语系统的。总之，这种由方块文字构成的汉语系统，与外国以拼音文字构成的各种不同的民族语言，仍然有着明显的区别，它同时也决定着中国人的思维方式、表达方式和感受、理解、诠释语言文化作品的方式的不同。如果说拼音语言更多地依赖语言本身的语法关系而表情达意，因而其意蕴也有更高程度的确定性，而汉语方块字语言对语言本身的语法关系就没有那么大的依赖度，词语本身的多义性，大量同义词、近义词、反义词的存在，文字本身的音、形、义的功能及其相互之间的联系和区别等等，则在语言的构成上起着更加显著的作用。“仁者爱人”（孔子），表达的是“仁”与“爱”的相通点，但“仁”与“爱”显然又是不同的，因为“仁”与“爱”在汉语中是两个字，而不是一个字，不论从形的构成和音的形态上，都是有显著差别的，这同时也决定了它们在“义（意蕴）”上的差别，而“仁”与“爱”到底有哪些不同以及如何理解“仁者爱人”即“仁”与“爱”的相通点，那就要依靠每个人自己的感受和理解了。（在主要依靠语法关系构成语句的西方拼音文字语言中，像这样的句式几乎是无法构成的。这里“仁者爱人”中的“人”如果是复数，那就是“人类”；若是单数，指某个具体的人，就有了“性”的差别，或者是“阴性”，指某个女人，或者是“阳性”，指某个男人，而不可能是中性的。“仁者”一定是一个单数的具体的人，但作为“爱人”的“仁”，所“爱”的一定是复数的人，即“人类”。“仁者爱人”若解读为“爱人类的人爱人类”，是同义反复，没有意义；若解读为“爱人类的

[1] 黄侃：《声韵通例》。

人爱一个特定的男人或一个特定的女人”，也不是说话人所要表达的意思。总之，“仁者爱人”只有在更多依靠方块字形、音、义之间的细微差别和联系而并不依靠严格的语法关系构成的语句中，才有实质的意义。但它也更多地依靠语言的接受者自身的感受和理解，而不必拘泥于语句本身的意义。）总之，汉语方块字语言与外国拼音语言的差异和联系，要依靠比较语言学的发展而得到说明，而不可能仅仅依靠建立与西方语法体系相近或相同的汉语语法体系得到解决。只要考虑到这一点，章黄学派的语言学作为一种独立形态的汉语语言学继续存在于中国现当代学术研究的殿堂中，也就没有什么不可理解的地方了。

九

章太炎对鲁迅的影响，绝对不仅仅是知识论意义上的，而更是整体的文化倾向和精神倾向上的。这决定了鲁迅在留日时期与洋务派、维新派文化思想的分野，也决定了在“五四”新文化运动之后与以胡适为首的英美派知识分子的思想分野。

鲁迅受教于章太炎的留日后期，正是鲁迅思想走上成熟、其“立人”思想正式形成的历史时期。在这时，章太炎作为一个叱咤风云的历史人物，一个在留日知识分子中有着崇高威望的革命家和革命思想家出现在鲁迅的面前，无疑是有重要意义的。在这里，我认为，对于我们更重要的是章太炎作为一个革命家和革命思想家的个人的特征：章太炎之所以成为鲁迅所敬仰的革命的先驱，显而易见，主要不是因为他接受了哪种西方思想学说的影响，不是因为他已经有了一套什么样的具体的思想主张，而是因为他就是一个革命者，就是一个有学问的人，就是一个历经艰辛、革命志向仍未改变的有学问的革命家。康有为、梁启超之所以成为维新派知识分子，更是因为他们接受了西方文化的影响，更是因为他们相信英、日等国家的君主立宪制的政治制度优越于中国固有的中央集权制的封建专制制度，因而也相信英、日等国家的君主立宪制的政治制度能够救中国；孙中山之所以成为一个革命的知识分子，也是因为他接受了西方文化的影响，更是因为他相信西方的民主制度较之中国固有的中央集权制的封建专制制度更加先进，相信西方的民主制度能够救中国，而章太炎却并非如此。他成为革命者，几乎是没有西方文化的背景的，他简直就像是从中国古代社会、中国古代文化的“石头缝里蹦出来的”。大概也正是因为这样，直至现在，中外学者对章太炎在中国社会发展史和中国文化发展史上的评价并不是那么高，似乎康有为、梁启超等维新派知识分子和孙中山以及追随孙中山的三民主义的信徒都有无可讳言的先进性，而章太炎除了曾经是一个革命者之外，在中国思想发展史上充其量只是一个狭隘的民族主义者，是乏善可陈的。但在这里，我们恰恰忽略了，康有为、梁启超等维新派知识分子发动的维新运动并没有取得成功，英、日等国家的君主立宪制度并没有成为改善中国社会现实的实际力量，孙中山领导的辛亥革命虽然推翻了清王朝的政治统治但也并没有按照他的理想建立起一个行之有效的民主政治体制，他们留给我们的仍然主要是改革现实、改革中国的强烈的主观愿望和对于中国社会、中国社会文化的主动承担精神和献身精神，而在这个意义上，章太炎是不亚于任何一个优秀的中国近代知识分子的。与此同时，我们还必须意识到，不论是鸦片战争前的中国文化，还是我们现当代知识分子注重师法的文艺复兴之后的西方近现代文化，都主要不是通过向另外一个更先进的民族学习而谋求自身的发展的，都是从自身内部汲取力量、不断冲破自身传统的束缚和禁锢而实现自身的更新和进步的。也就是说，一个民族在处于落后状态的时候能够主动、积极地向其他民族学习固然是十分重要的，但一个民族能够不断从自身汲取力量以保证自身的不断进化与发展则更加重要，因为这是一个民族不论在任何条件下都不至于走上腐败、堕落之路而能永远保持自己旺盛的生命活力的基本保障。不难看出，在中国先进的近代知识分子之中，章太炎就是这样一个从自身汲取力量而走向革命道路的先进知识分子。

在这里，注意考察章太炎走上革命道路的自身的心理原因是十分重要的。作为古文学派学术大师俞樾的高足，沿着古文学派知识分子做学问的道路以期成为像俞樾，甚至比俞樾成就更大的一个学术大师，以作为自己在当时中国社会的“安身立命”之道，即使从我们当代知识分子的角度看来，也不失为一条值得羡慕的人生道路。但是，一个知识分子，特别是一个有良知的知识分子，是不可能没有自己的人生价值观念的，而这种人生价值观念，又是脱离不开他对他所从事的文化活动本身的感受和了解的。如前所述，有清一代的汉族儒家知识分子，原本就不像汉、唐儒家知识分子，是在为自己的民族、自己的国家建功立业的雄心壮志的鼓舞下走进社会、走入政坛的，甚至也不像宋明理学家那样，是作为本民族的精英知识分子、本民族固有文化传统的维护者和国家、社会的栋梁之才而立足于社会，立足于政界的，他们都不可能没有一个真实的文化记忆，即他们不是心甘情愿地到清朝政府中来做官的，他们是在异族强权侵略和强权压迫之下才不得不到这个异族政权中来做官的。在这里，有清一代的汉族知识分子不会感受不到从两个方面来的思想的压抑，其一是来自异族政治权力的外部政治压抑，其二是来自儒家伦理道德观念的内部精神压抑，因为正是儒家的“忠君、爱国”的伦理道德观念，使他们不能不屈服于这个以军事强权建立起来的异族统治政权。这两种力量的联合，不但以强力压抑着他们的民族意识，同时也压抑着他们整个的“自我”，他们的“本我”，使他们在自己的文化活动中感到的不是真正的自由，使他们的自由意志无法通过自己的文化活动得到真正的施展，这在精神的层面上表现为人格力量的弱化，在文化层面上表现为文化气魄的狭小。有清一代汉族知识分子在历朝历代的知识分子中大概是“学问最大”的，但在文化气魄上大概又是最小的。他们不仅丧失了先秦知识分子的那种独创精神，甚至也丧失了汉、唐知识分子的那种阔大的气魄、凌厉的精神。不难看到，当章太炎拍案而起，毅然走上反叛道路的时候，在他身上爆发出来的不仅仅是我们常常称之为“狭隘民族主义”的情绪，而更是他整个的自我，整个自我的自由意志。——他在反叛中找到了“自我”；他在反叛中感觉到了自我的自由意志；他在反叛中“觉醒”了。

这种反叛的“自我”，这种觉醒的“个人”，我们不妨通过西方尼采等存在主义者的思想描述他们的特征。不论是西方的尼采，还是中国的章太炎，都不是从已有思想学说中找到了一条更好的思想道路之后才迈出自己思想的脚步的，而是在自我内部的精神运动中，在自我内部文化心理的变化中撞入了一个新的精神境界。他像从一个与周围的人一样的平常人突然变成了一只猛虎，并在别人的惊呼、围追堵截中冲出了人群，狂奔到了一个人迹不至的精神的荒野。他不知道前方的路通向哪里，不知道前方等待他的是什么，但他必须奔跑，必须离开他曾经居住过的村庄，因为在这时，他才发现那里只是一个牢笼，只是一个圈养家畜、家禽的地方。他加入维新派，后又离开维新派投入反满的革命，几乎只是他的奔跑过程。在这个过程中，与其说他感到的是革命终将取得胜利的信念，不如说更是自我自由意志得到伸展的畅快。他不再是现实社会的奴隶，而成了自己的主人。在这条道路上，他是义无反顾的，三入牢狱，其志不减，实际是他的自由意志支撑着他的傲岸的人格，支撑着他的正直的品行，甚至在辛亥革命已经取得了“胜利”、别人认为他已经“功成名就”的时候，他还是停不下自己的脚步，还是要跑，还是不愿停留在“社会”的包围之中。但在这时，他已经跑出了革命的阵营，又重新跑回到自己的书斋中来。他以为自己还在跑着，但他已经跑到了自己文化视野的地平线，他的眼前已经没有道路，他又开始向回跑了。尽管如此，我们仍然无法用我们常用的观念衡量他，仍然并不表现为我们常说的那种“局限性”。事实上，他虽然没有像孙中山那样将自己的革命继续下去，但他也没有像很多曾经革命但在革命之后又重新成为新军阀、新官僚、新的社会的压迫者的人那样，很快成为连满清官僚也不如的一些社会的蛀虫。他更像那些在革命胜利之前已经牺牲了的革命烈士一样，只为革命奋斗过，只为革命付出过艰辛和牺牲，而没有在革命胜利之后去“享受”革命胜利的成果。在中国，革命，对于一些人，也像放高利贷一样，拿出了本钱，是为了收回更多的利息。章太炎不是这样的人。他追求革命，是为了追求一种精神，一种人格。他可以离开由别人主导着的“革命”，但却绝不会放弃这种精神，这种人格。他将自己“正直的人格”保持了终生。

当我们这样叙述着章太炎的时候，不也像叙述着鲁迅吗？

十

章太炎的文化地平线就在中国传统知识分子文化所能够照耀到的地方，这无疑限制了章太炎的文化视野，而鲁迅即使在留日时期怀着崇敬的心情听讲于章太炎的时候，也已经不将自己的文化视野仅仅停留在中国固有文化传统的内部，而是在更广袤的世界文化的范围中寻找自己文化的“知音”、寻找自己的思想道路了。但是，这种区别并不妨碍我们做出这样一个整体的文化判断，即在“五四”之后的整个新文化阵营中，鲁迅的文化传统是与章太炎的文化传统有着最密切的传承关系的一个文化传统——鲁迅在更高的历史层面和文化层面上传承了章太炎的文化传统。这两种文化传统是通过它们对个体精神人格的重视，对个人自由意志的肯定与张扬而有机地联系在一起的。这为中国新文化的发展开辟了一条隐性的但也是不可或缺的思想道路。它几乎是连接中华民族过去、现在和未来的唯一文化命脉。

毛泽东在《论人民民主专政》中曾经说过一段著名的话，他说：“自从1840年鸦片战争失败那时起，先进的中国人，经过千辛万苦，向西方国家寻找真理。洪秀全、康有为、严复和孙中山，代表了在中国共产党出世以前向西方寻找真理的一派人物。那时，求进步的中国人，只要是西方的新道理，什么书也看。向日本、英国、美国、法国、德国派遣留学生之多，达到了惊人的程度。国内废科举，兴学校，好像雨后春笋，努力学习西方。我自己在青年时期，学的也是这些东西。这些是西方资产阶级民主主义的文化，即所谓新学，包括那时的社会学说和自然科学，和中国封建主义的文化即所谓旧学是对立的。学了这些新学的人们，在很长的时期内产生了一种信心，认为这些很可以救中国，除了旧学派，新学派自己表示怀疑的很少。要救国，只有维新，要维新，只有学外国。”[1]接着，毛泽东还指出："帝国主义的侵略打破了中国人学西方的迷梦。很奇怪，为什么先生老是侵略学生呢？中国人向西方学得很不少，但是行不通，理想总是不能实现。多次奋斗，包括辛亥革命那样全国规模的运动，都失败了。国家的情况一天一天坏，环境迫使人们活不下去。怀疑产生了，增长了，发展了。”[2]很显然，在当时这些“学外国”的人当中，鲁迅几乎是一个“特例”。因为他似乎从来也没有相信过西方的哪种思想学说，哪种政治制度，哪种社会模式，哪种治学的方法等等能够“救中国”，他没有产生过这样的“信心”，因而也没有完全地怀疑过，动摇过，因为他所注重的从来就不仅仅是那些具体的“真理”，那些在西方受到普遍重视，因而中国知识分子也认为不需要自己再思考的东西，而是那些曾经为西方文化的发展做出过实际贡献的“人”，以及这样一些“人”所具有的内在的精神素质和特征。正是在这样一个意义上，鲁迅的“立人”思想虽然是从西方文化中受到启发的，但却将自己思想的根牢牢地扎在了中华民族的内部，使其成了必须由中国现代知识分子自己亲自感受、体验、选择并做出实际回答的问题，成

[1] 毛泽东：《论人民民主专政》，《毛泽东选集》第 4 卷，第 1469—1470 页。人民出版社，1991 年 6 月版。
[2] 同上，第 1470 页。

了中国现代知识分子自己必须承担的历史使命。

如果我们首先重视的是鲁迅“立人”思想的渊源关系，那么，鲁迅“立人”思想与康有为、梁启超、孙中山、严复、胡适乃至更在此前的林则徐、魏源、曾国藩、李鸿章等中国近代先进知识分子都是相同的，他们都是毛泽东所说的“向西方国家寻找真理”的“求进步的中国人”,但如果我们首先重视的不是鲁迅“立人”思想的表面的来源，而是鲁迅“立人”思想所具体描述的那种“人”的特征,那么,它与前述那些人则是有更明显的差别,而与章太炎则是有其更加接近的性质。前述那些人的一个主要的特征就是他们在中国社会上都是一些“智者”，或一些努力表现为“智者”的人，他们是以自己从西方文化中所获得的一些新的知识和方法号召群众，并在群众的拥护和支持下实现自己改革中国社会的目的的。在这样一个基础上,他们首先重视的是西方社会、西方文化中那些可见的、外部的、物质的或社会的特征，是那些能够唤起社会公众的向往和追求热情的美好的愿望和理想，而章太炎则不是这样的一个“智者”，而是一个像“傻子”或“疯子”那样的人。在当时的社会公众中，甚至在革命阵营中，他都是一个孤傲不群的“个人”，人们并不真正理解他的想法和做法，他是完全按照自己内心的呼唤而说或做的，他不再甘愿做异族统治政权的奴隶，也不再甘愿做传统习俗的奴隶。前述那些人重视的首先是“物质”，是“众数”，是那些能够唤起多数人的向往的东西，而章太炎重视的则是“精神”，是“个人”，是只有他个人才能够更清楚地感觉到的东西，而这恰恰也是鲁迅在《文化偏至论》中所标榜的那种人的特征。鲁迅指出，人类文化、文明，在不同的历史发展阶段，也不无“偏至”，而在当下的世界和当下的中国，则首当“掊物质而张灵明，任个人而排众数”。在外部物质与内部精神的关系中，应当首先重视主观内部之精神，“于客观之习惯，无所盲从，或不置重，而以自有之主观世界为至高之标准”。在个人与群众的关系中，要“张大个人之人格”，“刚毅不挠，虽遇外物而弗为移”[1]。这些思想，鲁迅是从西方存在主义哲学中吸收过来的，但在中国，则无疑更符合章太炎这类人的特征。直到鲁迅“五四”时期创作的第一篇白话小说《狂人日记》，在我看来，其原型是章太炎的可能性也最大（章太炎当时有一个外号就叫“章疯子”）。《狂人日记》中的“狂人”，不是在首先接受了西方文化的影响之后才走向文化反叛的道路的，而是在儒家家族制度、礼教制度的习俗中感觉到了内心的恐惧而悚然憬悟的。也就是说，在鲁迅看来，中国现代知识分子觉醒的根据并不首先建立在西方文化的影响上，而是首先建立在中国知识分子、中国人对自己的社会人生、对自己的生存状态的内在精神感受中。在这个意义上，作为一个历史人物的章太炎，更具有典型性。

鲁迅和章太炎重视的更是一种“精神”，一种“人格”，所以在对中国古代文化史的具体感受和认识上，也有更多相同或相近的地方。作为“五四”新文化旗手之一的鲁迅，公开打出的是“反传统”的旗帜，这使他成为一个中国固有文化传统的“彻底的”“不妥协的”（用毛泽东的话来说）批判者，鲁迅的作品也成为对中国固有文化传统“负能量”的一次大扫除，而章太炎则始终停留在中国固有文化传统的内部，是从发掘中国固有文化传统中的“正能量”出发而对中国固有文化传统进行整理和研究的，但这并不妨碍他们在对中国固有文化传统的“正能量”与“负能量”的认识上有着更多相同或相近的观点。在这方面，我们还没有做过更加深入、具体的分析和研究，但它同时是鲁迅对章太炎总体感受和理解的一部分，则是毫无疑义的。

我们不妨将鲁迅对章太炎的总体评价再一次引用在这里（我曾在《学识·史识·胆识（其三）：胡适与胡适派》一文中引用过一次，见《社会科学战线》2014年第11期）：

---

[1] 以上引文均见鲁迅《坟·文化偏至论》，《鲁迅全集》第1卷第46、53、54、55页。

我以为先生的业绩，留在革命史上的，实在比在学术史上还要大。……我的知道中国有太炎先生，并非因为他的经学和小学，是为了他驳斥康有为和作邹容的《革命军》序，竟被监禁于上海的西牢。……

我爱看这《民报》，但并非为了先生的文笔古奥，索解为难，或说佛法，谈“俱分进化”，是为了他和主张保皇的梁启超斗争，和“××”的×××斗争，和“以《红楼梦》为成佛之要道”的×××斗争，真是所向披靡，令人神往。前去听讲也在这时候，但又并非因为他是学者，却为了他是有学问的革命家，所以直到现在，先生的音容笑貌，还在目前，而所讲的《说文解字》，却一句也不记得了。

考其生平，以大勋章作扇坠，临总统府之门，大诟袁世凯的包藏祸心者，并世无第二人；七被追捕，三入牢狱，而革命之志，终不屈挠者，并世亦无第二人，这才是先哲的精神，后生的楷范。近有文侩，勾结小报，竟也作文奚落先生以自鸣得意，真可谓“小人不欲成人之美，而且“蚍蜉撼大树，可笑不自量”了！[1]

只要我们将鲁迅对章太炎的评价同顾颉刚的加以比较，就会看到，鲁迅尽管对章太炎在“五四”新文化、新文学运动之后在文化上的保守主义倾向也是持批判态度的，但对他在中国革命史和中国学术史上的贡献还是给予最充分的肯定的。也就是说，鲁迅并没有仅仅用自己的思想标准判定章太炎的存在价值和意义，而更是将其放在中国历史和中国文化史的客观历史进程中看待其作为一个历史人物的价值和意义。在这里，就有一种“研究”的态度，就有一种“历史主义”的原则，而不仅仅是自我的主观判断，不仅仅是“主观主义”的。顾颉刚则不同，他

[1] 鲁迅：《且介亭杂文末编·关于太炎先生二三事》，《鲁迅全集》第6卷，第545、546、547页。人民文学出版社，1981年版。

是以自己的学术好尚为标准判断章太炎的是非功过的，因而他也将章太炎挡在了自己的身后，让人看到的并不是一个完整的章太炎，并不是一个革命的先觉、学术的大师的章太炎，而是一个在学术上漏洞百出的“从经师改装的学者”，是一个不值得后人爱敬的中国知识分子。

十一

一个当代的历史学家，当然应当有自己不同于历史上所有人物的独立的社会追求和独立的思想主张，当然应当有自己信仰的“主义”。但是，历史学家既然是研究历史的，那就必须用自己的“主义”照亮历史，让人更清晰地看到历史的面貌，而不应当用自己的“主义”遮蔽历史，让人只能看到自己和自己的“主义”，而不能看清历史。

这到了对于中国古代历史的具体叙述中，就有了历史观的意义。在这里，“禹”这个传说中的中国上古时代的历史人物，则成了鲁迅的中国古代历史观与顾颉刚疑古主义中国古代历史观相互纠结的另外一个焦点。顾颉刚为了证明中国上古的历史都是后人假造的，首先是从否定作为一个历史人物的禹的存在开始的。他在《与钱玄同先生论古史书》中说“禹是上帝派下来的神，不是人”[1]。还说:“至于禹从何来？禹与桀何以发生关系？我以为都是从九鼎上来的。禹,《说文》云，‘虫也，从禸，象形’。禸，说《文云》，‘兽足蹂地也’。以虫而有足蹂地，大约是蜥蜴之类。我以为禹或是九鼎上铸的一种动物，当时铸鼎象物，奇怪的形状一定很多，禹是鼎上动物的最有力者；或者有敷土的样子，所以就算他是开天辟地的人。……流传到后来,就成了真的人王了。”[2] 顾颉刚的《与钱玄同先生论古史书》在《读书杂志》第 9 期（1923 年）

[1] 顾颉刚 :《与钱玄同先生论古史书》,《古史辨》第 1 册，第 77 页。
[2] 同上，第 78 页。

发表之后，就有一些学者提出了质疑，但是，显而易见，鲁迅并不是从考证学的意义上认定这个“历史事实”的真与假的，而更是从整体的历史观的高度感受顾颉刚这种疑古主义倾向的意义和价值的。在这里，也只有在这里，我们才能感到禹在鲁迅的中国古代历史观中不可或缺的重要地位和他对顾颉刚将其说成不是一个人、而是一条虫的观点的不可忍受的性质。

试想，在四千余年有具体历史记载的中国历史上，在充满争城掠地、相互残杀的争夺国家政权的战争中，在充满争权夺利、尔虞我诈的政治官僚之间的权力争夺中，在以征敛的形式维持着一个越来越庞大的骄奢淫逸的政治官僚集团的政治现实中，像鲁迅这样一个现代人道主义者还能不能感觉到国家政治和以政治为职业的政治家的正面价值和意义（我们现在所说的“正能量”）呢？显然不能了。但是，事实是，鲁迅却始终没有成为一个彻头彻尾的无政府主义者，始终没有走向对国家、对国家政治、对以政治为职业的政治家的全面否定，为什么？因为他还是能够意识到国家和国家政治的必要性，还是能够意识到政治家在整个人类社会生活中的不可或缺的社会作用的。那么，他又是从哪里意识到国家和国家政治的“正能量”的？是从哪里意识到那些以国家政治为职业的政治家在整个人类社会生活中的不可或缺的社会作用的？在这里，就有了一个前提，即人类在自己存在和发展的过程中，能不能仅仅依靠分散的个体的力量或者各个小家庭的力量克服自己生存和发展道路上的所有困难，以维持自己正常的生存和发展呢？显然是不能的。为什么？因为人类在自己生存和发展的道路上，会遇到一些集体性的灾难，在这些集体性的灾难面前，各个个体的人，各个小的家庭，甚至一个狭小的地区，是无能为力的。它必须依靠一个更大的集体的力量，有组织的力量，才能够有效地和有限地战胜这些灾难，克服这些困难，以保障人类不会在这些集体性的灾难面前走向根本的毁灭。这个有组织的更大的集体就是国家。它是通过国家政治组织起来的，而以国家政治为职业的人就是政治家。所以，在其根本的意义上，国家和国家的政治就不仅仅是为了执掌国家政权的，就不仅仅是为了统治人民的，而以国家政治为职业的政治家也不仅仅是为了做官的，不仅仅是人的一种身份，一种地位，一种个人存在价值的标志，而更是为了以有组织的力量战胜人类面对的那些集体性的灾难或困难，以保证人类正常的生存和发展的。在这个意义上，政治家就是从事那些与国民的生存和发展有直接关系的集体性事业的人，是以国家集体的力量战胜国民仅仅依靠自己的力量无法战胜的灾难、无法克服的困难的人。他不能仅仅是一个发号施令的人，一个位高权重的人，一个锦衣玉食的人，而应该是一个实干家，一个有实干精神的人，一个能吃苦耐劳的人，一个事业心压倒了个人享乐欲望的人。他也要求知，但他的知识不是为了炫耀于人的，不是让人顶礼膜拜的，而是为了做好自己应该做好的事情。这种知识不是粉饰现实的，不是掩盖矛盾的，而是正视现实的，揭示矛盾的；他也要有思想，但他的思想主要不是对个人前途和命运的思考和筹划，不是对帝王一人或一家、不是对政治官僚集团自身前途和命运的思考和筹划，而更是对自己所从事的与全体国民的前途和命运都有关系的各项社会事业本身的思考和研究，是为了改革现状、改良社会的，而不是为了维持现状、屈从现实的；是需要身体力行的，而不是始于言也终于言的空洞的说辞。……我们看到，所有这一切，在中国古代的历史上，几乎只有在对禹这个人物的传说中才体现得更加集中和突出。他在鲁迅的观念中，较之无为而治的尧、以德教民的舜和后来那些反过来、正过去都离不开争权、弄权、用权的政治人物，不更是一个理想的政治家的形象吗？中国古代几千年的政治历史，不正是因为有了像禹这类政治家的政治精神才没有完全陷入权力斗争的酱缸而保留下了自己获得新生的能力的吗？鲁迅说：“我们从古以来，就有埋头苦干的人，有拼命硬干的人，有为民请命的人，有舍身求法的人……虽是等于为帝王将相作家谱的所谓‘正史’，也往往掩不住他们的光耀,这就是中国的脊梁。”[1] 鲁迅显然是将禹这类的政治家作为中国政治的脊梁人物来尊重、来崇仰的，因而不论人们在禹这个人物身上罩上了多少幻想的、神话的色彩，它都是在一个现实的政治人物的基础上被塑造出来的，都是有其现实的历史根据的。与此同时，河流泛滥，洪水成灾，直至鲁迅那时，直至我们生活的这个时代，仍然是时时威胁着我们生命和财产安全的自然灾害，而禹用“导”的方式取代了他父亲鲧的“堵”的方式，也是人类在实际的治水过程中积累起来的基本经验，所有这些，都是无法用“禹”是一条虫、是一个根据一条虫的形象想象出来的一个神灵来抹杀的。我 20 世纪 80 年代初第一次到绍兴的时候，那里的大禹陵使我突然感到了禹在鲁迅心目中的特别重要的位置。显而易见，禹的形象是从幼年起便镌刻在鲁迅心灵之中的，此后的历史事变、人生经历，包括他对西方文化的接受，动摇了孔子在他心目中的至圣先师的形象，动摇了秦皇、汉武、唐宗、宋祖这些封建帝王在他心目中的至尊至贵的形象，但却没有、也不可能从根本上动摇禹这个历史人物在他心目中的杰出政治家的形象。他在《〈越铎〉出世辞》中就曾说，他的故乡的人民“复存大禹卓苦勤劳之风”[2],这说明在鲁迅的心灵中,禹的形象早已成为中华民族的精神象征，是无法从中华民族的历史上抹去的。他既不是一个虚无缥缈的“神”，更不是一条没有人的思想感情、没有人的追求意志和理性精神的“虫”，而是一个有着极其明确的现实根据的实践的政治家形象。

十二

“史家之绝唱,无韵之《离骚》。”[3] 我是从中学读书时就读到并

[1] 鲁迅 :《且介亭杂文 · 中国人失掉自信力了吗》,《鲁迅全集》第 6 卷，第 118 页。

[2] 鲁迅 :《集外集拾遗补编 ·〈越铎〉出世辞》,《鲁迅全集》第 8 卷，第 38 页

[3] 鲁迅 :《汉文学史纲要》,《鲁迅全集》第 9 卷，第 426 页。

记住了鲁迅这个对司马迁《史记》的评语的，但对其中的“绝唱”一词所表达的意思却一直有些迷惑不解。我那时在本能上就是有点文化进化论的倾向的，就是相信一个有了现代科学、哲学、社会学等等知识的中国现代历史学家自然就会是更先进、更优秀的历史学家，而像司马迁这样的中国古代历史学家理所当然地是有更严重的“历史局限性”的，理所当然地是不能与中国现当代那些杰出的历史学家并肩媲美的。鲁迅称司马迁的《史记》为史家之“绝唱”，就是说后来的历史著作再也没有达到司马迁《史记》的历史学的高度。我在当时认为这只是鲁迅对司马迁《史记》的“溢美”之辞，是不能当真的。但是，时经近三十年，各类中国现当代的历史著作也读了一些，到了“文化大革命”结束之后，方突然悟到鲁迅对司马迁《史记》的这个评语绝非空穴来风，而是有其独到性和深刻性的，也是有其远见性的。实际上，直至现在，作为一部历史著作，司马迁的《史记》仍然是有为此前或此后的历史著作所不可企及之处的。仅就我能意识到的，至少就有下列几点：

其一，也是最关键的，就是司马迁的《史记》是一部真正历史家的历史著作，是为世人揭示和呈现到那时为止的整个中国社会的历史的演化和变迁的，是以揭示和呈现这样一个历史为其终极目的和最高诉求的，而不是专门为治理民众的政治家而撰写的一部“资治通鉴”，也不是站在特定的道德家、哲学家、经济家、革命家的立场上并为其特定的思想目的服务的。我认为，仅此一点，它就是为此前和此后的所有历史著作所无法企及的。这里的原因是不言自明的，因为任何一个民族的任何一个时代的社会的历史，都不是完全由一个或一类人物的活动所决定的，而是由所有那些以自己的活动影响到这个时代社会状况的演化和变迁的自然的和人的活动所决定的。只有一个真正的历史学家，只有一个将揭示和呈现这个历史时代的历史为终极目的和最高诉求的历史学家，才会揭示和呈现所有这些自然的和人的活动，才不会有意与无意地为彰显其中的一些历史事实而遮蔽或掩盖另外一些历史事实。在这个意义上，我们能够感到司马迁为我们描述的中华民族的那个历史时代的历史是通体透明的：从时间的关系上，他没有像那些复古主义者一样完全以“古”遮蔽起“今”，好像“今”的存在完全是一个“错误”，也没有像那些历史进化论者一样完全以“今”遮蔽起“古”,好像“古”的存在完全是一个“愚昧”。在他描述的中华民族的这个历史时代的历史上，从“古”可以一步步演化至“今”，从“今”也可以一步步回溯至“古”，没有能够将历史完全遮断的历史的障壁；从空间的意义上，他没有用上层帝王将相的存在完全遮蔽或掩盖像陈胜、吴广和那些侠客义士等底层反叛者的存在，好像他们都是一些不该存在的存在，它也没有用陈胜、吴广这样一些底层反叛者的存在完全遮蔽或掩盖那些帝王将相的存在，好像他们的存在对于社会的发展没有任何的积极意义。在他描述的中华民族的这个历史时代的历史上，中国社会是一个浑然的整体，社会上层的变动联系着社会底层的变动，社会底层的变动也联系着社会上层的变动；秦始皇帝业的存在联系着陈胜、吴广的存在，陈胜、吴广的存在也联系着秦始皇帝业的存在，其中没有一个将其完全隔断的社会的挡板。实际上，只有司马迁的《史记》，才堪称中国历史上的第一部百科全书。

其二，与上述第一点相联系，作为一个历史家的司马迁的思想与他揭示和呈现的中华民族那个时代的历史是相互发明的，他的思维方式和治史方法也是与他揭示和呈现的那个时代的历史相辅相成的。他所谓的“成一家之言”成的既不是老子、孔子、墨子、韩非子那样的哲学家、道德家、思想家、政治家或者其他什么家之言，也不是从老子、孔子、墨子、庄子、韩非子或者其他什么人的思想中照搬过来的思想，而是一个独立的历史家之言，一个独立的历史家的思想。不难看出，仅就这一点，也是在他之前和之后的绝大多数历史学家所难以企及的。作为一个历史学家的司马迁，是清醒地意识到自己的思想是不等同于历史本身的，所以他将自己的看法和判断用“异史氏曰”的形式纳入他的整体的历史叙述中。所谓“异史氏曰”就是不同于历史本身的历史家本人的一些看法和判断，它不同于历史事件、历史人物、历史事实、历史过程本身，但又是历史家对所叙述的历史事件、历史人物、历史事实和历史过程本身的看法和判断，是从外在于自我的客观的历史事件、历史人物、历史事实和历史过程中概括和总结出来的。在司马迁这里，历史家的思想是能够消融在他所揭示和呈现的历史中的思想，他所揭示和呈现的历史也是可以负载历史家的思想的历史，既不是将客观历史强行纳入一个不属于它的思想的框架，也不是将一种思想强行塞入一个不属于它的客观的历史。用王国维的话来说，就是“不隔”！

“思想”是这样，“方法”也是这样。在这里，我们需要特别指出的是，历史的方法不是胡适、顾颉刚从杜威实用主义哲学中接受过来的“大胆假设、小心求证”的方法。“大胆假设、小心求证”的方法是由已知求未知的方法，也是从现实探索未来的方法，它体现了当代西方文化，特别是美国文化中科学探索精神的发展，在根本的意义上就是一种科学的方法论而不是历史的方法论。“历史”本身就是一种“存在”，而不是“尚未存在”；是“过去时”的，而不是“未来时”的，历史的方法更是将分散的历史事实依照其自身的联系将其联系起来以揭示和呈现已经完成的一种整体的社会状态及其演化、变迁的过程的方法，对于这个已经存在过的整体的社会状态及其演化、变迁的过程，不需要“大胆的假设”，也不需要“小心的求证”，更需要的是事实的搜集和整理，是顾颉刚所轻视的司马迁的“整齐故事”的方法，是在社会的联系和历史的演化、变迁的过程中判断个别的历史事实的存在的真实性的方法。与此同时，历史的“存在”与科学上的“真理”并不是同样一个概念，西方人的“上帝”的观念，中国人的“神”“鬼”的观念在西方和中国历史发展中的作用都是不容忽视的。对于历史家，这不是一个求证其真伪的问题，而是一个必须正视这些观念在特定历史阶段所产生的实际影响的问题。在方法论上，司马迁的《史记》较之其他的历史著作还有一个不可替代的优点，即它给人造成的历史的印象不是只有一个主流的历史，而是一个纵横交错、变化万千的历史，是一个充满偶然性，并且只有在这些偶然性中才能模糊地感觉到其中的必然性的历史。这种历史能够使读者看到不同的人在历史上发挥的不同作用，但也能使人看到他们都意欲挣脱自己身上的桎梏而不能的历史宿命。它不是乐观主义的,也不是悲观主义的,而是“历史主义”的。它就是“历史”:历史说的是“怎么样”，而不是“应该怎么样”。

最后，作为历史学家的司马迁在其历史写作中所获得的自由性也是此后所有历史学家所不再可能获得的最大的自由性。在司马迁那个历史时代，历史的写作并不是多么受人重视的物事。当时除了司马迁和他的父亲司马谈之外，似乎并没有人关心司马迁写作《史记》这件事情。既没有人因此羡慕乃至逢迎他，也没有人因此惧怕乃至憎恨他，但这恰恰为司马迁《史记》的写作提供了最大也是最宝贵的自由空间。一方面，作为历史家的司马迁不必在其历史著作中故意丑化谁和贬低谁，也不必故意美化谁和吹捧谁，因为所有这一切都是没有必要的。他必须忠于由他自己的辛勤劳作而在自己头脑中形成的那个真实的历史，因为忠于这个历史就是忠于他自己；另一方面，没有谁为了让司马迁将自己和自己的亲人写得更体面些而谄媚乃至收买司马迁，也没有人因为唯恐司马迁将自己和自己的亲人写得不够体面而威胁乃至迫害司马迁。对于我们，这看起来都是一些不必在意的生活细节，但对于一个历史家和他的历史著作，却是具有至关重要的乃至致命的影响的。对于一个历史家，任何一点外界的诱惑或威胁，都有可能使他违心地书写一个与他心目中那个真实的历史不同的历史，从而从根本上破坏掉自己和自己的读者对他笔下的历史的无条件的信任。实际上，在一个历史家的笔下，无意犯下的错误总是难免的，但这并不会影响他笔下历史的整体的可信性，而有意犯下的错误则是致命的，因为它会从根本上破坏自己笔下的整个历史书写的可信性，正像我们听到一个人无意之间说的一句错话，不会怀疑这个人的真诚性，而听到一个人有意说的一句假话，就会怀疑这个人所说的所有的话的真诚性。司马迁之后，历史书写越来越受到人们的重视，并且越是那些意识到自己可能被历史家所书写的历史人物，越是无法平心静气地接受历史家对自己的自由的书写，而越是那些意识到自己的书写对社会、对历史的影响作用的历史家，也越是无法平心静气地、自由地书写自己心目中已经形成的真实的历史。司马迁《史记》的历史性的高度，就这样永久性地丧失了，因而它也成了一部“史家之绝唱”。

我们当代知识分子心目中的真实的历史，已经不是在任何一部像《史记》这样的独立的历史著作中获得的，而是在相互参差、相互矛盾的不同历史记载中由自己重新整理出来的。我们当代知识分子心目中都有各不相同的仅仅属于自己的并且并不准备书写出来的历史。在我们的历史时代，书写出来的历史都不是完全可信的，完全可信的历史只是在自己心目中并不准备书写出来的历史。——在当代文化史上，历史的书写已经没有司马迁那里曾经有过的神圣性。

我认为，仅就以上三点，我们就不能不认为，鲁迅说司马迁的《史记》是“史家之绝唱”，绝对不是毫无根据的。顾颉刚对司马迁的《史记》也有肯定性的评价，但他的疑古主义历史观却影响了他对历史人物和历史文化现象的独立价值和意义的判断，因而也不可能意识到司马迁《史记》在中国史学史乃至世界史学史上的这种无可替代的历史地位。在顾颉刚的笔下，司马迁既是一个“辨伪者”，也是一个“造伪者”：在“战国、秦、汉人的辨伪”中，“司马迁应为功首”，但在“两汉的儒生和经师因整理材料而造伪”中，“司马迁固非罪魁，但也应当担负一部分的责任”。[1]也就是说，在顾颉刚的眼里，司马迁尽管不是一个“造伪者”的

[1] 顾颉刚：《古史辨自序》（上），第166页。

元凶，但也是“造伪者”的同党。作为一个历史学家，大概也只能算是一个不及格的学生。

这里的问题在于，在历史学的意义上，“造伪”这个概念就根本不能用于中国上古时代的神话与传说，也根本不能用于司马迁的《史记》。中华民族的历史意识，同世界各民族的历史意识一样，是萌芽于早期的神话与传说的，是从早期神话与传说的朦胧意识中独立出来的。没有早期的神话与传说，就没有后来的历史意识的产生，就没有后来的历史理性、历史思想乃至历史哲学的发展，它是孕育历史理性的母亲，而不是谋害历史理性的杀手；是中华民族历史意识的最初的表现形式，而不能证明中华民族从生下来就是一个造假的高手，就是嘴里没有一句真话的骗子。司马迁的《史记》则标志着中华民族的历史意识走向成熟，标志着中华民族的历史思想正式从先秦诸子百家的社会思想中独立出来并具有了自己完全独立的表现形态。总之，从上古时代的神话传说到司马迁《史记》的出现，是中华民族历史意识得到长足发展的历史时期，也是中华民族史学史上的最辉煌的年代。中国史学史上的造伪现象是在儒家文化“为贤者讳”的思想传统的基础上发展起来的，它随着儒家文化成为国家的意识形态并逐渐控制了正史的写作而成为历史写作的一个不变的原则，从而也为历史的造伪提供了借口。所以，至少在鲁迅看来，顾颉刚的疑古主义将对中国史学史的反思和批判整个地颠倒了过来：历史意识的生成和发展过程被曲解为造伪的历史，而造伪的历史却没有受到应有的质疑和揭露。

十三

综上所述，鲁迅和顾颉刚的差异和矛盾，绝对不仅仅只是一点私人的恩怨，而是在两种根本不同的历史观念的基础上产生的，这决定了他们在对待一系列历史问题上的矛盾和对立，也间接影响到他们对新文化、新学术的感受和理解。

在这里，我们需要重新回到中国近代学术发展中的今文学派与古文学派的差异和矛盾中去。显而易见，在中国古代学术向中国现代学术的这个转变时期，今文学派是发挥了至关重要的关键作用的。这里的原因是很容易理解的，即古文学派是以研究对象为本体的，是以使研究主体的思想最大程度地符合研究对象的要求为目标的，说白了，这就是从孔子思想中一直传承下来的“学”的意识，“学习”的意识。“学者”，在我们现当代学术中已经有了与“研究者”同等的意义，但在那时，“学者”实际就是有了更多“学问”的人，而在思想上则要求完全符合儒家思想的传统，所以当时的“学者”的任务更在于“传承”知识和思想，而不在于“发现”和“创造”新的思想文化传统。古文学派的学者构成的是当时尊古主义、复古主义、保守主义思想的阵营，而在当时首先举起“维新求变”大旗的则是传承了今文学派传统的康有为。今文学派是以自我为主体的，是以自我的感受和理解阐释和评价研究对象的，是将研究对象变得更能够适应于自己的要求、为我所用的，所以时代的变化、现实的需要首先通过今文学派的知识分子表现在学术中。虽然他们仍然以“孔孟之道”为自己的思想旗帜，但他们更是以自己的需要阐释和评价“孔孟之道”，而不是以“孔孟之道”改造、修正自己的思想，是“孔孟之道”为他们所用，而不是他们为“孔孟之道”所用。在这个意义上，中国近现代社会的所有改革，在学术上传承的实际上都是今文学派的学术传统，都是以自我为主体的，是具有主观主义、理想主义的性质的，是将已有的知识和思想作为实现自我现实社会追求目标的工具来使用的。这不但将从汉代开始的并不具有普遍社会思想意义的今古文之争提高到了具有普遍社会思想意义的文化传统的高度，同时也决定了此后整个中国现当代文化发展和演变的主要特征和基本形式。

晚清今文学派与古文学派所揭出的思想旗帜尽管都是“古”

的，都是儒家的思想道统，但实际贯彻的却是“古今之争”，是以“今”为本位还是以“古”为本位的问题，是“率由旧章”还是“变法维新”的问题。但在鸦片战争之后的新的历史条件下，晚清的“古今之争”又是与“中西之争”纠缠在一起的，或者干脆就是以“古今之争”的形式进行的“中西之争”。这到了梁启超的文化思想中就表现得愈加明确和具体，他是以输入西方文化，特别是西方政治思想和政体观念的方式谋求对中国专制文化、专制政体形式的改造的。也就是说，晚清今文学派与古文学派的差异和矛盾，不仅关系着中国文化由“古”向“今”的演变，也关系着西方文化由外向内的渗透。古文学派虽然是以研究对象为主体的，是以使研究主体的思想最大程度地符合研究对象为目标的，但古文学派是在“学”、“学习”意识的基础上从事学术活动的，其研究的对象就是“学习”的对象，当时的西方文化是被古文学派排斥在“学习”的对象之外的，所以也被排斥在研究的对象之外。首先将西方文化作为“学习”对象的也是今文学派的康有为、梁启超等维新派知识分子，因而他们也决定了中国近现代知识分子接受西方文化影响的主要特征。必须指出，今文学派虽然是将西方文化作为学习对象的，但他们对西方文化的态度也像对“孔孟之道”的态度一样，是以自我为主体的，而不是以西方文化为主体的；是以自我的现实需要阐释和评判西方文化的，而不是以西方文化自身存在的根据及其价值和意义阐释和评判西方文化的；是将西方文化变得更适应于自己的要求、为我所用的，而不是用西方文化改变或修正自己的思想观念和思维形式，使自己获得一种新的世界观念和人生观念。严格说来，今文学派这种对待文化的态度，不论是对待中国固有文化传统的态度，还是对待西方文化的态度，其本身并不是真正“学习”的态度，更不是真正“研究”的态度。所谓“学习”，所谓“研究”，首先是要以承认对象存在的独立性为前提的，这个“存在”是外在于自我的，是有自己独立存在的根据，也有自身存在的独立价值和意义的。“学习”就是首先通过已有的知识和思想了解对象的一切，“研究”则是对那些无法得到直接了解的成分由自己通过独立的思考过程或实验过程寻求了解，从而使自己对对象有更丰富、更全面、更深入也更切近的了解和理解。对事物的主观判断，对事物的直感感觉和直观印象，是在特定的时空条件下，为了特定的目的即时即地做出的，也只有在其特定的时空条件下才有实际的意义和价值，并且其可靠性程度也直接受到这个人对特定对象原有认识水平的限制和制约。知识分子是以寻求对事物的更加丰富、更加全面、更加深刻的认识和理解为其目的的，也是以向社会提供对事物的更加丰富、更加全面、更加深刻的认识和理解为其使命的，而不应该满足于自己对事物的最初的主观判断和对事物的直感感觉和直观印象。

晚清今文学派的伟大贡献就在于他们首先走上了改革中国文化的道路，他们是以自我为主体的，是具有主观主义、理想主义的性质的，但他们这种具有主观主义、理想主义性质的改革愿望和要求却是在他们真实的现实感受中产生的，是他们真实的主观愿望和要求，同时也是埋藏在当时绝大多数中国知识分子内心的愿望和要求。他们感受到了中国现实政治的涣散无力和国家的贫弱，感受到了西方现实政治的生命活力和国家的富强，他们希望以西方的君主立宪的政体形式代替中国传统的君主专制的政体形式，所有这些，都决定了他们在当时的政治环境中是有现实的意义和价值的，也表现为一种政治上的“胆识”，但这种政治上的“胆识”却不是“学术”意义上的。在“学术”上，它们都直接表现为一种“学识”，是分别从中国古代文化和西方文化中“继承”过来的，只不过“继承”之后是用于政治上的改革，而不再仅仅是一种“学识”。他们的学术视野是广大的，但在这广大的学术视野上的思想认识却带有虚浮空泛的性质，亦即鲁迅所说的博识家的“浅”；古文学派的学术视野是狭窄的，但在自己研究范围内的思想认识却有沉实老辣的特征，正像梁启超“笔锋常带感情”

的新文体远不如桐城古文的厚重坚实一样，这是因为他们对自己使用着的这些知识和思想的本身，并没有做过更加深入细致的独立考察和研究，在总体上还停留在直接的主观判断的层面上，还停留在直感感觉和直观印象的层面上。不论是对他们要改造的君主专制的政体形式，还是对他们要实行的君主立宪的政体形式，他们都还缺少在其本体意义上的认识和了解，所以他们提出的“改革路线图”也没有实践意义上的可操作性。时至今日，中国学院知识分子已经能够知道，像晚清维新派知识分子那种在真善美与假恶丑的对立关系中对事物做出的主观判断，还远远不是对事物的理性认识，还远远不是一个中国现代知识分子，特别是学院知识分子的思想特征。一个动物学家对老鼠的认识，绝对不像我们这些仅仅知道老鼠是个害虫并决心铲除之的人这么简单，他有对老鼠作为一个外在于自我的客观存在的动物的更加丰富、更加具体、更加全面也更加深入的考察和研究。我们对于专制政体的认识，也应该是这样。

从显在的意义上，“五四”新文化、新文学运动作为一次文化的革新运动，仍然继承着晚清今文学派的思想传统，仍然带有主观主义、理想主义的性质，仍然是以自己的思想和愿望、以自己的主观意志面对中国固有的文化传统的，是以“今”为本位，以“新”为本位的。但是，这种主观主义、理想主义的思想倾向仅仅是“五四”新文化、新文学运动的先驱者在冲破中国固有文化传统的束缚与禁锢、谋求中国社会和中国社会文化的自由和解放的过程中表现出来的，亦即是在新文化与旧文化、新文学与旧文学的历史性的蜕变过程中表现出来的，其实质的意义是其个性的解放，是其主体性的建立，它所体现的是他们与没有自我、没有个性、仅仅将“孔孟之道”作为自己顶礼膜拜的思想对象的传统儒家知识分子的区别，而并不体现他们与其所面对的现实世界和现实社会文化的关系，也不体现他们与其特定的认识对象的关系（既不体现他们与特定的中国古代文化现象的关系，也不体现他们与特定的西方文化现象的关系)。在这种主体与其客体的“认识”关系中，在这种研究者与其研究对象的“学术”关系中，他们并不是主观主义、理想主义的，也没有将古今之争简单地等同于中西之争。我们经常这样批评“五四”新文化、新文学的革新运动，但这并不是“五四”新文化、新文学革新运动的本质特征。必须看到，不论是“五四”的思想革命，还是“五四”的白话文运动，其根据都已经不像晚清维新派知识分子提倡的君主立宪制和晚清革命知识分子主张的共和民主制那样，仅仅是西方的一种现成的政治体制，其标准也只是西方的这种现成的政治体制的现成的标准，而是建立在他们对中国固有文化传统和西方文化传统的“客观”认识的基础之上的。他们信守的既不是中国固有的文化传统，也不是西方的某种现成的“主义”，而是建立在他们对中国现实社会、现实社会文化感受和认识基础之上的现实的社会追求和文化追求。用我们现在这个论题的意义来说，就是：这是他们的“胆识”，而不仅仅是他们从前人或前人的著作中接受过来的“学识”，是在他们对现实社会、现实社会文化的亲身感受和体验中产生的现实的真实的愿望和要求，因而这种愿望和要求也需要在他们现实地真实地认识现实社会、现实地真实地认识现实社会文化的基础上，通过现实的真实的途径逐渐得到现实的真实的解决，而不会仅仅停留在主观主义、理想主义的思想层面上。不论是“五四”思想革命，还是“五四”白话文运动，都是如此。——在这个意义上，“五四”新文化、新文学运动的性质是现实主义、理性主义的。

在中国，“五四”新文化、新文学运动实现了一个根本的转变，即将异域文化，特别是西方文化同时纳入中国知识分子的文化视野之内，成为中国知识分子需要也能够接受的文化传统，成为中国现代知识分子拥有也能够拥有的“学识”基础，而正式结束了在文化上那段闭关锁国的历史。特别是对于新文化、新文学阵营内的知识分子，就更是如此。但是，也正是因为有了这样一个根本的转变，晚清今文学派和古文学派的治学方式和学术路向也有了不同的意义和价值。古文学派原本是在尊古主义、排外主义倾向之下建立起来的一种学术传统，但他们在具体的学术研究活动中是将对象作为一种客观的对象进行考察和研究的，是承认对象存在的独立性及其价值和意义的，是努力使自己的认识更符合对象自身存在的形式及其价值和意义的。虽然他们的尊古主义倾向和排外主义倾向至今仍然限制着他们自身的发展及其发展程度，但当他们不得不、不能不将异域文化，特别是西方文化也作为与中国古代文化平等的认识对象之后，他们的治学态度和学术路向则使他们迅速具有了中国现代学院学术的特征和意义，因为中国现代学院学术充其量也只是认识世界、认识社会、认识人和人类文化的一种方式和途径，它是以承认研究对象存在的独立性及其价值和意义为前提的，是不以自己的主观好恶而曲解对象为前提的。而在这时，今文学派的治学方式和学术路向则表现出了更严重的局限性。在晚清，今文学派的主要贡献就是反叛了古文学派的排外主义文化倾向，将异域文化，特别是西方文化纳入自己的文化视野之中，但当古文学派的尊古主义、排外主义败下阵来，“学习”西方文化通过新一代青年知识分子的加入迅速成了中国社会的一种文化热潮、一种文化时尚，今文学派那种主观主义、理想主义的文化态度，那种仅仅以“自我”为本位、以“新”为本位，不承认对象自身存在的独立性，不承认对象有其独立存在的价值和意义，仅仅以自己的主观好恶判断对象的倾向，就成了严重背离现代学院学术要求的倾向。如上所说，严格说来，晚清今文学派，特别是梁启超的文化战略，实际上更属于文化宣传，而并非真正的文化研究。“宣传”是将自认为好的知识和思想利用传媒的力量尽量广泛地宣传出去；“研究”则是从已有的事物中发现出新的知识和思想来，是从已知中发现出未知来。中国现代学院学术不仅仅是传承知识和思想的，同时还是为了丰富和发展知识和思想的。这就是为什么在中国政治史和思想史上，我们更重视晚清的康有为、梁启超，特别是梁启超，而在中国学术史上，我们更重视晚清的章太炎、王国维和严复的原因。康有为、梁启超是将中国古代的孔孟之道和西方的文化思想作为自己改革中国政治、中国文化的手段而使用的，而章太炎、王国维、严复则是将研究对象作为研究对象而进行考察和研究的。前者告诉我们的是什么是好的、正确的，什么是不好的、不正确的，后者告诉我们的才是对象是什么样的，是做什么用的，不是什么样的，不是做什么用的。

“廖氏（廖平）谓今文重师承，古文重训诂。惟重师承，故不能自为歧说；推重训诂，故可以由己衍解。”[1]晚清今文学派与古文学派的差别，归根到底是从“重师承”与“重训诂”而来的。“重师承”就是重视前人文化中那些已经具有更大影响力因而也已经具有权威性的人的思想学说，自己是以师承这样的人的这样的思想自居的。作为圣人的孔子（康有为、梁启超直接将其解读为一个政治体制的改革者），英、日等发达资本主义国家的君主立宪制，就是晚清今文学派维新知识分子直接师承的对象。对这些师承的对象，他们是不主张“由己衍解”的，是不将其作为外在于自我的客观的思想文化现象加以研究和考察的，他们的任务只是将其作为社会理想和思想理想实现于中国的现实社会。（时至今日，我们仍然常常听说“无数历史事实已经充分证明”某种思想学说是完全正确的，这就是从师承关系中产生出来的论述方式。事实上，既然“无数历史事实已经充分证明”这种思想学说完全是正确性，也就不需要我们这些学者和教授们再来“证明”了，因而我们也就没有“研究”的必要了。）所谓“研究”，就要“由己衍解”，有自己的见解，自己的发现，而古文学派的“推重训诂”就有了“研究”的性质，当它不再仅仅用于中国传统儒家文化经典的内部，即不再受儒家伦理道德学说（“孔孟之道”）

[1] 章太炎:《今古文辨义》,《中国现代学术经典·章太炎卷》，陈平原编校，第477页。河北教育出版社，1996年8月版。

的束缚和禁锢，连对西方历史上出现的各种思想学说和文化现象都拥有了“由己衍解”的愿望和能力，也就具有了中国现代学院学术的性质和意义。不难看出，到了“五四”新文化、新文学运动之后，晚清今文学派“重师承”的传统，首先是通过像胡适这样的英美留学生而在自觉与不自觉之间继续传承下来的。胡适在“五四”新文化、新文学运动初期的思想并不是从他的师承关系之中继承过来的，他的白话文革新的主张从更宽泛的意义上来说，就是“由己衍解”的结果，而当他通过“五四”新文化、新文学运动像旋风一般成了蜚声中外的文化名人，不论是他自己，还是他的崇拜者，都把他当成了当代美国文化在中国的传人。在他这里，美国的科学、美国的民主、美国的自由不是作为外在于自我的客观文化现象而存在的，而是直接作为他的文化理想而受到他的信奉和崇拜的，这也使他在学术上有了与晚清今文学派，特别是梁启超更加接近的学术风格和学术品貌：他们都带有主观主义和理想主义的性质，是将学习主体直接等同于学习对象的方式。实际上，学习主体是永远不可能完全等同于学习对象的，研究主体更不可能完全等同于研究对象。颜渊不等同于孔子，颜渊的思想不等同于孔子的思想；胡适也不等同于杜威，胡适的思想也不会完全等同于杜威的思想。这不是一个“青出于蓝”能不能“胜于蓝”的问题，而是一个个体永远不会等同于另外一个个体的问题。在两个民族文化之间的文化传承关系中更是如此。

与胡适不同的是，鲁迅在学术上是没有一个确定无疑的师承对象的，他曾在私塾学校中接受儒家思想传统的教育，但他后来成了儒家文化传统的激烈的批判者；他曾师承于章太炎，但他走上了“五四”新文化、新文学的道路，与反对“五四”白话文改革的章太炎分道扬镳；他从来不把自己仅仅当成章太炎学术传统的传人，更不以此标榜自己；他将最深刻的情感和最高的敬意赋予藤野先生，但这分明不是学识意义上的，而是师生情感、人与人的情感意义上的，不论在世界上，还是在日本国内，藤野先生都不是什么学术上的名人，都没有耀眼的思想光环，并且鲁迅后来的弃医从文，并没有成为藤野先生医学学术的继承者；在日本，他曾重点介绍过欧洲的个人主义思潮，对尼采的超人学说更有些情有独钟，但他当时就曾指出“尼（采）欲自强，而并颂强者”[1]，说明他并没有将尼采的超人学说作为自己的思想信仰，也不以中国的尼采自居；相对于“欲自强，而并颂强者”的尼采，他更推崇“欲自强，而力抗强者”的拜伦等欧洲的浪漫主义诗人，但到创办《新生》杂志失败之后，他又说“这经验使我反省，看见自己了，就是我决不是一个振臂一呼应者云集的英雄”[2]。他在中国走的并不是拜伦等欧洲浪漫主义诗人的思想的和文艺的道路；直至晚年，在那个世界的红色的三十年代，他用更多的精力翻译和介绍了西方的马克思主义文艺理论著作，但他始终是将西方的马克思主义文艺思潮作为西方的一种文艺思潮进行翻译和介绍的，而不是作为唯一正确的文艺圣经进行崇奉和膜拜的，他也从未曾以中国的马克思主义者自居。在中国，鲁迅不是一个尊古主义者、排外主义者，但在世界的范围内，他也绝不仅仅是一个基督教文化、西方文化的传人，因为他就不是主要从师承关系中确立自己的思想道路和文化道路的。在这里，我认为，我们是可以看到鲁迅与梁启超、胡适在学术风格和学术路向上的差异的，是可以看到他与章太炎、王国维、严复在学术风格和学术路向上的一些内在联系的。在知识和思想上，他重视的不是人与人之间的传承关系，而是对事物、对对象的认识和理解；不是前人直接告诉给自己的那个结论，而是“由己衍解”的那个结果。——直至现在，这仍然是中国学院学术中的两种不同的学术风格和学术路向。

胡适并不是晚清今文学派学术的自觉传人，他与梁启超在学术风格、学术路向上的接近是因为他在美国的实际留学经历和美国文化在当时世界上的领先地位，他重视与美国文化的这种师承

[1] 鲁迅：《坟·摩罗诗力说》，《鲁迅全集》第 1 卷，第 78 页。
[2] 鲁迅：《呐喊·自序》，《鲁迅全集》第 1 卷，第 417—418 页。

关系，因而在学术风格和学术路向上也与同样重视师承关系的晚清今文学派梁启超有了更加相近的特征。他们都是将师承对象的思想当作自己的思想，作为自己思想的旗帜的，都是以传承自己师承对象的思想为己任的。与此同时，胡适和梁启超的思想都与中国社会文化的革新运动直接联系在一起，因而也都有反对文化排外主义思想的实际意义，也都有输入西方的政治理念、思想理念和文化理念的现实作用。顾颉刚则不同。顾颉刚自觉接受的就是晚清今文学派的学术传统，就是以对中国古代历史文献进行“证伪”作为自己的学术使命的，但他同时又离开了康有为、梁启超等晚清今文学派知识分子的政治革新、文化革新的整体社会目标而将自己的目标仅仅局限于中国古代历史学研究的内部，因而他的疑古主义史学又是不具有输入西方政治理念和文化理念、冲决文化排外主义藩篱、革新中国政治和中国文化的实际意义和作用的；他对胡适“科学方法论”的师承，师承的也不是科学方法论的本身，而只是一个对中国古代历史文献实行“证伪”的标准和尺度，这一方面因为中国古代历史学家并没有像西方学者那样建立起明确、具体的科学方法论体系，另外一方面也因为历史学的研究方法不可能完全等同于美国实用主义哲学的那种“大胆假设、小心求证”的科学方法，所以在顾颉刚与晚清今文学派和胡适的师承关系中建立起来的疑古主义史学观念实际导向了对中国古代历史本身的虚无主义态度，导致了对中国古代历史本身的颠覆性破坏和颠倒性解读，从而也与鲁迅的中国历史观形成了尖锐的矛盾和对立。

鲁迅不是一个历史虚无主义者，他从来也没有从根本上否定过中华民族历史存在的真实性，也没有从根本上否定过中华民族有支撑着自己存在和发展的历史的脊梁。

十四

在这里，我们还需要意识到文化对人的异化的问题。

在中国学术界，曾经一度否认在学术研究中使用“异化”这个概念的必要性和合理性。实际上，只要有文化，就有文化对人的异化。文化研究在更根本的意义上就是克服文化对人的异化而使文化始终沿着有益于人类的方向发展的途径和方式。“异化”这个概念在文化研究中是不能被排除的，也是无法被排除的。

文化为什么能够导致对人的异化？因为文化是人的创造物，而不是世界、人类社会和人的本体性的存在。人是通过语言或类似于语言的符号系统实现对文化的创造的，而语言或类似于语言的符号也是人的创造物，它是可以离开世界、人类社会和人的本体性存在而独立地存在、独立地演化和发展的，也是可以离开世界、人类社会和人的本体性存在而在人与人之间得到传播和传承的。当一种文化被它的创造者按照他的需要创造出来的时候，创造者的主体（意识）、他意识中的外部世界（对象）和这种文化产品本身（语言、符号系统）是三位一体的，是作为一个类似于老子所说的“道”那样的浑融整体而存在的。在这时，世界是人意识中的世界，意识是意识到世界的存在的意识，语言、符号是体现了人的意识和他意识中的对象世界的语言、符号，人、世界、语言是不分的，人的本质、世界的本质、语言的本质是交融为一体的，因而它也体现了人的本质、人的需要、人的意志和愿望。在这个意义上，也只有在这个意义上，文化就是人，人是文化的动物，人类文化的发展就体现了人类的发展，人类文化的进步就体现了人类的进步。但当文化被人创造出来，它就有了自己的独立性，就有了脱离创造它的人、人的意识以及人意识中的确定的物质内容而独立存在、独立流转乃至独立演化和变迁的可能。在这个过程中，它有可能重新被创造，有可能参与另外一个新的创造过程，而使自己以新的姿态与新的人的新的意识和他意识中的对象融为一体，从而将其提高到一个新的文化的高度，新的文化的境界，并取得更加丰富和更加深刻的文化内涵。但也有可能仅仅作为一个语言和类似于语言的符号系统的空壳，仅仅作为一种文化模式或语言形式，与人的意识、人意识中的外部世界，建立不起任何必然的联系，人、世界、语言就成了各自分离的，文化也不再体现人的本质，而成为对人的异化，成为扭曲人的本性和现实世界的本质的异化的力量。在这时，语言就像一些漫天飞舞的鸡毛，既和人的成长和发展建立不起必然的联系，也和现实世界的存在和发展建立不起必然的联系，但它又能淆乱人的视线，遮蔽现实世界的本质，成为一种破坏性的力量。

文化之所以能够导致对人的异化，还因为文化的创造就是价值的创造，文化本身就是一种价值，就是一种价值表现形式。这种价值表现形式与特定的价值观念和价值标准联系在一起，构成一个价值系统，并使文化一旦被创造者创造出来，这个价值体系就可以独立地发挥作用，就可以被人所接受并构成人的人生观念和世界观念，构成他与世界、人和各种文化现象建立相互联系的无形的纽带。文化是作为一种价值而被接受者所接受的，文化又是因为被接受而进入文化的传承与传播的过程的。文化的传承与传播为文化自身的异化和文化对人、对现实世界的异化提供了可能性。文化在其创造者那里，还处在从无到有的创造过程，正像一幅还没有完成的画作，其整体的功能还没有显现出来，因而它并不直接表现为一种价值。文化作为一种价值，是在创造者的创造活动结束之后，是这个文化产品的整体的功能。这种整体功能与其说是首先在它的创造者那里受到关注和重视，不如说首先是在它的接受者那里受到关注和重视。创造者首先重视的是文化的创造过程，享受的是他的文化创造过程中的创造的乐趣，而接受者则是首先在自我与文化产品的整体关系中感受和认知文化产品的，是通过对文化产品价值和意义的感受和认知而接受这个文化产品的。在这时，文化作为一种价值，作为一种价值表现形式，作为一个由价值观念和价值标准构成的价值体系，与其创造者的创造过程是可以相互分离的，与创造者的主体性，与他的主体意志和意愿是可以相互分离的，与创造者所面对的对象世界也是可以相互分离的。文化的价值被从创造者的主体意志和意愿、被从创造者所面对的对象世界以及他的全部创造活动中抽离出来，有了独立存在、独立流转乃至独立演化和变迁的可能性，因而也为文化自身的异化和文化对人、对现实世界的异化提供了可能性。实际上，文化的传承和传播，总是首先以一种语言、符号系统的传承和传播，以一种价值和价值体系的传承和传播的方式进行的。人们首先接受的不是那些文化创造者的主体意志和意愿，不是文化创造者通过文化的创造所实现的对世界、社会和人的存在状态的认识、改进和改善，而首先是它的语言和符号，是这些语言和符号所体现的一整套价值观念和价值标准，这为接受者在自己的创造欲望的推动下进行新的文化创造活动奠定了更宽广和更坚实的基础，但也为文化对他的异化提供了可能性。也就是说，语言原本是可以作为人的主体性的一种表达和现实世界的一种概括和说明而存在的，原本是有其真实的价值的，但这时已经与人的主体性和现实世界的本质失去了必然的联系，已经成了一些空话、大话和假话，但人们还是将其作为一些有价值的东西述说着、接受着、传播着，从而构成了对人和对现实世界的遮蔽和歪曲，构成了对人和现实世界的异化。

接受者对文化价值的感受和认知，是同时在两种形式下发生的：其一是对文化价值本身的感受和认知，其二是对创造了这种文化的人的价值的感受和认知。一种文化进入传承和传播过程的最初阶段，总是相互结合在一起的：当孔子的弟子们感受和认识到孔子思想的价值和意义，同时也意味着感受和认识到孔子其人、其个人的价值和意义；当孔子的弟子们感受和认识到孔子其人、其个人的价值和意义，同时也意味着感受和认识到孔子思想的价值和意义。这就将一种文化的价值同拥有这种文化的人（个人）

的价值紧密结合起来，同时也将接受这种文化同接受者个人的存在价值和意义的感觉结合起来：当孔子的弟子们接受了孔子的思想学说之后，同时也感到自己成了像孔子那样的超凡脱俗的人。但是，这种将文化的期待同对个人存在价值的期待直接结合起来的情况，也就孕育了文化对人的异化的最初的可能性，因为文化的传承过程总是首先通过语言和符号系统的传承而实现的，而在这时，这种语言或符号系统在接受者这里还不是从自我主体性的感受、体验和认知活动的基础上建立起来的，严格说来，它还不是接受者自己的语言或符号系统，它也还没有与现实的世界建立起直接的联系，还没有在认识和改善现实世界中发挥实际的作用，亦即这些语言或符号系统还是空洞的、没有实际意义的（所以，那些在私塾中背过四书五经的人，未必是像孔子那样的“仁者”；那些通过教科书掌握了马克思主义的话语系统的人，也未必是一个马克思主义者），而只有接受者在自己主观愿望和要求的基础上实际地进入认知和改善现实世界的具体话语实践中，这种语言或符号系统才具有了自身的意义和价值。与此同时，一种语言或符号系统，在其原创者那里，是与个人的存在价值的感觉没有直接联系的，它的表达有其表达的直接目的，追求的是一种外在于自我的效果，他能体验到的只是表达的乐趣、创造的乐趣，而不是对自我存在价值的评价。这种将一种语言或符号系统同自我存在价值的感觉直接联系在一起的情况，在知识分子之中、特别是文科知识分子之中造成了一种特别强烈而又隐秘多变的个人的“面子”观念。因为文科知识分子直接操控的是一套话语系统，这套话语系统的社会价值和意义带有更高程度的模糊性和不确定性，它更多地表现在周围人的反应和评价中。这就使文科知识分子常常将别人的反应和评价当成别人对自我存在价值的评价：将别人对自己学术观点的肯定和赞扬当成对自己作为一个人的肯定乃至崇拜，将别人对自己学术观点的批评和反对当成对自己作为一个人的贬低乃至诬蔑。这就把学术同人情关系混淆在了一起，而在日常的人与人的关系中，就表现为一种“面子”的观念。对于一个知识分子，特别是青年知识分子，爱“面子”原本不是一个多么严重的缺点，在更多的情况下它还会表现为一种动力，但这不能离开学术的轨道，一旦离开学术的轨道，这种面子“观念”就直接表现为文化对人的异化。

这种“面子”对知识分子、对知识分子文化心理的异化现象，早在庄子的《齐物论》中就曾描述过。他说，在知识分子中，自以为学问大的人，总是一副漠然无所关心的样子；自以为学问小的人，总表现出一种斤斤计较的样子。自以为思想深刻的人，总是侃侃而谈、气焰极盛；自以为思想浅薄的人，总是小心谨慎、畏首畏尾。因为每个人脑子中都充斥着各种各样从别人那里接受过来的知识和道理，自己又理不出一个头绪，所以一到了梦中，这些东西就都掺合在了一起，乱梦如云，而一当醒来，它们又各个分离，联系不在一起了。由于每个人的心思都不相同，而每个人又都不希望别人小看了自己，所以彼此就要“斗心眼”了。在这时，有的人巧于心计，有的人暗设陷阱，有的人深藏不露，彼此都怀有戒心。小的恐惧令人惴惴不安，大的恐惧令人惶恐万状，攻击别人的时候，其语言像从弓弩上发出的箭，尖酸刻薄，恶言伤人，人世间的是是非非就这样开始了。为了压倒别人，对于自己说过的话，就像向人发过毒誓一般，明知错了，也不改口。（“大知闲闲，小知间间；大言炎炎，小言詹詹。其寐也魂交，其觉也形开。与接为构，日以心斗。缦者，窖者，密者，小恐惴惴，大恐缦缦。其发若机栝，其司是非之谓也；其留如诅盟，其守胜之谓也。”[1]）

我认为，顾颉刚就是一个“面子”心极重的人，这使他在处理因学术观点不同而产生的人与人之间的差异和矛盾的时候，常常离开正常的学术争鸣的轨道，从而给自己也给别人造成一些不必要的麻烦。

[1] 庄子：《齐物论》。

十五

实际上，鲁迅不满于胡适的“整理国故”运动，与傅斯年、罗家伦、顾颉刚这些胡适的学生是没有多么直接的关系的。在鲁迅看来，他们都还处于青年时期“找路走”的人生阶段，只要自己认定了一条人生的道路，而这条人生道路又是有其本身的价值和意义的，他们就应放胆地走去，即使有若干的失误，也没有值得大惊小怪的地方，随时发现，随时修正，仍然不失为一条有价值的人生之路。但是，对于当时的胡适，情况就有所不同了。那时的胡适，已经是一个“五四”新文化、新文学运动的旗手，他的选择，不仅直接关系到“五四”新文化、新文学运动的前途和命运，同时也关系到在他影响下的一大批有理想、有抱负的新进青年知识分子的社会选择和文化选择。鲁迅不是“五四”新文化、新文学运动的首倡者，直至20世纪30年代，他仍然是将胡适和陈独秀等人视为“五四”新文化、新文学运动的前驱者和“将令”，而将自己则是放在为他们呐喊助威的“听将令”者的位置之上的（这无疑是符合当时的历史实际的）。尽管如此，只要我们读过鲁迅《坟》《热风》中的杂文和《呐喊》中的小说，我们就会知道，鲁迅仍然是将其作为自己一生的社会事业、一生的文化追求而全身心地投入的。可是，就在“五四”新文化、新文学刚刚开了一个头的时候，陈独秀、胡适这两个“主将”就先后退出了“五四”新文化、新文学的前沿阵地，特别是胡适，还带着一批刚刚从“旧文化”中醒觉过来的青年知识分子，重新返回到“旧文化”的“故纸堆”中“整理国故”。“整理国故”，虽然也并不为非，但在当时的中国，乐于“整理国故”也能够“整理国故”的新老知识分子应该并不在少数，而由初志在输入外来文化、改革中国文化的“五四”新文化、新文学运动主将之一的胡适，在“五四”新文化、新文学尚处在春寒料峭、乍暖还寒的初春季节的时候，便竖起了这杆“整理国故”的大旗，至少从鲁迅的角度看来，是有一种鸣金收兵的意思的。他对胡适的不满，既有自我在新文化运动落潮时的失落感，也有对“五四”新文化、新文学前途和命运的担忧。

鲁迅对胡适的不满，是在两个“五四”新文化、新文学运动倡导者之间的关系中发生的，二者的分歧发生在“五四”新文化、新文学运动过后文化方向转换的路途中，但又始终由他们此前共同倡导的“五四”新文化、新文学运动将其联系在一起。他们都未曾也未曾想割断二者的这根联系的脐带。二人的关系是“藕断丝连”的关系，而不是“一刀两断”的关系，并且二人都将这种关系一直保持到了生命的终结。但是，胡适的文化选择还是在中国新文化、新文学的历史上造成了一个戏剧性的变化：在“五四”时期，鲁迅和胡适是站在同一条文化战线上的“战友”，他们有一个共同的奋斗目标——提倡新文化、新道德，也有一个共同的对立面——反对“旧文化”“旧道德”。但到胡适揭出了“整理国故”的旗帜之后，在胡适麾下逐渐发展壮大起来的“现代评论派”在不知不觉间已经不把“旧文化”“旧道德”当作自己的主要对立面，而是阴差阳错地开始将矛头转向了鲁迅。很显然，在这时，中国现代文化的格局已经发生了根本性的变化，不论后来的人为“现代评论派”对鲁迅的围攻能够找出多少种理由，但这已经不是“新文化”“新文学”对“旧文化”“旧文学”的斗争则是显而易见的，因为鲁迅反对胡适发动的“整理国故”运动，反对杨荫榆、章士钊、段祺瑞执政府对学生运动的镇压，但并不反对“新文化”“新文学”。二者的分歧应当从“整理国故”运动、女师大事件、“三 一八”惨案这些历史事件本身的分歧中来判定，而不能从胡适本人的文化身份（例如将胡适视为英美自由民主思想的代表）来判定。正是在“现代评论派”与鲁迅的矛盾纠结的关系中，发生了陈源（陈西滢）“揭露”鲁迅的《中国小说史略》“抄袭”盐谷温《中国文学概论讲话》的事件。现在知道，这个“事实”是顾颉刚提供给陈源的。

迄今为止，站在顾颉刚的立场上，为顾颉刚的《中国小说史略》“剿袭”盐谷温的《中国文学概论讲话》说提供了最详尽的举证材料的是张京华先生的《顾颉刚如是说：鲁迅〈中国小说史略〉蓝本事件》一文。[1] 该文考证细密，举证确凿，且不囿于俗见，其治学的态度无疑是值得称道的。但我认为，它仍然忽略了几个关键性的环节，所以其结论仍然有值得商榷之处。首先，也是最关键的，就是这类以举证事实为主的文章，在得出最后结论的时候，一定要落实到“法理”上，并且要对“法理”有极其充分的理解和把握。“法理”不是由事实本身决定的，而是由“法理”之所以得以成立的原因所决定的。这正像在法庭上，原告律师必须举出充分的证据，但在法官根据这些材料做出判决的时候，则必须落实到“法理”上，并且要对“法理”有极其充分的理解和把握。否则，事实清楚了，判刑却未必得当。张京华先生该文所涉及的“法理”是“学术抄袭”“学术剽窃”。那么，“学术抄袭”“学术剽窃”为什么会被我们确认为是一种学术上的不道德行为，甚至迹近犯罪呢？显而易见，这是因为我们是将一个学术成果作为一种独创性劳动成果来看待的。不论是谁，要完成一项特定的有研究价值和意义的研究任务，都要付出一定量的必要且有效的劳动，一个人没有付出一定量的必要且有效的劳动，也取得了表面上的成功，说明它是用别人的劳动获取了自己的成功，这正像窃取了别人的财务满足了个人的占有欲一样，是一种不道德的行为，严重者，还可以构成犯罪。与此同时，学术研究还是一种独创性的劳动，这种独创性劳动必须建立在研究者在相关领域具有较之常人更丰富、更切实的学识储备的基础上，并且还要在这一领域具有较之常人更高的感受、欣赏、识别、分析、判断事物真假、是非、美丑的能力，即具有我们常说的思想的眼光和学术的眼光。如果研究者根本不具有这种能力，而又要使自己的作品

[1] 张京华：《顾颉刚如是说：鲁迅〈中国小说史略〉蓝本事件》，《中华读书报》2013年13日。

让人看起来拥有较高的思想水平和学术水平，他就只有通过抄袭别人的文字以将别人的思想见解当成自己的，这也类同于偷窃行为而被认为是不道德的、迹近犯罪的行为。总之，“学术抄袭”“学术剽窃”是一种不正当的学术行为，是严重影响到一个民族学术事业正常、健康地得到发展的行为，只有及时、有效地揭露、打击这类行为，才能保障这个民族的学术事业正常、健康地得到发展。但在这里，也就有了一个“度”的问题。凡法必有“度”，是为“法度”。揭露、打击“学术抄袭”“学术剽窃”自然是为了保证一个民族学术事业得到正常、健康发展的需要，是为了制止那些没有付出一定量的必要且有效的劳动、没有较为充分的学术训练和学术储备的人同样获得正常的经济报酬或学术声誉的非法占有行为，那么，我们就绝对不能将那些付出了一定量的必要且有效的劳动、已经具有了较为充分的学术训练和学术储备的人的学术成果也阴差阳错地被当成“学术抄袭”“学术剽窃”而受到不必要的制裁和打击。如若如此，人们就没有从事学术研究活动的积极性了，这个民族的学术事业就更无法得到正常和健康的发展了。这是一个“度”，在从事实向结论过渡的过程中，精确地把握这个“度”是十分重要的。过犹不及，“过”和“不及”都会导致结论的错误。我认为，只要我们首先从这样一个对“法理”本身的理解和把握出发，我们就会看到，鲁迅的《中国小说史略》作为一部学术著作，是付出了足够量的必要且有效的个人劳动的。鲁迅有意识地搜集、整理中国古代小说的历史资料，是从留日归国的 1909 年就已经开始了。在那时，由于中国小说古来无史，连作为一种独立的文学文体的概念也是到了近代才正式形成的，所以他做的几乎都是筚路蓝缕、披荆斩棘的最艰苦、最基础的工作，是从大量志书、类书中挑选并亲手抄录、编辑整理的工作。从那时起到《中国小说史略》全书正式出版的 1924 年的十几年间，鲁迅就一直没有停止过这项工作，后来出版的《古小说钩沉》《唐宋传奇集》《小说旧闻钞》都是他为这部学术著作付出过艰苦劳动的明证。此外，从 1920 年开始，鲁迅先后在北京大学、北京高等师范学校、北京女子师范大学等几所高校开设中国小说史课程，编印讲义，并且数易其稿，其实也是后来正式出版的这部学术著作的准备工作的一部分。这个过程，鲍国华先生在其《鲁迅中国小说史研究系年》[1] 中记载甚详，它足以说明鲁迅是为《中国小说史略》的写作付出了足量的、甚至是巨量的个人劳动的。与此同时，鲁迅之喜爱（阅读并欣赏）小说，是从幼年就开始的，直到留日时期，他不但开始广泛阅读外国小说，而且还与周作人一起翻译并出版了中国第一部忠实于西方小说原著结构形式的短篇小说选集《域外小说集》，标志着西方小说作为一种独立的文学文体正式被介绍到中国。在留日时期，鲁迅已开始写作小说，1903 年的《斯巴达之魂》，可视为鲁迅小说创作的开端。1912 年，在当时的《小说月报》上发表文言短篇小说《怀旧》，1918 年发表第一篇现代白话小说《狂人日记》，成为中国现代小说的奠基者，直至 1924 年《中国小说史略》出版发行的时候，甚至连陈源、顾颉刚也不能不承认，鲁迅是当时中国最杰出的现代小说作家。也就是说，作为一个中国小说史家的鲁迅，在感受、欣赏、理解、分析、评价小说的才力和经验上，不仅是合格的，简直可以说是超群的。总之，只要我们首先从法理上思考问题，就不会感觉不到，这么一个杰出的小说家倾十几年之力而完成的这部小说史著，被判定为一部抄袭之作、剽窃之作，是有点不近情理的。

再者，事实之所以必须落实到“法理”上，并且对其“法理”要有相当充分的理解和把握，其原因就在于，事实的地位和作用、事实的性质和意义从来都不是由事实本身决定的，而是由其与整体、与其他相关事实的联系所决定的。学术抄袭、学术剽窃的对象一定是对于自己的著作具有关键性影响的内容，或者是自己所不掌握的至关重要的史料，或者是自己无法独立做出的关键性的

[1] 鲍国华：《鲁迅中国小说史研究系年》，见《鲁迅小说史学研究》。天津社会科学出版社，2008 年 6 月版。

分析和判断，这正像一个入室行窃的小偷偷的一定是他所觊觎的金钱财物，而不会只拿一个连他自己也不稀罕的扫帚、拖把一样。如果一个人到了这个人的家里，只拿了一把扫帚、一个拖把，房主人回来也没有报案，说明这个人很可能并不是入室盗窃的小偷，而只是邻人在主人允许的情况下拿走了他现在用得着的一个物件、一个工具。鲁迅的《中国小说史略》作为一个整体是一部史著，而不是一部论著。史著是以梳理、叙述在历史上先后存在的相关事实（史实）为指归的，史实是一些客观的存在，是不以史家的主观意志为转移的，所以史著首先重视的是它所叙事实本身的翔实与否和它所叙历史脉络的清晰与否，而不重它与此前的著作所叙事实有无相同之处以及相同的程度如何。一部史著的存在价值和意义在于它与此前史著的相异之处，或有新的历史资料，或有新的历史眼光，或二者兼备，而不在其有无相同之处：应同则同，不必处处“标新立异”。这与论著不同，论著是以陈述作者对某些事物或现象的感受、理解、分析和判断为指归的，所以它必须是自己的思想和看法，不能将别人的思想和看法直接当作自己的思想和看法，不能用别人的陈述完全代替个人的陈述，在需要运用别人的思想充实和加强自己的思想和看法的时候，必须做出明确的说明，并且不能将这些从别人那里接受过来的思想就当作自己论说的主旨，就当作自己思考的结果。史著呈现历史，论著呈现思想。二者是不同的文体，相同的事实在这两种不同的文体中可能具有不同的地位和作用，因而也可能具有不同的性质和意义。显而易见，张京华先生并没有对鲁迅在《不是信》一文中为自己申辩时所突出的这个“理据”予以应有的重视[1]，并没有注意到自己所举证的事实在鲁迅《中国小说史略》这部小说史著的整体中的地位和作用，因而对其性质和意义的判断也是错误的。实际上，张京华先生综其全文所讲的只是鲁迅《中国小说史略》中的《贾氏谱》

[1] 参看鲁迅《华盖集续编不是信》,《鲁迅全集》第3卷，第221—241页。人民文学出版社，1981年版。

和盐谷温《中国文学概论讲话》中的《贾家的系谱》的关系，根据他的举证，我们只能得出鲁迅《中国小说史略》中的《贾氏谱》是以盐谷温《中国文学概论讲话》中的《贾家的系谱》为“蓝本”的，而根本不能直接概括为鲁迅的《中国小说史略》是以盐谷温的《中国文学概论讲话》为“蓝本”的。这是两个完全不同的结论，因为不论是在盐谷温的《中国文学概论讲话》中，还是在鲁迅的《中国小说史略》中，这个“系谱”都只是一个“可有可无”的附录性质的东西，而并不具有整体性的价值和意义。它既不关系到史著本身所叙历史内容的完备程度，也不关系到史著本身所叙历史内容的思想高度和精度，而只是为读者阅读其中的一部小说作品《红楼梦》(尽管它是中国小说史上的一部极其重要的作品，但仍然是中国小说史上大量小说作品中的一部）提供的一个方便条件。(现在的中国小说史著,甚至是《红楼梦》研究专著,都未必附有这样一个系谱，就是它“可有可无”的一个明证。）与此同时,当张京华先生说鲁迅的《中国小说史略》是以盐谷温的《中国文学概论讲话》为“蓝本”的，分明是有鲁迅的《中国小说史略》“剿袭”“抄袭”乃至“剽窃”了盐谷温的《中国文学概论讲话》的意思的，但当我们说鲁迅的《中国小说史略》中的《贾氏谱》是以盐谷温的《中国文学概论讲话》中的《贾家的系谱》为“蓝本”的，严格说来，就与“剿袭”“抄袭”乃至“剽窃”毫无关系了。要说“剿袭”“抄袭”“剽窃”,那也是他们共同“剿袭”“抄袭”“剽窃”了《红楼梦》，因为其中所有人物及其关系都早已存在于《红楼梦》的文本中了，只是盐谷温首先将其整理、编制出来。而他之首先将其整理、编制出来，也既非为了显示自学问的渊博，也非为了证实自己眼光的独特（因为它根本不具有这样的职能），而只是为了读者阅读时的方便。鲁迅之所以以盐谷温的《贾家的系谱》为“蓝本”，重新编制了自己的《贾氏谱》，也既非为了显示自己学问的渊博，也非为了证实自己眼光的独特，其唯一的作用也是能为自己的读者提供一点方便。也就是说,它实际是没有“剿袭”“抄袭”“剽窃”的必要的。盐谷温的《贾家的系谱》自然只是为了读者的方便，也就不会拒绝鲁迅以其为“蓝本”而编制自己的系谱，张京华先生说鲁迅的改动之处都只是一些细微末节的改动，都不具有关键的意义，岂不知像这样一个系谱，关键部位是不会出错的，任何一个关键部位的错误，都说明整个系谱都是粗制滥造的。所能改动的，必然只是一些细微末节。张京华先生似乎认为,鲁迅的改动没有什么必要性。在这里,鲁迅认为有其必要性，张京华先生认为没有必要性，当然还要尊重作为作者的鲁迅本人的意见。但无论如何,仅仅根据这样一个“系谱”的异同便判定鲁迅的《中国小说史略》“剿袭”“抄袭”了盐谷温的《中国文学概论讲话》是过于牵强的。

第三，在从举证的事实向最后结论过渡的过程中，不但要极为充分地理解和把握相关的“法理”，不但要对本人为自己所做申辩的理由有一个充分的理解，同时也要对举证者与举证事实的关系有一个比较准确的把握，因为举证者的举证动机对其举证的事实是会产生这样或那样的直接影响的，即使举证的都是事实，它也有可能有意与无意地突出了对自己有利的证据而有意与无意地掩盖或淡化了于自己不利的证据，从而对举证的事实做出仅仅有利于自己的阐释和说明。只要考虑到这一点，我们就会知道，顾颉刚当时对鲁迅《中国小说史略》“剿袭”盐谷温《中国文学概论讲话》“事实”的“揭露”，根本不是从维护学术道德、严肃学术规范的正当学术目的出发的，因为如若如此，他首先应当做的就是由自己公开揭露事实的真相，并对其根据做出尽量详尽地摘发，因为这不但是让读者了解事实的真相并由自己做出独立判断的唯一途径，也是给被揭发者提供一个为自己辩护的机会的唯一方式。但是，顾颉刚并没有这样做，而是在公众和被揭发者都不知情的情况下在私下传播，这只是破坏个人名声的手段，而不是维护社会公益的方式。当陈源在其与鲁迅因女师大事件而展开的论战中用上了顾颉刚提供的材料，不论顾颉刚当时有没有预料到，但在事实上却都等于为陈源提供了一个攻击鲁迅的炮弹（陈源以此所做的之所以是个人的人身攻击，因为它与引发了二人矛盾的女师大事件并没有直接的关联，并不属于正常争论的范围之内）。显而易见，陈源在使用顾颉刚所提供的材料时，又做了与顾颉刚原意不尽相符的任意发挥。[1] 在这时，顾颉刚是有出面更正并将自己所掌握的事实公之于世的责任的。他没有这样做，说明他认可了陈源对鲁迅所做的个人攻击。事实上，在鲁迅生前，顾颉刚就从来没有公开过他作为举证人的身份，也没有将自己的行为同陈源对鲁迅的人身攻击划清界限，因而对他所举证的事实是不能不保留更多的警惕性的，是不能不加以更精细的审查的。否则，就无疑于自己也参与了陈源、顾颉刚对鲁迅的人身攻击，而丧失了维护学术道德、严肃学术规范的意义。

最后，从 20 世纪 20 年代顾颉刚、陈源“揭露”鲁迅的《中国小说史略》“剿袭”“抄袭”乃至“剽窃”盐谷温的《中国文学概论讲话》开始，直至张京华先生本文的发表，审理的实际都是一桩没有“失主”的“窃案”。如果说陈源、顾颉刚在 20 世纪 20 年代没有考虑到盐谷温本人的存在还情有可原的话，到了 21 世纪张京华先生重新“审理”这个案件的时候，仍然没有考虑到盐谷温本人的存在，就是极不应该的了。反对学术抄袭，严格学术规范，维护学术道德，在很大程度上都是为了保护著作者本人的合法权利，使其劳动成果不致受到他人的侵害和剥夺，并在尽其可能的条件下为著作者本人追回损失。所以，盐谷温作为著作权的拥有者对鲁迅及其《中国小说史略》的态度，理应是具有至关重要的意义的，是不应该被忽略的。关于盐谷温对鲁迅及其《中国小说史略》的态度，鲍国华先生在其《现代中国小说史学之建立》中曾有一个概括的介绍，然后，他说：“从鲁迅与盐谷温的学术交往不难看出，两人在小说史研究上始终互相支持，互相推重。如

[1] 参看陈源《闲话》，载 1925 年 11 月 21 日《现代评论》第 2 卷，第 50 期，署名“西滢”。

果真有所谓‘抄袭’，鲁迅恐怕不会如此坦然地面对盐谷温，而盐谷温不断向鲁迅寄赠书籍资料，亦难免不辨是非之讥，无疑于‘开门揖盗’了。”[1]这从另外一个角度说，就是张京华先生现在审理的实际是一个没有“失主”的“窃案”，因而也不具有维护著作者的合法权利的意义。

总之，我认为，张京华先生对以上四个重要的环节都没有给以应有的注意，所以其结论也是值得商榷的。

［王富仁（1941—2017），文学博士，汕头大学前终身教授，北京师范大学前教授。］

[1] 鲍国华 :《现代中国小说史学之建立》，第 51 页。（台湾）花木兰文化出版社，2014 年 9 月版。

北宋隐逸诗研究

林晓娜

摘要

本文对北宋隐逸诗的创作概况、艺术特点、发展演变进行研究，并从隐逸诗分析文人的仕隐心态，探寻北宋隐逸文化的独特性。绪论主要从心理特征和行为表现上给隐逸下定义，再界定北宋隐逸诗的内涵和外延，确立本文的具体研究对象。第一章讨论北宋隐逸诗文化的独特性，北宋隐逸思潮大力盛行，主要表现在隐士人数剧增，隐士社会影响甚巨，隐逸之风渗透到文人士大夫的日常生活中，隐逸人格成为人物品评的标准等。隐逸思潮兴盛的原因，除了北宋频仍的党争和三教合一的思想背景外，还有士阶层的壮大以及由此带来的科举上的激烈竞争、隐逸条件的改善、优待文官和闲官冗官的官制等。北宋消解了隐士和官吏的物理界限，隐逸精神以淡泊名利为核心，以自由、超然的精神体验为外在表现，成为文人的一种价值选择和人格模式。第二章介绍北宋隐逸诗的创作概况。北宋隐逸诗数量众多，题材多样化，题材上存在政治化、日常化、佛禅化三种倾向。第三章着重探讨北宋隐逸诗的意象。许多隐逸意象经过北宋文人的吟咏达到题无剩义的程度，而这些意象又都反映出北宋独特的隐逸精神。北宋隐逸诗的意象类型有一个演变轨迹：宋初以描述性意象为主；中期以描述性意象为主，比喻性意象与象征性意象为辅；后期以比喻性、象征性意象为主。第四章旨在对具有代表性的隐逸意象、典故、现象进行文化考索，先是分析北宋的酒隐精神，揭示茶意象在隐逸诗中地位的上升及其原因；又考察“吏隐”的内涵，纠正了“中隐”等同于“吏隐”并在宋代盛行的观点。

关键词

隐逸诗 北宋 意象 仕隐观 平淡

引　言

中国的隐逸文化源远流长，与五千年的历史文明相始终，与中国的政治、学术、文化紧密相关，是中华文明特有的产物。三皇五帝时代的巢由、商周时期的伯夷叔齐，是中国最早的隐士。《周易》曰：“遁，亨，小利贞”“肥遁，无不利”“不事王侯，高尚其事”，为隐逸提供了理论依据。孔子曰：“道不同，乘桴浮于海”“天下有道则见，无道则隐”，以天下为己任的孔子也赞同隐逸。孟子再进一步补充道：“达则兼济天下，穷则独善其身。”老子主张“无为而无不为”“功成，名遂，身退，天之道”。庄子断然拒绝尊位厚币之聘，宁愿“生而曳尾于涂”。系统的隐逸思想附着在士子日月习诵的儒道经籍中，成为他们进退行藏的指南，从而影响了以士大夫为主体精英的中国文化体系，尤其是文学、艺术的各个领域。闻一多对文学中反映仕隐矛盾的主题有一段经典的论说：

似乎为奖励人性中的矛盾，以保证生活的丰富，几千年来一直让儒道两派思想维持着均势，于是读书人便永远在一种心灵的

> 僵局中折磨自己，巢由与伊皋，江湖与魏阙，永远矛盾着，冲突着，于是生活便永远不谐调，而文艺也便永远不缺少题材。矛盾是常态，愈矛盾则愈常态。今天是伊皋，明天是巢由，后天又是伊皋，这是行为的矛盾。当巢由时向往着伊皋，当了伊皋，又不能忘怀于巢由，这是行为与感情间的矛盾。[1]

隐逸文化渗透到文学领域，孕育了奥妙无穷的隐逸文学，产生无数蕴涵着高蹈远引的出世意味、风格飘逸高旷的诗词文赋及小说、戏剧，并且牵引着各种文体的审美趋向。隐逸对文人而言，不仅是抒写性情的重大题材，还是反抗官本位、张扬独立自由精神、企求超脱凡俗的人生理想，是安顿心灵的绝佳境地。因此，从隐逸的角度来研究文学，和从文学的角度来研究隐逸，都很具有学术价值，隐逸文化与隐逸文学的研究，有助于深入文人的内心世界，以不同的视角观照文学现象，并从中汲取精神粮食，激发人文关怀。

一、隐逸的定义

"隐逸"[2]一词的产生，远远晚于隐士。隐士最早称为"隐者"和"逸民"，首见于《论语·微子》，子路遇荷蓧丈人，归告孔子，孔子称荷蓧丈人是"隐者"。孔子又把伯夷、叔齐、虞仲、夷逸、朱张、柳下惠、少连等人称为"逸民"。《庄子·缮性第十六》也有"隐士"之称。"隐士""隐君子""高士""逸士"是"隐逸"出现之前的

[1]闻一多:《论孟浩然》，见闻一多《唐诗杂论》，第25页。武汉大学出版社，2008年版。

[2]"隐逸"概念在中国文史材料中的含义，霍建波《宋前隐逸诗研究》（人民出版社，2006年）第一章《隐逸诗述论》和第二章附《隐士名称与隐士分类考略》有详尽的考索，肖妮妮博士的毕业论文《唐人隐逸与名山文化研究》（华南师范大学2008年博士论文）第一章《隐逸文化三论》中，对"隐逸"一词的渊源流变也有所厘清，认为随着观念的发展变化，隐逸由重行迹逐渐向重心灵方向转变，其说可取。

通用称谓。直至东汉，才有把“隐”与“逸”组合成词的说法，如班固的《汉书·何武传》:“吏治行有茂异，民有隐逸，乃当召见。”[1]这时候的隐逸当为隐士、逸民的合称。魏晋时代隐逸之风盛行，徐复观说：“魏晋时代由庄学所引发的人对自然的追求，必来自超越世务的精神；换言之，必带有隐逸的性格。但当时一般人的隐逸性格，只是情调上的，很少是生活实践上的。”[2]单是隐士、逸士之类的名词已不能囊括隐逸情调、隐逸性格这些泛化的社会风尚与普遍心理，于是更具有概括性的“隐逸”一词逐渐被文人应用到诗文中，如嵇康“岩穴多隐逸”[3]等。南朝宋范晔特为隐士立传，名为《逸民传》，其《后汉书》中，隐逸一词出现了五次：

招聘隐逸，与参政事，无为而化。（卷十七）

古者隐逸，其风尚矣。（卷八十三）

遂去，隐逸，终不见。（卷八十三）

显用隐逸忠正之士，则边章之徒宛转股掌之上矣。（卷三十六）

数上荐隐逸及直道之士冯良、周燮、杜根、成翊世之徒。（卷四十六）

从上面的句子我们可以看到，“隐逸”一词具有广泛的包容性，例一、例二指隐居之士和隐遁行为的名词性意义；例三指隐居、逃遁的动词性意义；例四、例五用来表述山林隐居、藏匿不现状态的形容词性意义。由于“隐逸”一词的包容性和涵盖面较广，唐代房玄龄等编《晋书》，立隐士传，便径名为《隐逸传》，之后的正史便全以“隐逸”总名隐士或者逸士。“隐逸”成为其近义词中

[1]班固：《汉书》卷八十六，中华书局1962年版。
[2]徐复观:《中国艺术精神》，第141页。华东师范大学出版社。2001年版。
[3]嵇康:《述志诗二首》其二，嵇康撰，戴明扬校注《嵇康集校注》，第38页。人民文学出版社。1962年版。

应用最广泛、内涵最丰富的词语，既涵盖了隐居不仕、逃遁山林的行为和施行这些行为的主体，还进一步深化、泛化，成为我们现在所认知的与隐士密切相关，却不一定限定隐士身份的隐逸文化现象的总称。

“隐逸”在宋代，已经形成一种文化现象和社会心理，成为一种价值选择和人格模式，它不仅仅表现为士人对政治与仕宦的厌倦，更表现出士人对社会、宇宙、人生中那些终极目标的向往，对生命自由本质的追求，如果仅仅从与仕宦、庙堂、出仕、兼济相对立的角度来理解隐逸，显然是不够全面的。观学者对隐逸的定义，大多还是切入“隐居不仕”这一点，如刘文刚说：“隐逸是比隐士更宽泛的一个概念，凡是不愿做官的行为——包括官吏入仕前的读书生活，落职闲居，休退，皆可称隐逸。”[1]这样的定义在指称隐逸心理、隐逸思潮与隐逸文化时仍有隔靴搔痒之憾。正面审视隐逸的心理特征与行为表现，给隐逸下直接定义的，是澳大利亚汉学家文青云：

在心理上，隐逸意味着对那些人类行为的通常目标，诸如财富、权利和名声等表示忽视；同时相应地更重视那些在哲学或道德意义上被认为更高的目标，例如，个人对于正义的彻底坚定的献身，或者戒绝欲望以便使自己与宇宙秩序原理完全同一；在行为上，隐逸表现为身体上或者思想上逃避某种形式的社会介入，具体说就是逃避介入政治领域和国家事务，因为这种介入有可能导致违反那些更高目标的后果。[2]

此定义十分确切，尤其是置于宋代隐逸文化背景下，这个定义更显示出强大的适用性，很能帮助我们深入理解本文将会经常提到的“隐逸情怀”“隐逸思想”“隐逸精神”，本文所指的隐逸诗，也

[1]刘文刚：《宋代的隐士与文学》，第2页。四川大学出版社，1992年版。
[2]（澳）文青云著，徐克谦译：《岩穴之士：中国早期隐逸传统》，第3页。山东画报出版社，2009年版。

与这个定义密切相关。

二、本文对隐逸诗的界定及研究对象

中国最早的隐逸诗，可上溯到《诗经》中的《考槃》《衡门》《鹤鸣》等。萧统编《文选》列出招隐（左思《招隐诗》二首、陆机《招隐诗》）、反招隐（仅列王康琚《反招隐诗》）二类，但还没有“隐逸诗”之说。钟嵘把陶渊明推举为“古今隐逸诗人之宗”，其内在逻辑便存在“隐逸诗”的概念。唐代欧阳询编集《艺文类聚》卷三十六、三十七列“隐逸”一类，网罗唐以前与隐逸相关的所有文史记载，其中有阮瑀《四皓隐南岳》、张华《招隐诗》、张载《招隐诗》、张协《结宇穷冈曲》、陆机《招隐诗》二首、江总《夏日还山庭诗》、王申礼《赋得岩穴无结构》等 37 首诗歌，这些诗歌的内容主要是吟咏隐士、企慕隐逸出世、描述隐逸生活、征召隐士出山、思念隐士[1]，是与隐士或隐逸主题密切相关的诗歌，这种归类与本文所要研究的隐逸诗的外延基本一致。

本文对隐逸诗做如下界定：隐逸诗是指以隐逸为主题的诗歌，内容上或以描写隐逸行为和隐逸生活为主，或以标举隐逸精神为主，或以抒发自我的隐逸愿望与隐逸情怀为主，或以展示隐逸思想为主。抒发企慕隐逸情怀、描写隐逸生活是其中最重要的部分。具体到北宋隐逸诗的创作背景和内容，本文的研究对象可细分如下：

一、隐士或僧道中人所作的诗歌。陈抟、魏野、林逋、潘阆等隐士，九僧等僧人道士的诗歌，多写他们的山林幽栖生活，大部分是名副其实的隐逸诗，可有一小部分与隐逸主题无涉，也列入本文的研究范围。比如魏野唱和酬答达官贵人之诗颇多，有的还以歌颂官员的政绩为主，然而，如其《赠岐贲推官》一诗：“动

[1]许晓晴：《中古隐逸诗研究》第一章第一节，第 4—6 页。复旦大学 2005 年博士学位论文。

静不违书，如君始是儒。婢闲犹画卦，儿戏亦投壶。门冷僧长往，官清道更孤。吾君能大用，皇宋即唐虞。”主要写官吏的儒者风范和清廉淡泊，但全诗纯以隐士的眼光和视角进行观照，把官员的生活描写得与隐者并无二致，故而视为隐逸诗亦无不可。士大夫提前致仕或退居期间所作之诗也归为隐逸诗，例如王安石退居江宁十年所作之诗，如其《半山春晚即事》《北山》虽不直接涉及隐逸主题，但却是自叙退隐生活，显示出隐者一般恬淡闲适的隐逸情怀。

二、直接吟咏隐逸，探寻隐逸哲理的诗歌。这一类诗的创作背景大多是题写亭台楼阁、凭吊隐逸古迹、缅怀隐士或与隐士唱和赠答等，主要通过描写幽居环境、隐逸生活、隐逸行为，揭示隐士与方外之人的隐逸精神。可分别以范仲淹的《寄题孙氏碧鲜亭》《留题方干处士旧居》《钓台诗》《寄西湖林处士》为例。个别诗歌着重于表达诗人反对隐逸的思想，有助于我们全面了解宋人的隐逸观，也列为本文的研究对象。

三、士大夫吟咏自身的吏隐生活的诗歌。这是很具有宋代特色的隐逸诗，主要通过描写公退闲暇之时享受闲情逸致的带有隐逸情调的行径，例如饮酒品茶、作诗赏画、听琴看鹤、啸傲丘林等，或者一些体现出闲适逍遥情调的日常化举措如休沐、沐浴、睡眠等，抒发对归隐山林或超然出尘的向往，体现出孤高傲世的风神，寄托淡泊、洒脱的情怀。例如欧阳修的《郡斋书事寄子履》：“使君居处似山中，吏散焚香一室空。雨过紫苔惟鸟迹，夜凉苍桧起天风。白醪酒嫩迎秋熟，红棘林繁喜岁丰。寄语瀛洲未归客，醉翁今已作仙翁。”写郡斋吏隐生活，着重于“似山居”的生活和超然物外的心态。又如元祐诗坛，苏门题咏唱和山水画的诗，大多牵涉到归隐主题，这些诗我们也称之为隐逸诗。

四、抒发因仕途险恶、官场失意、世道艰难等客观原因而产生避世愿望的诗歌。北宋文人的官场失意大多因与执政派政见不合被排挤、闲置，所以诗中对政事与现状的不满经常道得比较幽微,偏重于彰显隐逸情怀。例如王禹偁的《诗酒》、梅尧臣的《清池》、苏轼的《李杞寺丞见和前篇复用元韵答之》、黄庭坚的《次韵答曹子方杂言》等。

五、从自然山水、田园风光、农家生活等体悟到人生的真谛,生发出超越社会百态和俗世纷扰,探寻生命的本质及人生的归宿,探索宇宙的永恒规律的愿望。这一类诗不仅体现出对政事仕宦、功名利禄的厌倦,还体现出对社会、对人生的退避态度,多见于王安石、苏轼、黄庭坚等人的诗集。对这一类诗歌隐逸性质的判断有些模糊,本文划定的标准是根据该诗的影响、诗中出现的意象以及诗歌的具体创作背景综合加以考虑。如苏轼的《游惠山三首》之一和三毫无疑问是隐逸诗,其第二首写游山、读诗、吊古的过程,只有结句"哀哉扶风子,难与巢许邻"与隐逸有关,但因为诗序交代是"览唐处士王武陵、窦群、朱宿所赋诗,爱其语清简,萧然有出尘之姿,追用其韵",故而亦视为隐逸诗。又如《病中游祖塔院》因为有"因病得闲殊不恶,安心是药更无方。道人不惜阶前水,借与匏樽自在尝"这样富有禅意的诗句,以"安心"为人生的诗意栖息地,也算隐逸诗。

以上所列五类隐逸诗在内容上有所交叉,一首隐逸诗兼有多方面的内容也是不言而喻的。隐逸诗是根据诗歌主题进行的划分,属于主题研究的范畴,它们没有统一的题材或固定的艺术风格,是比较宽泛的分类。因此判断一首诗是否属于隐逸诗,只能根据诗中包含的隐逸成分来衡量,然而,这一判断没有量化的标准,我们只能根据诗歌的创作背景,诗中的典故、意象,读者对它的接受诸方面综合加以判断。

三、当前国内外研究现状及研究意义

20世纪40年代,蒋星煜的《中国隐士与中国文化》[1]揭开隐

[1]蒋星煜:《中国隐士与中国文化》,三联书店1988年版。

逸文化研究的序幕，此后因为政治原因，隐逸文化研究有长达五十年的沉寂，直:20世纪90年代，隐逸文化才又逐渐走进学者的视野。1991—1996年陆续出版的相关著作及读物，从其书名可以直接看出，大多以“隐士”为主要描述对象:《中国隐士》[1]《中国十大隐士》[2]《宋代的隐士与文学》《隐士生活探秘》[3]《中国古代的隐士》[4]《隐士与解脱》[5]。刘文刚在《宋代的隐士与文学》自序说："本书的准确书名应该是《宋代隐逸与文学》，只是为了通俗易懂，才定名为《宋代的隐士与文学》。"[6]可见隐逸文化研究起步阶段的筚路蓝缕。如今学界普遍明确并广泛使用“隐逸”这一概念，它比“隐士”的内涵宽泛得多，隐士仅仅是隐逸文化中的冰山一角。1995年张立伟的《归去来兮——隐逸的文化透视》[7]首以隐逸名书，并把隐逸当成一种文化现象来探讨，起到筚路蓝缕之功。1997年至今的隐逸文化研究逐步深入，如《兼济与独善——古代士大夫处世心理剖析》[8]《山情逸魂——中国隐士心态史》[9]《中国古代诗人的仕隐情结》[10]《宋代文人自由人格心态》[11]《唐代社会隐逸意识与士人人格形象的建构——以初盛唐为中心》[12]《宋代隐逸文人群体研究》[13]等从不同的角度挖掘文人的隐逸心态；《精神的折射——中国山水

[1]聂雄前：《中国隐士》，湖南文艺出版社1991年版。
[2]常金仓主编：《中国十大隐士》，延边大学出版社1991年版。
[3]马华、陈正宏：《隐士生活探秘》，山东文艺出版社1992年版。
[4]韩兆琦：《中国古代的隐士》，商务印书馆国际有限公司1996年版。
[5]冷成金：《隐士与解脱》，作家出版社1997年版。
[6]刘文刚：《宋代的隐士与文学》，第3页。四川大学出版社1992年版。
[7]张立伟：《归去来兮——隐逸的文化透视》，三联书店1995年版。
[8]张仲谋：《兼济与独善——古代士大夫处世心理剖析》，东方出版社1998年版。
[9]许建平：《山情逸魂——中国隐士心态史》，东方出版社1999年版。
[10]木斋等：《中国古代诗人的仕隐情结》，京华出版社2001年版。
[11]张海鸥：《宋代文人自由人格心态》，复旦大学1997年博士论文。
[12]查正贤：《唐代社会隐逸意识与士人人格形象的建构——以初盛唐为中心》，北京大学2003年博士学位论文。
[13]王小兰：《宋代隐逸文人群体研究》，中国社会科学出版社2013年版。

画与隐逸文化》[1]《中国文人画史上的“四大”坐标》[2]《隐逸与中国传统审美文化》[3]探索隐逸文化对艺术领域的辐射。二十一世纪的隐逸文化研究，总体上注重与心理学、历史学、美学、文艺学等领域的双向影响，呈现出欣欣向荣的局面。[4]值得一提的是，澳大利亚汉学家文青云的《岩穴之士：中国早期隐逸传统》和美国比尔·波特的《空谷幽兰——寻找现代中国的隐士》[5]在国外汉学圈引起较大反响，国外汉学者也对中国的隐逸文化兴趣盎然。

隐逸文学研究、隐逸与文学关系的研究是隐逸文化研究的重镇，刘文刚的《宋代的隐士与文学》开风气之先，该书分八篇独立的文章：隐是文苑中的常青树、文学展示的隐逸生活、隐士的心态与世界观、文学展示的隐士形象、在仕宦与隐逸的路上、两种截然不同的隐士、隐对文学境界的开拓、隐带给文学的力与美，从总体上论述了宋代的隐士与文学的关系，给本文的研究带来很大的启发。李生龙的《隐士与中国古代文学》[6]上编主要研究隐士对中国古代文化的影响，下编分隐士的文学创作、文学作品中的隐士形象、古今隐逸诗人之宗陶渊明三章来研究中国古代文学中与隐士相关的问题。另有《隐逸文化与中国古代文学及文论》[7]《中国古代隐逸文学研究》[8]，也是不分文学体裁的通史研究，从宏观的角度进行探索，为分体隐逸文学研究提供借鉴。

---

[1]陈传席、刘庆华著：《精神的折射——中国山水画与隐逸文化》，山东美术出版社 1998 年版。

[2]杨孝鸿：《中国文人画史上的“四大”坐标》，南京艺术学院 2001 年博士学位论文。

[3]徐清泉：《隐逸与中国传统审美文化》，复旦大学 1998 年博士学位论文。

[4]霍建波：《宋前隐逸诗研究》第一章专辟一节评述隐逸文化、隐逸文学、隐逸诗的研究现状，这里仅作简略介绍。

[5]（美）比尔·波特著，约翰逊摄影，明洁译：《空谷幽兰——寻找现代中国的隐士》，民族出版社 2001 年版。

[6]李生龙：《隐士与中国古代文学》，湖南教育出版社 2003 年版。

[7]张骏翚：《隐逸文化与中国古代文学及文论》，四川大学 2006 年博士后报告。

[8]卢晓河：《中国古代隐逸文学研究》，甘肃民族出版社 2009 年版。

最近二十年，隐逸文学研究主要集中在“四大热点”：陶渊明诗、唐代隐逸诗、唐宋隐逸词、元代隐逸曲，而且这四大热点成为古代文学专业研究生论文选题的焦点。观已有的博士论文题目：《六朝隐逸诗研究》[1]《宋前隐逸诗研究》(已出版)《中古隐逸诗研究》《唐代隐逸风尚与诗歌研究》[2]《喧嚣中的宁静——五代隐逸诗述评》[3]《晚唐五代江浙隐逸诗人研究》(已出版)[4]《唐人隐逸与名山文化研究》[5]《六朝隐逸诗研究》(已出版)[6],可见唐及以前隐逸诗的研究非常充分，尤其是唐代隐逸诗歌，已经存在重复研究的情况。对唐宋隐逸词作个案研究的文章也有很多，数量上以朱敦儒、辛弃疾隐逸词的研究成果为最，苏轼、陆游、叶梦得、张炎等的隐逸词的研究成果次之。从群体出发研究隐逸词的，有硕士论文《论宋代隐逸词》[7]《宋遗民词的隐逸文化阐释》[8]《南宋隐逸词简论》[9],隐逸词的个案研究有硕士论文《苏轼与辛弃疾隐逸词之比较》[10]《乱离时代的“尘外之想”——朱敦儒隐逸思想和隐逸词研究》[11]等,徐拥军博士的《唐宋隐逸词史论》[12],从史的角度纵向梳理唐宋隐逸词，全面考察隐逸词的发展演变轨迹和创作成就。

宋代隐逸文学研究的焦点集中在隐逸词，隐逸诗的研究则显得比较冷落。就目前成果而言，只有如下三种略有涉及：一是一些优秀的文学史著作，如程千帆、吴新雷合著的《两宋文学史》，孙

---

[1]沈禹英：《六朝隐逸诗研究》，台湾政治大学 1992 年博士学位论文。
[2]李红霞:《唐代隐逸风尚与诗歌研究》,陕西师范大学 2000 年博士学位论文。
[3]黄艳红《喧嚣中的宁静——五代隐逸诗述评》，福建师范大学 2003 年博士学位论文。
[4]王小兰：《晚唐五代江浙隐逸诗人研究》，人民文学出版社 2009 年版。
[5]肖妮妮:《唐人隐逸与名山文化研究》,华南师范大学 2008 年博士学位论文。
[6]高智：《六朝隐逸诗研究》，上海师范大学 2013 年博士学位论文。
[7]王伟伟：《论宋代隐逸词》，山东师范大学 2002 年硕士学位论文。
[8]丁楹：《宋遗民词的隐逸文化阐释》，广西师范大学 2003 年硕士学位论文。
[9]万自强：《南宋隐逸词简论》，苏州大学 2006 年硕士学位论文。
[10]谭小明:《苏轼与辛弃疾隐逸词之比较》,内蒙古大学2008年硕士学位论文。
[11]季夫萍:《乱离时代的“尘外之想”——朱敦儒隐逸思想和隐逸词研究》,福建师范大学 2005 年硕士论文。
[12]徐拥军：《唐宋隐逸词史论》，苏州大学 2010 年博士学位论文。

望、常国武撰写的《宋代文学史》、袁行霈主编的《中国文学史》皆有一节专论晚唐体，涉及魏野、林逋、潘阆等隐逸诗人。二是对晚唐体进行研究的专著，比如《北宋诗学》[1]《宋初诗派研究》[2]《宋代晚唐体诗歌研究》[3]，论及宋代的隐逸诗人以及宋诗的隐逸情调；《宋初百年文学复兴的历程》[4]最后一章也论述了宋初隐君的人格变迁与诗风走向，细致分析隐逸诗风的南北差异。三是出现了一些以隐逸诗人作为研究对象的硕士论文：《北宋隐逸诗人研究》[5]《南宋绍兴年间隐逸诗人研究》[6]，分别对北宋、绍兴年间隐逸诗人的整体风貌、文学创作进行分析。王小兰《宋初隐逸作家的人格变易与诗风追求》[7]一文，在与晚唐五代隐逸诗人对比的基础上，得出宋初隐君的诗歌创作大多充满生命自由的快感，更加贴近人情人性的内在本质，艺术风格呈现多元化。

目前学界尚无综合研究宋代隐逸诗的成果，笔者以为有两方面的原因：一、受一代有一代之文学观念的影响，宋代隐逸诗的光辉，被更适合用来抒写隐逸情怀的词体所掩盖，导致我们对宋代隐逸诗的认识还不够。二、从宋人别集及《全宋诗》里检选出隐逸诗是一项浩繁庞大的工程，其工作量无疑几倍于选出唐代隐逸诗、唐宋隐逸词。但这并不表示宋代隐逸诗的总体水准、艺术个性、学术价值逊色于之前的隐逸诗。笔者认为对北宋隐逸诗进行深入研究的价值如下：

一、宋代的隐逸文化作为宋型文化的一部分，也具有向内转的内敛倾向。无论穷达，士大夫内心普遍怀有隐逸的高雅情志，这一点唯有仔细阅读宋人诗文集方能深切品味出来。若仅从《宋史》

---

[1]张海鸥：《北宋诗学》，河南大学出版社 2007 年版。
[2]郝广霖：《宋初诗派研究》，齐鲁书社 2008 年版。
[3]赵敏：《宋代晚唐体诗歌研究》，巴蜀书社 2008 年版。
[4]张兴武：《宋初百年文学复兴的历程》，中华书局 2009 年版。
[5]郝延斌：《北宋隐逸诗人研究》，扬州大学 2004 年硕士学位论文。
[6]姜荣：《南宋绍兴年间隐逸诗人研究》，南京师范大学 2007 年硕士学位论文。
[7]王小兰：《宋初隐逸作家的人格变易与诗风追求》，《西北师大学报》2008 年第 6 期。

隐逸传、文苑传切入来研究宋代隐逸文化，只可得到一隅之见，并不能窥见宋代隐逸文化最核心的精华，已有的研究成果，如《遁世与逍遥——中国隐逸简史》[1]《中国隐逸文化史》[2]等在宋代隐逸部分的研究相对比较薄弱，与这个原因不无关系。对北宋隐逸诗做全面的研究，通过隐逸诗的意象、典故及题材、内容的分析，可帮助我们更进一层阐释宋代的隐逸文化。

二、宋代崇尚隐逸，隐逸之风在两宋盛炽不衰，唐及以前形成的隐逸文化得到进一步发展，新的隐逸方式又在不断滋生，可以说宋代是隐逸文化集大成的一个朝代。王水照在《宋代文学通论》里说："宋代士大夫即使贵为卿相，也常常表现出心存山林的高雅之志，如王安石等，他们就是在达时也可能有隐逸之作。"[3]官居要职、春风得意的文人都不时创作出几首隐逸诗，更不用说遭遇党争之祸或在政治斗争中失利的文人。由此，北宋隐逸诗在数量上相当可观，对这些诗的比较研究和细致解读，能帮助我们更加真切地了解文人的仕隐心态和生存处境，把握隐逸对北宋士风的影响。

三、北宋隐逸诗虽然没有形成流派，也没有统一的风格特征，但作为宋代的一大重要主题诗歌，隐逸诗对宋诗特色的形成有很大的影响，宋代的诗歌审美趋向与隐逸诗也有着千丝万缕的联系，比如朱东润先生就曾提出北宋中期欧阳修、梅尧臣的平淡论，"指的陶潜那些山林隐逸、翛然物外的作品，至少梅尧臣是这样认识的"[4]。聚焦隐逸诗，从隐逸诗的艺术特色、文化意蕴进行考察，有利于把握宋诗特色的形成，全面了解宋诗的面貌。

---

[1]何鸣：《遁世与逍遥——中国隐逸简史》，敦煌文艺出版社，2006年版。
[2]杨朝云：《中国隐逸文化史》，云南大学出版社，2004年版。
[3]王水照：《宋代文学通论》，第421页。河南大学出版社，1997年版。
[4]朱东润：《梅尧臣诗的评价》，见梅尧臣撰，朱东润校注《梅尧臣集编年校注》叙论一，第29页。上海古籍出版社，2006年版。

四、研究思路和方法

本文的研究，是建立在基本文献、原始资料的基础上。根据上文对北宋隐逸诗内涵及外延的界定，先以北宋别集及《全宋诗》为第一手资料搜罗出隐逸诗，再进行归类统计、比较分析。本文对隐逸诗的统计主要有两类，一是对重要诗人的隐逸诗，结合当前学界已有的诗人年谱、作品系年、编年集注等研究成果进行阶段性统计、分析，清楚地展现文人在人生各阶段的仕隐心态及隐逸思想的变化，做到有理有据地分析具体的国家大事、政治事件，以及个人的仕宦浮沉、人生遭际对社会隐逸风尚、个人隐逸思想的影响。二是统计隐逸诗中某一类意象、典故、题材的出现及变化趋势，总结宋代隐逸诗的艺术特征，考索北宋隐逸文化的独特性。最后，在充分掌握代表性诗人隐逸诗的特征，北宋隐逸诗的发展脉络的基础上，整体考察宋代隐逸诗的发展轨迹、风格取向及艺术成就，并在与宋前隐逸诗的比较中，力求对宋代隐逸诗进行文学史的定位。

本文运用的研究方法，主要有文本细读法、数量统计法、比较研究法、文史互证法、追源溯流法等。要之，本文立足于北宋隐逸诗作品，从细读文本出发，文学研究与历史、文化考察互证，个案研究与整体研究结合，以点带面，点面结合，在文学史实考订和文本解读上略有突破。

第一章　北宋隐逸文化的独特性

北宋整个社会，上至皇帝宰辅，下到黎民百姓，皆十分尊重隐士，崇尚隐逸，隐逸之风在两宋盛炽不衰。唐及以前形成的隐逸方式得到进一步发展，新的隐逸方式又在不断形成，并逐渐改变着隐逸的精神内涵，形成独具面目的宋型隐逸文化。我们可以说，北宋是隐逸文化集大成的时代，也是隐逸文化的转折时代。

第一节　北宋隐逸思潮的形成

隐逸既是一种文化现象，更是一种社会现象，隐逸思潮的盛行，影响到时代、社会的方方面面，与一个时代的政治、社会、经济、文化紧密相关。北宋的隐逸思潮盛行，使隐士的社会地位空前提高，文人士大夫也崇尚隐逸思想，与隐士过往甚密，并把隐逸文化渗透到日常生活中，隐逸的人格精神也成为品评人物的标准之一。本节将详细论述北宋隐逸思潮盛行的表现，并结合当前已有的研究成果进一步分析北宋隐逸思潮盛行的原因。

一、北宋隐逸思潮盛行的表现

北宋隐逸思潮盛行，渗透到朝野上下，影响着北宋文人的生活方式与精神追求。下面主要从四个方面论述北宋隐逸思潮兴盛的表现。

首先，作为隐逸的主体——隐士的人数之多是空前绝后的。晚唐五代“置君犹易吏，变国若传舍”（陈师锡《五代史记序》），政治局面动荡黑暗，身处乱世的文人大多选择归隐避祸，退处江湖从事经义之学和文章辞藻，从而兴起一场隐逸高潮。北宋政权的建立，结束了五代分裂动乱的局面，但一大批隐士入宋之后依旧隐而不仕，五代的隐士戚同文、扬悫、陈抟等还成为宋初名噪天下的高隐。北宋延续了五代以来的隐逸之风[1]，掀起又一场隐逸高潮，李瑞玲、毛安福的《论宋代隐士》根据私史、笔记小说进行不完全统计，宋代有名有姓的隐士达300余人[2]，张海鸥先生从多种方志中检索得379人[3]。出现在宋人诗文集中，有嘉言懿行但姓名、行迹不能详考的隐士更是不胜枚举。以上统计数字是两宋的总体概况，以《宋史·隐逸传》统计，宋代隐士57人[4]，其中北宋时已有隐逸行为的43人，占75%，可见北宋隐逸之风比南宋更为昌盛，笔记、方志中的两宋隐士，北宋也应该占大多数。

其次，隐士对文人士大夫及社会风气的影响之大也是前所未有的。中国历史上素有尊隐的传统，孔子就说“兴灭国，继绝世，举逸民，天下之民归心焉”(《论语·尧曰》)。北宋继承历史上的尊隐传统，十分重视访举隐逸，皇帝经常下诏召见隐士，或者遣使就山抚问，或诏本州长吏岁时存问，赏赐丰厚，对隐士待遇相当优渥，尤其在北宋初期，朝廷急需通过旌表隐士、树立道德典范来巩固士大夫和民众的意识形态。宋真宗封泰山祠汾阴的时候，也

[1]刘文刚:《宋代的隐士与文学》(四川大学出版社1992年版,第3页)认为:“五代的隐风很盛，使宋代先天就带些隐逸之气。”“五代不但为宋代培养了一大批隐士,而且为宋代隐风的昌盛做了思想准备。”张兴武:《宋初隐逸研究》(《文史》2008年第3期,第169页)也认为宋初隐逸的数量非但没有减少,还有一定幅度的增加。

[2]李瑞玲、毛安福:《论宋代隐士》,第111页。《郑州大学学报》1996年第5期。

[3]张海鸥:《宋代隐士隐居原因初探》,《求索》1999年第4期。

[4]松江渔翁、杜生、顺昌山人、南安翁、治篾箍桶、卖酱翁等无具体姓名者亦算在内。如潘阆、邵雍等著名隐士不见著于《宋史·隐逸传》。

多次下诏“举旌赏之命，以辉丘园；申恤赠之恩，用慰泉壤，所以褒逸民而厚风俗也”[1]。朝廷对隐士的优渥待遇，说明隐士有极高的社会地位和声名威望。

宋代的士大夫及平民百姓，也都对隐士心存钦敬。宋代许多文人士大夫，都有与方外之士、隐遁之士交游的经历，比如寇準与魏野、潘阆、林逋；范仲淹与林逋，王安石与孙侔、俞秀老等等。他们以与具有高风亮节的隐士结交为荣，每到一处当官，都慕名前去寻访当地的处士、高人。《墨客挥犀》有这样一则材料：“李侍郎及，性清介简重，知杭州，恶俗轻靡，不事游燕。一日微雪，遽命出郊。众意当召宾朋为高会，乃独访林逋处士，清谈至暮而归。”[2]鼎鼎大名的苏东坡也以延请得来阳狂隐士而沾沾自喜：“先生不知其名，黄州故县人，本姓卢，为张氏所养。阳狂垢污，寒暑不能侵，常独行市中，夜或不知其所止。往来者欲见之，多不能致，余试使人召之，欣然而来。既至，立而不言，与之言不应，使之坐不可，但俯仰熟视传舍堂中，久之而去。夫孰非传舍者，是中竟何有乎？然余以有思惟心追蹑其意，盖未得也。”其诗说“肯来传舍人皆说，能致先生子亦贤”[3]，张先生大驾光临，即使立而不言不语，外人也认为很具深意，能招徕高隐之人是苏轼贤良的有力证明。邵雍隐居洛阳，不仅士大夫争相迎候，连闾巷童孺、厮役也与他亲密无间：“春秋时出游城中，风雨常不出，出则乘小车，一人挽之，惟意所适。士大夫家识其车音，争相迎候，童孺厮隶皆欢相谓曰：‘吾家先生至也。’不复称其姓字。或留信宿乃去。好事者别作屋如雍所居，以候其至，名曰‘行窝’。”[4]孔旼“环所居百余里，人皆爱慕之，见旼于路，辄敛衽以避”[5]。魏野常骑白驴出游，遇之者无不致以万分

[1]元脱脱等撰:《宋史》卷四百五十七，第13431页。中华书局，1977年版，以下引自《宋史》者仅注卷数和页码。
[2]彭乘辑佚，孔凡礼点校:《墨客挥犀》卷七，第361页。中华书局，2002年版。
[3]苏轼:《张先生并叙》，见苏轼撰，王文诰辑注，孔凡礼点校《苏轼诗集》卷二十，第1029页。中华书局，2007年版。
[4]《宋史》卷四百二十七，第12727页。
[5]《宋史》卷四百五十七，第13435页。

的敬意，“居州之东郊，手植竹树，清泉环绕，旁对云山，景趣幽绝。凿土袤丈，曰乐天洞，前为草堂，弹琴其中，好事者多载酒肴从之游，啸咏终日。前后郡守，虽武臣旧相，皆所礼遇，或亲造谒。赵昌言性尤倨傲，特署宾次，戒阍吏野至即报”[1]。

隐士的社会地位和声望来源于他们崇高的人格修养和道德境界，戚同文“深为乡里推服，有不循孝悌者，同文必谕以善道”[2]。宗翼“隐而不仕，家无斗粟，怡怡如也，未尝以贫窭干人。市物不评价，市人知而不欺”[3]。林逋隐居孤山二十年不入城市，以道德文章闻名于世，得到寇準、范仲淹、欧阳修、梅尧臣、苏轼、黄庭坚的高度称赞，南宋诗人更是对林逋的人品与诗歌赞不绝口。如此一来，隐士的高风亮节赢得士人的推崇、民众的拥戴，时代与社会给予隐士应有的认可与尊重，又反过来促进隐士队伍的壮大，对隐士的操守气节的期许，也提高并丰富了隐士的隐逸精神境界。

再次，隐逸之风的兴盛也体现在士大夫的日常生活中。北宋士大夫普遍崇尚隐逸，推崇恬淡虚静、洒脱豁达的人格精神，不管富贵穷达、贤愚清浊，都爱在日常生活、衣食住行中附庸隐逸之风雅。

例如衣着方面，宋人视穿着道服为超尘脱俗之举，邵雍、王禹偁、苏轼是最喜欢身着道衣的，“紫李黄瓜村路香，乌纱白葛道衣凉”（苏轼《病中游祖院塔》）；“蒜山渡口挽归艎，朱雀桥边看道装”（苏轼《次韵许遵》）；“年年赁宅住闲坊，也作幽斋着道装”（王禹偁《书斋》）；“笋蕨供家馔，园林着道装”（王禹偁《投迤殿院》）。文人吏散公退时穿着道袍，可体会“无官一身轻”，也可获得心灵的澄净清澈。朋友之间互赠道服是清雅的行为，诗人经常为此赋诗唱和，邵雍有《道服吟》四首，王禹偁有《谢同年黄法曹送道服》《道服》两首，范仲淹作《道服赞》，苏轼、刘子翚等也有相关题材的

[1]《宋史》卷四百五十七，第 13430 页。
[2]《宋史》卷四百五十七，第 13418 页。
[3]《宋史》卷四百五十七，第 13419 页。

诗歌。

饮食题材在宋诗中蔚为大观，“茶”和“酒”最能体现出隐逸之风对饮食领域的渗透。“酒隐”一词由来已久，宋代对酒文化的贡献不及对茶文化的贡献大。在宋代，茶大受欢迎，并成为文人日常生活中的必需品，经过文人与僧道的品饮、参悟，最终形成“茶禅一味”的“茶隐”。宋人还喜欢以带有隐逸色彩的词语来命名自己的庄园书斋、殿堂楼阁，比如有以吏隐、大隐、中隐、酒隐、天隐、避世、高遁等为名的，也有以清虚、超然、佚老、致虚等形容隐逸精神的词语为匾额的，这充分显示出宋人对隐逸情调与恬退情怀的重视。要之，文人在衣食住行的日常生活中，常以清心寡欲、修身养性为旨归，以洒脱超然的隐逸精神为追求，显示出隐逸之风对社会审美风尚和习俗的影响、渗透。

最后，宋代隐逸之风的兴盛，体现在对人物的品评上。宋代士人内敛、自省的性格，使他们在人格取向上以淡泊恬退、清虚自守、淳朴清和、翛然物外为高，极其鄙视奔竞钻营、机巧伪诈之徒。立朝而有恬退之风，是评判宋代官员的一个重要标准。王安石未出仕前，便以恬淡谦退名闻天下，“文彦博为相，荐安石恬退，乞不次进用，以激奔竞之风”[1]。周敦颐仕宦三十年，治绩卓著，当分宁主簿时便已断狱如神，邑人惊叹为“老吏不如也”，但宋人评价其功德，并不以他的吏政才能是依，而是着意于他雅意林泉，“平生之志，终在丘壑”的一面，黄庭坚歌颂周敦颐之诗通篇“不及世故，犹仿佛其音尘”，“人品甚高，胸中洒落，如光风霁月”[2]遂成为周敦颐的定评，也成为后代士人为人处世的道德模范。宋代的墓志铭、行状、挽诗，也都很重视突出缅怀对象冲和淡泊的一面，喜欢把缅怀对象的仕宦生涯写成“吏隐”，例如“白

[1]《宋史》卷三百二十七，第 10541 页。
[2]黄庭坚：《濂溪诗》序言，见黄庭坚撰，任渊、史容、史季温注，刘尚荣校点《黄庭坚诗集注》别集卷上，第 1411 页。中华书局，2003 年版。

首郎潜甘寂寞，清时吏隐甚逍遥”[1]“吏隐琳宫冷，郎潜素发新”[2]。从送人赴官上任或致仕归乡的诗歌，如“耄期吏隐倦，归去上恩荣”[3]“吏隐不求贵，亲老不择禄”[4]“满目湖山真吏隐，半空楼阁信仙居”[5]，我们也可以看出宋人对隐逸人格推崇备至。

二、宋代隐逸思潮盛行的原因

关于宋代隐逸思潮形成的原因，已有一些学者进行探讨[6]，刘文刚《宋代的隐士与文学》列举宋代隐士队伍壮大的原因，主要有士阶层的壮大、五代隐风的影响、党派斗争、僧道隐居等[7]。郭学信从冗官、闲官的政治制度；宋代政权对文人士大夫的牵制以及朋党之争；意识领域中的儒道释三教融合的社会思潮；文人士大夫自省、内敛的心态和审美趣味四个方面，系统分析宋代士大夫隐逸思潮的形成原因[8]。诚然，隐逸是社会的产物，直接或间接地受到政治、经济、文化的影响，下面结合已有的研究成果略为补充几点。

其一，宋朝十分重视教育，兴建了大量的官私教育机构，为更多人提供了就学机会，又随着造纸术、印刷术的发展，书籍大量刊行印发，知识得到广泛、迅速的传播，一些穷苦人家的子弟也获得学习的权利和条件。由此，社会上的士阶层空前壮大。读

---

[1]文彦博:《致政仲损工部哀词》其一，见北京大学主编《全宋诗》第6册，第3549页。北京大学出版社，1995年版。下文出自该书仅注册数和页码。

[2]程俱:《黄修中大夫挽诗》，《全宋诗》第25册，第16348页。

[3]刘敞:《送李监丞致仕还乡》，《全宋诗》第9册，第5791页。

[4]王禹偁:《送朱九龄》，王禹偁《王黄州小畜集》卷四，宋集珍本丛刊本，第9页。下文出自该书仅注卷数和页码。

[5]谢景温:《送程给事知越州》，《全宋诗》第10册，第6798页。

[6]喻学忠:《晚宋士大夫隐逸之风述论——晚宋士风研究之二》(《重庆师范大学学报》2005年第2期)认为隐逸之风形成的原因是皇帝昏庸、权相专政、小人得志、正直之士受到压抑。

[7]刘文刚:《宋代的隐士与文学》，四川大学出版社，1992年版。

[8]郭学信:《宋代士大夫隐逸思潮探析》，《山东师范大学学报》2009年第6期。

书人唯一的出路是科举仕宦，而读书人剧增的结果，便是更多的文人名落孙山，更多的文人与官场无缘。虽然宋代科举取士的人数在历史上是空前绝后的[1]，但相对于读书人的人数来说，仍是相当微小的比例，科举竞争的激烈程度丝毫不亚于其他朝代。翻检《全宋诗》，送人下第之诗屡见不鲜，屡考不中又年迈无成的举子也多不胜数，朝廷每年都要赐一小部分终身老于场屋者以出身，平均每年有 157 人，人数之多史无前例，正好证明"白首老场屋"者之多。

历尽千辛万苦仍无法跻身官场的人，自然会生发隐逸之思，以隐逸精神自我调解。"白日升天易，明时登第难"[2]，潘阆登第落空，干谒游宦于王城，尝尽世态艰辛，寄诗与陈抟说："不信先生语，刚来帝里游。清宵无好梦，白日有闲愁。世态既如此，壮心应已休。求归归未得，吟上水边楼。"[3]"闻君俱下第，使我转思山"[4]，魏野听闻别人落第尚且如此，遑论他人亲历之时。魏野另有"失意人方羡野人，因酬嘉句谢知闻。都缘月桂终难舍，岂是烟萝不肯分"[5]的诗句，道尽千古士子求取功名的个中艰辛，揭示仕隐进退之身不由己、无奈徘徊。元祐三年，苏轼知贡举，误认他人文章为门生李廌之文而置于首选，结果李廌下第，苏轼感叹"平时谩说古战场，过眼终迷日五色"。李廌再举失利后便绝意仕进，归耕颍川，"欲持牛衣归颍川，结庐抱耒箕隗前。只将残龄学农圃，试问瀛洲紫府仙"[6]。张耒听闻友人下第归乡，赋诗曰："淡墨高张动禁城，风驰电落走寰瀛。从来万卷贮便腹，可得千人无一名。且

[1]根据张希清《论宋代科举取士之多与冗官问题》(《北京大学学报》1987年第5期)统计，宋代平均每年取士 361 人，约为唐代的 5 倍，元代的 30 倍，明代的 4 倍，清代的 3.4 倍。

[2]潘阆：《上李学士》，《全宋诗》第 1 册，第 623 页。

[3]潘阆：《寄陈希夷》，《全宋诗》第 1 册，第 624 页。

[4]魏野：《闻王衢王专下第因有所感》，《巨鹿东观集》卷二，宋集珍本丛刊，第 7 页。

[5]魏野：《和进士田亚夫见赠》，《巨鹿东观集》卷三，第 3 页。

[6]李廌：《某顷元祐三年春，礼部不第，蒙东坡先生送之以诗，黄鲁直诸公皆有和诗，今年秋复下第，将归耕颍川，辄次前韵，上呈编史内翰先生，及乞诸公一篇，以荣林泉，不胜幸甚》，《全宋诗》第 20 册，第 13609 页。

向江边伴逐客，会须天上冠群英。遥思匹马千山里，孤店村深听晚莺。”[1]千里挑一的人才，竟然也挤不上科场的独木桥，张耒期待友人归来和他一起恣情山水。可见，读书人的剧增、士阶层的壮大，以及由此带来科举的激烈竞争，使许多文人被迫成为隐而不现、居而不仕的隐士。

其二，无论是自愿隐逸还是被迫归隐，隐士都面临着“稻粱谋”这个最根本的生存问题。让手无缚鸡之力的书生去躬耕田园或捕鱼樵牧，是十分勉为其难的。俞汝尚力辞王安石御史之聘，但“还家苦贫，未能忘禄养。又从赵抃于青州，遂以屯田郎中致仕”[2]。宋代生产力大大提高，社会分工细化，经济、文化的发达，为隐士的隐居提供了良好的生活土壤。宋代的隐士普遍具有安贫乐道的高尚品质，但他们的生活并不贫穷，有的还常能周济乡亲邻里。四皓采芝商山、邵平种瓜东门、严光渔钓富春、陶渊明躬耕田园这些靠体力劳动为生的隐居，在唐代已逐渐减少，至赵宋更是少之又少，《宋史·隐逸传》中记载的隐士力耕自给的，仅有杜生、苏云卿、刘勉之等，文士所言之归耕，其实仅仅管理从祖上传下来或者官私赙赠的田产，租佣耕种，最主要的生活内容仍是舞文弄墨、读书讲经。宋代隐士完全可以依靠脑力劳动自力更生，比如行医卖药、占卜择日、养花艺圃、卖字卖画、讲学授业等。苏轼《种德亭》序言记叙了处士王复行医救人的事迹：“为人多技能而医尤精，期于活人而已，不志于利。筑室候潮门外，治园圃，作亭榭，以与贤士大夫游，惟恐不及，然终无所求。人徒知其接花艺果之勤，而不知其所种者德也，乃以名其亭。”[3]经学、文章、辞藻、道德出众者，往往有生徒从之问学。戚同文乡望甚高，又得到将军赵直的器重，赵直为他“筑室聚徒，请益之人不远千里而至，登

[1]张耒:《闻郊老下第作诗迎之》，见张耒撰，李逸安、孙通海、傅信点校《张耒集》，第452页。中华书局，1990年版。
[2]《宋史》卷四百五十八，第13447页。
[3]苏轼：《种德亭并叙》，见王文诰注《苏轼诗集》卷十六，第823页。

第者五十六人”。大中祥符二年，有府民曹城到戚同文讲学之处进一步造室聚书，规模甚大，朝廷诏赐额为“本府书院”[1]。安素处士高怿是种放的学生，于京兆府学“讲授诸生，席间常数十百人”[2]。周启明四举进士皆第一，景德中归，“教弟子百余人，不复有仕进意”[3]。代渊弃清水主簿，“还家教授，坐席常满”[4]。宋代继承了源远流长的尊隐传统，朝廷给予隐士极高的地位和优渥的待遇，士大夫和人民群众也给予隐士极高的尊重，这固然是宋代隐士队伍在稳定太平之后仍然日益壮大的重要原因之一[5]，但更为重要的，还在于宋代文人归隐之后，物质层面的自力更生不成问题，又可担负起一定的社会责任，实现个人的生命价值，获得了“学而优则仕”之外的另一种安身立命的事业，因此一些文人在挂冠归去或绝意仕途时才能那么毅然决然。

其三，郭学信先生《宋代士大夫隐逸思潮探析》一文，认为宋代日益加剧的冗官闲官政治，增加了文人士大夫候补待职的困难，所以文人淡化用世情结，以归田、退隐的心态和形式为自己营造一个超然独立、闲适宁静的世界。笔者认为，宋代庞冗的政治机构、名目众多的闲官制度，对尚未获得仕宦入场券的士子隐逸心态的影响是间接的。闲官冗官最为直接的影响，首先应该是使许多奋厉有当世志、以直躬行道为己任之士，有了尸位素餐、与世不偶之感，从而徘徊在去禄归田与安禄待时之间；其次是使大多数文人从吏劳俗累中解脱出来，获得更多的“痴儿了却公家事”的时光，以供他们培养闲情逸致，更多地思考穷达荣辱的际遇与行藏出处之道。下列诗句便是明证：

[1]《宋史》卷四百五十七，第13418页。
[2]《宋史》卷四百五十七，第13433页。
[3]《宋史》卷四百五十八，第13441页。
[4]《宋史》卷四百五十八，第13442页。
[5]张海鸥《宋代隐士隐居的原因初探》(《求索》1999年第4期）分析中国源远流长的尊隐传统对宋代隐士隐居的影响，还简略地列举隐者的自由意志，天下无道则隐、穷则独善其身、朱子之学、地缘文化传统及亲缘关系对隐士隐居形成的影响。

昔日已为闲助教，今朝又作散参军。[1]

从今莫厌闲官职，主管风骚胜要津。[2]

自喜闲官不计员，月叨微禄胜归田。[3]

身僻幸无患，官闲讵辞卑。逍遥漉酒翁，千载与为期。[4]

公家事简案牍稀，芳草疏篱映空狱。杨柳湖边观钓鱼，芙蓉池上静看书。优游天爵浩然性，贵如三入承明庐。[5]

职清事简称雅意，蠹书古箧晨装轻。洛阳花色笑春日，锦衣昼归闾里惊。自云就欲谢官去，乌纱白发西台卿。他年我亦老嵩少，愿乞仙粒分余馨。[6]

这些诗句给我们最直接的感觉，是北宋官吏清闲休暇的时间多得出奇，除非胸无大志的苟禄之人，不然怎能安于闲置冗余的官职？再者，有的闲官完全等同于废黜，比如奉祠官，在熙宁至靖康年间，是安置降黜和求退官吏的专门闲职[7]。文人便只有在接受闲官继续仕宦还是勇决归去之间犹豫不决，“归田未果决，怀禄尚盘桓”[8]“归耕何时决，田舍我已卜”[9]“归耕未有计，且复调闲官”[10]。大概正如苏轼所说，“归田不待老，勇决凡几个？”[11]闲官冷

[1]潘阆：《赴滁州散参军途中书事》，《全宋诗》第1册，第625页。

[2]王禹偁：《前赋春居杂兴诗二首，间半岁不复省视，因长男嘉祐读杜工部集，见语意颇有相类者，咨于予，且意予窃之也，予喜而作诗，聊以自贺》，《王黄州小畜集》卷九，第11页。

[3]吕本中：《官闲赠人》，《全宋诗》第28册，第18189页。

[4]张耒：《熏风二首》其二，《张耒集》卷十，第143页。

[5]田锡：《酬桐庐知县刁衎歌》，《全宋诗》第1册，第490页。

[6]欧阳修：《送京西提点刑狱张驾部》，见欧阳修撰，洪本建校笺《欧阳修诗文集校笺》之《居士集》卷一，第16页。上海古籍出版社，2009年版。

[7]刘文刚：《论宋代的官观官制》，《宋代文化研究》（第七辑），第79页。巴蜀书社，1998年版。

[8]王禹偁：《扬州池亭即事》，《王黄州小畜集》卷六，第2页。

[9]苏轼：《罢徐州往南京马上走笔寄子由五首》其四，《苏轼诗集》卷十八，第938页。

[10]苏辙：《送李宪司理还新喻》，见苏辙撰，陈宏天、高秀芳点校《苏辙集》卷十二，第232页。中华书局，1990年版。

[11]苏轼：《迁居临皋亭》，《苏轼诗集》卷二十，第1054页。

官对于文人来说如同鸡肋，从王禹偁、范仲淹开始，北宋有远见和抱负的文人都有志于官僚体制的改革，但在朋党成风、变动不居的政治环境里，许多文人往往是“进之退之，席不暇暖，而复摇荡其且前且却之心，志未申，行未果，谋未定，而位已离矣”[1]，处之不安，改之不果，弃之不决，文人只能以“吏隐”来调和妥协与抗争两股情绪，以“吏隐”来消解苦闷，寻找人生的意义。

最后，频仍的党争和三教合一的思想背景，是北宋隐逸思潮兴盛的政治土壤和思想土壤。中国历史上每一个朝代的统治阶级内部，都有不同的利益集团在相互制衡，不同的政治主张在相互碰撞，或大或小的政治斗争从未间断过。明争暗斗、尔虞我诈的官场，与独善其身、自由和谐的隐逸，是两个截然不同的世界，最终弃官归隐或兴起归隐之思的官吏，大多是因为厌倦了宦海的虚伪逢迎、钩心斗角。所以，隐逸思潮随着此起彼伏的党争日益盛炽。北宋文人党争贯穿始终，庆历党争、新旧党争具有长时间性、反复性、颠覆性的特点，王夫之评宋代的朋党之争说：

石介、苏舜钦之流，矫起于庶僚，而王素、唐介、蔡襄、余靖一唱百和，唯力是视，抑此伸彼，唯胜是求。天子无一定之衡，大臣无久安之计，或信或疑，或起或仆，旋加诸膝，旋坠诸渊，以成波流无定之宇。熙、丰以后纷呶噂沓之习，已早见于此，而君犹自信曰：“吾能广听。”大臣且自矜曰：“吾能有容。”士竞习于浮言，揣摩当世之务，希合风尚之归，以颠倒于其笔舌；取先圣之格言，前王之大法，屈抑以供其证佐。童而习之，出而试之，持之终身，传之后进，而王安石、苏轼以小有才而为之领袖；皆仁宗君相所侧席以求，豢成其毛羽者也。乃至吕惠卿、邓绾、邢恕、沈括、陆佃、张耒、秦观、曾巩、李廌之流，分朋相角，以下逮于蔡京父子，而后覆败之局终焉。[2]

[1]王夫之撰，舒士彦点校：《宋论》卷二，第46页。中华书局，1964年版。
[2]王夫之：《宋论》卷四，第87页。

在这样朋党成风、变动不居的政治环境里，有一些文人更不愿跻身官场，无意仕进，考察《宋史·隐逸传》，熙宁至元符年间，因为不满新法或看不惯章惇、蔡京之流窃国害贤而归隐的，就有孙侔、姜潜、连庶、俞汝尚、邓考甫、宇文之邵、徐中行等人。仕宦之路激流暗涌，险象环生，文人被卷入宦海风波里，饱尝闲置、贬谪、流放之苦，观宋代文人，极少有不经贬谪或闲置的。仕进艰难，文人便需要一个制衡点，需要一个退守的阵地来平衡精神上的矛盾，而这个制衡点，便是“隐”。儒家的待时之隐、道家的适性之隐、佛教的超脱红尘之隐，三者合一，成为最佳的平衡机制。三教融合背景下的隐逸，在一定意义上是形成仕隐观的能动机制，协调着出世与入世的矛盾，让士人从政治、社会、人生中超越出来，成为安顿士人灵魂的栖息地。

第二节　北宋隐逸文化的转型

随着隐士与官吏之间的密切交往和相互影响，北宋的隐逸文化实现了转型，由小隐山林逐渐向大隐朝市发展，“心隐”的隐逸方式普遍存在，并且上升为文人士大夫的进退出处之道。北宋的隐逸精神，内化为文人行藏出处的道德准则，体现出对道义、自由、超越精神的自觉追求。下面我们从隐逸方式的改变和隐逸精神的内涵来分析北宋隐逸文化的转型。

一、北宋隐逸方式的改变

据《宋史·隐逸传》统计，宋代隐士完全没有仕宦经历者 33 人，屡举进士不第而绝意仕进、坐事去官、不满政法而急流勇退致仕者24人。两类隐士中，北宋分别占23人、20人。诸多被挤出官场的士人补进隐士的队伍，使社会上隐士、官吏的身份模糊化，不仅居官者放旷高逸、恬淡虚退如同隐士，许多隐士的兼济之志也与普通官员并无二致，陈抟曰："乞全麋鹿性，何处不称臣"[1]，认为归隐山林，也不妨碍臣事君主。坐事去官的隐士邓考甫临终遗言："予自谓山中宰相，虚有其才也；自谓文昌先生，虚有其词也。不得大用于盛世，亦无憾焉，盖有天命尔。"[2]终身不忘用世济时之志，只是能够顺天知命，以隐逸高超的心态来泰然面对"不得大用于盛世"的遗憾。邵雍虽然宣称"林间谈笑须归我，天下安危宜系公"[3]"自问此身何所用，此身唯称老林泉"[4]，但当岁逢旱灾时，他说道："无雨将成大凶岁，负城非有好生涯。身居畎亩须忧国，事委男儿尚恤家。"[5]忧国忧民之心和强烈的社会责任感凸现无遗。

隐士官吏化、官吏隐士化使隐逸的方式也随着发生变化，由重形式上的隐逸转向重精神上的隐逸，从而在根本上泯灭了隐士和官吏的物理界限。石介在《明隐》中大力批判"隐者当毁面污身，杜门绝迹，与鸟兽麋鹿为群，裂衣冠，屏饮食，弃人事，去妻子，寒则衣葛，饥则茹草"的观点，认为"万物则悴枯瘠病，而自膏润肥硕"之小隐不合圣贤之道。因此，北宋的隐逸，除了继承前代已有的小隐山林、耕读田园、寄身佛道这些身心俱隐的方式外，最主要的，还是以心灵、精神实践和体验着"心隐"方式。身心俱隐即是惯常所说的"小隐""高隐"，或者以某一种谋生方式为名的"渔隐""樵隐"等。宋代的小隐，很多也仅隐于民间，与普通人并无

[1]陈抟：《辞上归进诗》，见王辟之撰，吕友仁点校《渑水燕谈录》卷四，第44页。中华书局，1981年版。《全宋诗》（第1册，10页）收此诗，误把"麋鹿"作"麞鹿"。

[2]《宋史》卷四百五十八，第13449页。中华书局，1977年版。

[3]邵雍：《代书寄南阳太守吕献可谏议》，《全宋诗》第7册，第4521页。

[4]邵雍：《览照吟》，《全宋诗》第7册，第4567页。

[5]邵雍：《饮酒吟》，《全宋诗》第7册，第4669页。

区别，不必到远离人寰的深山老林，过栖息山林、凿岩穴居、餐风饮露的生活。心隐顾名思义，即精神上的归隐，葆有一股隐逸情怀，心态如同隐者。心隐的形式名目繁多，主要有形容居官却如同隐者之“吏隐”“中隐”“大隐”，以及精神寄托于某种生活乐趣、道艺之“茶隐”“酒隐”“菊隐”“竹隐”“画隐”“道隐”等。心隐形不隐的隐逸方式，无须脱离官场与俗世，只要不被名缰利索束缚，不以利禄萦心，胸中有丘壑，有超然物外心，随处皆可体验隐逸的心境，享受隐逸的真趣。

二、北宋隐逸精神的内涵

随着隐逸方式的改变，宋代的隐逸不再拘泥于是否挂冠弃官，是否出世隐遁，而是注重对隐逸情趣、隐逸情怀、隐逸精神的内心体验，从而形成宋型的隐逸文化。北宋隐逸不仅是文人对政治的暂时退避，寻求对苦难人生的超脱，更是一种生活方式，一种超越的精神追求，一种理想的人生状态。

北宋士人具有深挚的淑世情怀，崇尚政治气节，高扬人格魅力，就连潘阆、魏野等隐士原也有济世、事功之心。宋型的隐逸精神打上淑世情怀的烙印，具有以儒为主、佛道为辅的特点，以儒家“有道则仕，无道则隐”“用之则行，舍之则藏”的兼济与独善的仕隐观，和不义而富且贵，于我如浮云的义利观为内核，并熔铸以道家功成身退、齐物达生的适性自由观，以及佛教之看破人生的生死哀乐、明心见性的超脱观。

（一）隐逸精神的核心：淡泊名利，进退合道

宋朝建立之初便十分重视以隐逸来砥砺士风，激矫浇竞，对进退出处之道作深入思考，王禹偁之“谁信人间是与非，进须行

道退忘机”[1];范仲淹之宠辱不惊,“进则尽忧国忧民之诚,退则处乐天乐道之分”[2]即是。北宋文人也注重通过对历代隐士及当代恬退之士的热情讴歌,来展示对不慕名利、出处有道的人格精神的褒扬。例如对陶渊明的接受,北宋十分重视不向乡里小儿折腰之清高耿直以及不事二朝之忠义两方面,如梅尧臣云:“渊明归柴桑,家贫食不足。当其勇去时,不待秫稻熟。借问何以然,实耻暂屈辱。”(《勉致仕李秘监》)黄庭坚云:“潜鱼愿深渺,渊明无由逃。彭泽当此时,沈冥一世豪。司马寒如灰,礼乐卯金刀。岁晚以字行,更始号元亮。凄其望诸葛,肮脏犹汉相。时无益州牧,指挥用诸将。平生本朝心,岁月阅江浪。”(《宿旧彭泽怀陶令》)宇文之邵学富行笃,敢于抵触上司,位卑而言高,奏疏不报,年未四十便辞官致仕,司马光评说:“吾闻志不行,顾禄位如锱铢;道不同,视富贵如土芥。今于之邵见之矣。”[3]士人并不是为了个人的禄位富贵当官,所以在大道大义、大是大非面前从不苟且。“所谓隐者,有匹夫之志,守硁硁之节者之所为也。”(石介《明隐》)程颐注解“不事王侯,高尚其事”说:“士之自高尚,亦非一道。有怀抱道德,不偶于时,而高洁自守者;有知止足之道,退而自保者;有量能度分,安于不求知者;有清介自守,不屑天下之事,独洁其身者。所处虽有得失小大之殊,皆自高尚其事者。像所谓‘志可则者,进退合道’者也。”[4]告诫自守、知止不辱、不求闻达、独洁其身,无不指向气节为先、进退有道的人格精神层面。

苏轼的“君子不必仕,不必不仕”之论,为进退合道提供了通融的理论总结和实践经验,为可隐可仕的仕隐观张本:

古之君子,不必仕,不必不仕。必仕则忘其身,必不仕则忘

[1]王禹偁:《放言》,《王黄州小畜集》卷八,第18页。
[2]范仲淹:《谢转礼部侍郎表》,见范仲淹著,范能濬编集,薛正兴校点《范仲淹全集》卷十八,第374页。凤凰出版社,2004年版。
[3]《宋史》卷四百五十八,第13450页。
[4]程颢、程颐撰,王孝鱼校点:《二程集》,第793页。中华书局,1981年版。

其君。譬之饮食，适于饥饱而已。然士罕能蹈其义、赴其节。处者安于故而难出，出者狃于利而忘返。于是有违亲绝俗之讥，怀禄苟安之弊。[1]

孔子曰："天下有道则见，无道则隐。"（《论语·泰伯》）"邦有道则仕，邦无道则可卷而怀之。"（《论语·卫灵公》）孟子曰："穷则独善其身，达则兼善天下。"（《孟子·尽心上》）"得志，与民由之；不得志，独行其道。"（《孟子·滕文公下》）孔孟仕隐观的立足点是"节义"二字，而士人在仕与隐之路上常是往而不返，汲汲于仕进者难于恬退，安于退处者又违亲绝俗，近乎无情。苏轼认为君子可进可隐，仕进时怀有静退澹泊之志，退隐时又有大义存于心胸，俯仰皆可无愧于天地，取其两可，则两全其美。晁补之《跋林逋荐士书后》也提出"士亦要志之所向，仕不仕何有"的观点。摒除钻营奔竞、汲汲仕进的名利之心，坚持"进不干时，退不违俗"[2]的进退原则，是北宋隐逸的内在精神特质。

士大夫怀有可仕可隐的仕隐观，视隐逸为安顿心灵的最终处所，随时都做好舍弃官爵俸禄而去的准备，所以在仕进时能以节义为先务，以直道为准则，遇上不合原则、道德与正义之事，敢于面折廷争，勇往直前，毫不畏缩。兹以数例证明隐逸精神所体现的节义：周敦颐以部使者之荐，调南安军司理参军时，"有囚法不当死，转运使王逵欲深治之。逵，酷悍吏也，众莫敢争，敦颐独与之辨，不听，乃委手版归，将弃官去，曰：'如此尚可仕乎！杀人以媚人，吾不为也。'逵悟，囚得免"[3]。周敦颐为一素不相识的囚犯力争弃官，与其具有"雅意林壑"的本心不无关系。王禹偁以直躬行道为己任，八年三黜而无悔，淳化二年（991）冬，京

---

[1]苏轼：《灵璧张氏园亭记》，见孔凡礼点校《苏轼文集》卷十一，第369页。中华书局，1986年版。
[2]谢逸：《汪居士墓志铭》，见谢逸撰《溪堂集》卷九。
[3]《宋史》卷四百二十七，第12711页。

城大旱，王禹偁立即上疏请朝廷削减官员的俸禄，云："臣朝行中家最贫，奉最薄，亦愿首减奉，以赎耗蠹之咎。"[1]爱民如子的恳切之情，感人至深。范仲淹宠辱不惊，以不以物喜、不以己悲名闻天下。欧阳修"天资刚劲，见义勇为，虽机阱在前，触发之不顾。放逐流离，至于再三，志气自若也"[2]。王安石早年恬退，数次被荐举而不起，不以官职为意，对于官职能够做到泛然而受，悠然而辞。罗大经《鹤林玉露·不忘山林》一则，把宋人这种因为隐逸而产生的敢于进退的情怀说得十分透彻：

士岂能长守山林，长亲蓑笠，但居市朝轩冕时，要使山林、蓑笠之念不忘，乃为胜耳。陶渊明赴镇军参军诗曰："望云惭高鸟，临水愧游鱼。真想初在襟，谁谓形迹拘。"似此胸襟，岂为外荣所点染哉。荆公拜相之日，题诗壁间曰："霜松雪竹钟山寺，投老归欤寄此生。"只为他见趣高，故合则留，不合则拂袖便去，更无拘绊。山谷云："佩玉而心若槁木，立朝而意在东山。"亦此意也。[3]

"合则留，不合则拂袖便去"，北宋文人士大夫，多有临大节而不可辱，勇于抗拒强权，刚直不阿者，这与他们坚持可隐可仕的仕隐观有莫大关系。淡泊名利、进退合道是北宋隐逸人格精神的核心，不仅内化成为文人士大夫的自觉意识，甚至成为潜在的道德标准，对文人的行藏出处起规范作用。

（二）隐逸精神的外在表现：自由与超然

北宋隐逸精神显示出自由与超然的特质，与宋代儒道释三教

[1]《宋史》卷二百九十三，第 9794 页。

[2]《宋史》卷三百一十九，第 10380 页。

[3] 罗大经撰，王瑞来点校：《鹤林玉露》，第 322 页。中华书局，1983 年版。王安石诗句中的"霜松"，魏泰的《临汉隐居诗话校注》（卷二，第 58 页。巴蜀书社，2001 年版）作"霜筠"。

合一的社会思潮紧密相关。北宋的隐逸，汲取了道家养生、齐物、无为诸学说，和佛教禅宗之超脱红尘、明心见性。隐士遁入佛道者常有之，北宋隐者松江渔翁便说："君子之道，或出或处，吾虽不能栖隐岩穴，追园、绮之踪，窃慕老氏曲全之义。且养志者忘形，养形者忘利，致道者忘心，心形俱忘，其视轩冕如粪土耳。"[1]"道冠儒履释袈裟，和会三家作一家"[2]，隐士常是兼品道家清静无为、逍遥齐物的自由和佛禅顿悟空无、超脱红尘的隐逸情趣，如魏野、林逋、九僧等人的隐逸诗，多有体验心灵自由、超脱生命困境之诗：

角冠闲戴任攲斜，骑马人稀到我家。僧体盘餐唯笋味，道情栏槛只松花。惊回驯鹿林间犬，聒杀灵龟雨后蛙。春去寻常何足叹，自将寂寞并繁华。[3]

猿鸟分清绝，林萝拥翠微。步穿僧径出，肩搭道衣归。水墅香菰熟，烟崖早笋肥。功名无一点，何要更忘机。[4]

诗歌客观直道所见所感，尽褪繁华与功利，显示主体超越了常人的喜怒哀乐，心境静谧，自来自去，纯是一片宁静详和。士大夫与隐士、僧人、道士交游密切，一席宴坐，往往纵谈儒道释之经典，"庵中宴坐户长扃，鼓瑟吟诗乐性灵。客至不妨谈道妙，儒书释典及仙经"[5]。司马光说："近来朝野客，无坐不谈禅。顾我何为者，逢人独懵然。"[6]他不善于谈禅说佛，便多以道家之齐物、逍遥来自遣，"达士隐于吏，孰为行与藏。逍遥玩永日，自无忧可忘"[7]。"于今成濩落，所幸得逍遥。不髭狂心息，难平客气消。巢

[1]《宋史》卷四百五十八，第13452页。
[2]释道济：《颂古四首》，见《全宋诗》50册，第31106页。
[3]魏野：《和陈推官暮春感兴》，《巨鹿东观集》卷三，第4页。
[4]林逋：《湖山小隐》其一，见林逋撰，沈幼征校注《林和靖诗集》，第7页。浙江古籍出版社，1986年版。
[5]李光：《予三贬而至儋耳》，《全宋诗》第25册，第16462页。
[6]司马光：《戏呈尧夫》，《全宋诗》第9册，第6213页。
[7]司马光：《和昌言官舍十题》，《全宋诗》第9册，第6023页。

林易为足，窃敢比鷦鷯”[1]。王安石退居江宁，寄身佛、老，尤精于佛理，《记梦》诗写道："月入千江体不分，道人非复世间人。钟山南北安禅地，香火他时共两身。"[2]其佛根禅缘可谓深矣。苏轼夜直读书，其况味便是“暂借好诗消永夜，每逢佳处辄参禅”[3]。公退闲暇之时，寄情丘壑，游心坐忘，悟禅参道，是北宋文人士大夫治身修心的功课。从官私杂事撤退的时候，士大夫省视人生、功名、世俗之累，游心于老庄之境、静思空无之说，修身养性，荡涤心胸，最终达到体验自由、解脱烦恼的境地，这就是士大夫隐逸的心境。

总之，北宋隐逸精神的内核是淡泊名利、进退合道，这对士人的外在行为起规范性作用；自由与超越的精神特质，又给予士人超越名利世俗的束缚，寻求人生解脱的内心体验。北宋隐逸的道义、自由与超然，维护了士人的人格尊严与个性独立，成就了士人高贵的、通融的精神境界。

[1]司马光：《逍遥四章呈钦之尧夫》其一，《全宋诗》第9册，第6209页。
[2]王安石：《记梦》，见《王荆文公诗李壁注》卷四十三，第1883页。上海古籍出版社，1993年版。
[3]苏轼：《夜直玉堂，携李之仪端叔诗百余首，读至夜半，书其后》，《苏轼诗集》卷三十，第1616页。

第二章　北宋隐逸诗的总体概况

北宋隐逸诗数量众多，题材多样化。本章在列表统计北宋隐逸诗的数量及比例的基础上，归纳隐逸诗的类型，探讨北宋隐逸诗在题材上的独特性。

第一节　北宋隐逸诗的创作概况

在隐逸思潮盛行的宋代，不管是隐居山林、藏身方外的隐者，还是蹭蹬困顿的落拓文士，或者历官二署的达官贵人，都有一段烟霞痼疾，泉石膏肓。因此，北宋的隐逸诗数量庞大，几乎每一位有诗集流传的诗人，都或多或少存有隐逸诗，下面介绍北宋隐逸诗创作概况。

一、隐逸诗人的隐逸诗创作概况

北宋隐士多能诗，宋初的戚同文好为诗，有《孟诸集》二十卷；陈抟少年时即以诗知名，招至朝廷时多与宋太宗属和诗赋；种放也多为歌诗，万适、杨璞、魏野、林逋、周启明等皆以诗名世。杨璞作诗有苦吟之风，“尝杖策入嵩山穷绝处，构思为歌诗，凡数年得百余篇”[1]。其《莎衣》一诗借咏蓑衣辞拒宋太宗的授官，天下闻名：“软绿柔蓝着胜衣，倚船吟钓正相宜。蒹葭影里和烟卧，菡萏香中带雨披。狂脱酒家春醉后，乱堆渔舍晚晴时。直饶紫绶金章贵，未肯轻轻博换伊。”[2]装点着紫绶金章的官袍，在他看来不如软绿柔蓝的蓑衣，其敝屣官爵的清高傲岸姿态呼之欲出。今有诗作流传，且较负诗名的北宋隐士有陈抟、潘阆、魏野、林逋、邵雍、郭祥正、魏泰、晁冲之、谢逸等，其中以魏野、林逋的隐逸诗成就最高。魏野诗名远播海外，有《草堂集》十卷，“大中祥符初，契丹使至，尝言本国得其上帙，愿求全部，诏与之”[3]。林逋结庐于杭州西湖之孤山，隐逸诗中多描写西湖的旖旎风光，赏花养鹤的闲情逸致，梅尧臣称其诗“平澹邃美，读之令人忘百事也”[4]。其隐逸诗，对后人产生深远的影响。郝延斌《北宋隐逸诗人研究》以《全宋诗》第一至三十册统计，得出北宋有隐居经历，并有诗歌作品流传的诗人 141 位。籍贯不可考者 7 人，可考者 134 人，87.3% 隐逸诗人隐居于南方，具有地域上的不平衡性。[5]

两宋僧人也多有能诗者，《全宋诗》收僧人所作诗歌 24983 首（包括句与偈），其中有很多隐逸诗，与出自隐士、士大夫之笔的没有本质上的差别，如“一生占断白云乡，适意孤高志自强。报晓音声栖鸟语，漏春消息早梅香。吟经徐傍芙蕖岸，得偈闲书薜荔墙。大道最亲无达者，苦携瓶锡叩禅堂”[6]，描写的幽栖生活与隐士相同。释延寿的《山居诗》六十九首，取材于避世隐居的日常生活，写自然小景与山林情趣富于隐逸情致。宋初九僧也久负诗名，在文人士大夫中有较高的清誉，其与文人士大夫酬唱之诗，如

[1]《宋史》卷四百五十七，第 13428 页。
[2]杨璞：《莎衣》，《全宋诗》第 1 册，第 300 页。
[3]毕沅：《续资治通鉴》卷二十九，第 656 页。中华书局，1957 年版。
[4]梅尧臣：《林和靖先生诗集序》，见梅尧臣撰，朱东润校注《梅尧臣集编年校注》，第 1150 页。上海古籍出版社，2006 年版。
[5]郝延斌：《北宋隐逸诗人研究》（扬州大学 2004 年硕士论文，第 16 页），文中并无列出 141 人名单。
[6]释延寿：《山居诗》其五七，《全宋诗》第 1 册，第 25 页。

释保暹之“会稽连照水，归意两何亲。山影到平地，湖光生四邻。虚窗寒对晓，孤棹远浮春。未可从耕钓，青云懒致身”[1]，其实描绘的是隐士的隐逸生活。北宋中后期的僧诗，隐逸情怀的抒发和隐逸情调的渲染，有时还掺入佛音禅意。

隐士与僧道中人之隐逸诗，更为注重描绘深居避世的隐居环境，展示日常隐逸生活，渲染闲适平淡的隐逸情趣，诗歌格律精工、纤巧。但因为受生活环境、人生阅历的局限，诗歌内容单一、重复，诗歌境界也不甚高远。这一部分隐逸诗，是北宋隐逸诗中的一小部分，北宋隐逸诗最为重要的，还推文人士大夫笔下的隐逸诗。

二、士大夫隐逸诗的创作概况

袁行霈先生在《陶渊明研究》中说：“出与处一直是萦绕在中国士大夫心中的一个根本性的问题，究竟是出仕呢，还是归隐呢？这是摆在许许多多士人面前的矛盾，正是由此激起种种感情的波澜，构成一篇篇作品。中国的士林文学可以说主要是围绕着这个问题展开的，这也许是中国文学不同于其他一些国家的文学的一个特点。”[2]这段话用来评述宋代的诗歌最为恰当。翻开北宋诗人的诗集，展示出处仕隐矛盾心态的诗歌层出不穷，隐逸诗亦不在少数。按照笔者对隐逸诗的界定进行统计，北宋文人士大夫的隐逸诗创作概况如下表：

诗　人	诗歌总数 *	隐逸诗数量	所占比例
王禹偁	638	80	13%
寇　准	277	81	29%
范仲淹	307	82	27%
梅尧臣	2930	291	10%

[1]释保暹：《送蒋白归越》，《全宋诗》第3册，第1448页。
[2]袁行霈：《陶渊明研究》，第163页。北京大学出版社，2009年版。

续表

欧阳修	951	200	21%
王安石	1721	245**	14%
苏轼	2696	378***	14%
黄庭坚	1956	314	16%

★ 除寇准诗根据宋集珍本丛刊本、苏轼诗根据王文诰注本、黄庭坚诗根据莫砺锋师统计外，其余诗人诗歌总数根据《全宋诗》统计，不包含残句。

★★ 此统计数字只反映本文的隐逸诗概念，不全部囊括王安石晚年退居江宁所作之诗。王安石退隐十年所作之诗，大部分是表现闲情逸致，抒发恬淡高远的情怀，也可算是隐逸诗。

★★★ 不包括苏轼所作124首和陶诗。

根据创作背景，文人士大夫的隐逸诗归纳起来，大致有以下四种类型：一是送别诗，同僚好友到州郡为官，或致仕、奉祠，或者下第归乡，文人之间相互赠答酬唱，诗中把出任、贬谪之行当成隐逸生涯，注重描写任所的林泉幽胜，吏隐生涯的高远闲淡。二是题景诗，题写某处亭台楼阁，必定描摹主人或游览者游于斯、乐于斯的隐逸情趣。三是纪游诗，公事之余或休沐之时，诗人登高览眺，放情山水，寄宿方外寺庙，容易生发归隐是处之念。四是因某事某物触发，在叙述平生行迹、自抒怀抱中寄托隐逸思想，包括咏史怀古诗、咏物诗等。观此四类诗，第四种诗数量最多。前三种皆与酬唱赠答、交游应景关系密切，那么诗人在抒发自己的隐逸情怀时是否存在言不由衷的问题？褒扬别人的吏隐胸怀是否也言过其实？这个问题关系到我们如何理解宋人隐逸诗中的隐逸情怀，很有必要作客观的分析。

首先，我们必须承认，唱和、次韵、赠答以及应景、命题诗，确实会导致诗歌情感的夸大，此类隐逸诗也不能例外，而且又有另外两个原因加深这种现象：其一，隐逸典故、隐逸意象的丰富内涵，以及隐逸本身具有的旷逸、高远的品格，很能刺激读者的思维联想，有利于诗歌美感的形成，扩大诗意含量，才力较为薄弱的诗人在次韵唱和时，很容易便向隐逸主题靠拢，写出一些模式化、应景化隐逸诗。其二，北宋文人追求平淡的诗歌风格，整个社会的审美风尚也是以简远、冲和为高，隐逸主题与此二者契合无缝，故而造成一些隐逸情怀的抒发带有些许虚饰成分。

其次，我们又必须明确，隐逸是北宋文人的共同情结。北宋文人在共同的政治环境里宦海浮沉，大多经受过贬谪的流离颠沛、外放的压抑苦闷，身心经受折磨之后，对隐逸自然会有更深刻的体会和更热切的向往。在这样的政治文化背景之下，我们再来看隐逸诗中的唱和，就会多几分理解之同情。诗歌在宋代成为文人日常交际的重要载体，承担着感情沟通、文化交流的使命，出现了大量唱和、次韵、赠答之诗，即使是隐士、僧人、道士，他们的诗集中也有许多赠答唱和的交游诗，例如魏野存诗近四百首，其中唱和赠答之诗竟多达二百五十首，占五分之三强，且诗歌往来的对象多为达官贵人。林逋存诗三百一十四首，交游类的诗歌也有一百六十首，只不过交游对象多为隐士、僧人、道士。巩本栋说："唱和容易失于应酬，但唱和并不等于应酬。""如果诗人确有足够的体验和认识储存于大脑之中，并曾对之作过必要的酝酿加工，那么在唱和之时，他完全可以将其调动起来，有所感、有所为，创作出好作品。"[1]我们可以说，北宋文人交游类的隐逸诗，抒发真情实感、名副其实地褒奖他人的诗还是占绝大部分的。

先以欧、梅之唱和赠答为例。梅尧臣《送永叔归乾德》："渊明节本高，曾不为吏屈。斗酒从故人，篮舆傲华绂。悠然目远空，旷尔遗群物。饮罢即言归，胸中宁郁郁。"把欧阳修比作陶渊明一点也不为过，诗中刻画的形象，与"坐中颓然醉者"之滁州太守相差无几。欧阳修"三十篇诗二十年"乞归清颍，那是他执着的愿

[1]巩本栋：《关于唱和诗词研究的几个问题》，《江海学刊》2006年第3期。

望，他真诚邀约梅尧臣及早同往归隐，“优游琴酒逐渔钓，上下林壑相攀跻。及身强健始为乐，莫待衰病须扶携。行当买田清颍上，与子相伴把锄犁”[1]。梅尧臣之应答诗句也是情真意切，充满身世之感，“胸中有道无广狭，包括宇宙在一稊。何时与公去颍尾，湖水漫漫如玻璃。世间会合固不易，况乃仕宦多相睽。正似邮亭恋行者，未到止息空歌骊”[2]。“况我学不为买禄，直欲到死攀轲雄。一饭足以饱我腹，一衣足以饰我躬。老虽得职不足显，愿与公去欢乐同。欢乐同，治园田，颍水东”[3]。相约卜邻归隐，代表着他们相濡以沫的情谊，代表他们以道德正气相磨砺，我们定然不能因为是应酬交往之诗，而否认诗中真切、高尚的隐逸情怀。

苏轼与苏辙唱和诗中的隐逸，我们更当刮目相看。苏轼 378 首隐逸诗中，赠答酬唱子由之诗便达 30 首之多，其诗的艺术水平之高，绝不亚于其他诗歌，如其“惟有王城最堪隐，万人如海一身藏”[4] 还成为苏轼隐逸思想的宣言。苏轼在身心疲累或身陷危境时，升起隐逸之思的瞬间，首先想到的肯定是子由，如《捕蝗至浮云岭山行疲苦有怀子由弟》:“霜风渐欲作重阳，熠熠溪边野菊黄。久废山行疲荦确，尚能村醉舞淋浪。独眠林下梦魂好，回首人间忧患长。杀马毁车从此逝，子来何处问行藏。”[5] 诗中的隐逸之情，无半点矫情做作。卜筑归隐、夜雨连床可以说是兄弟二人的终生愿望，苏轼想象与其弟卜筑归隐的场景，是“遥想茅轩照水开，两翁相对清如鹄”[6]，“相对清如鹄”的隐逸寄托，蕴含多么深刻的旨趣与坚定的人格操守。由此，我们岂能轻视二苏交游唱和的隐逸诗。当然，苏轼与其弟唱和酬答之隐逸诗颇多是有客观原

[1]欧阳修:《病中代书奉寄圣俞二十五兄》,《欧阳修诗文集校笺》之《居士集》卷二，第 48 页。
[2]梅尧臣 :《依韵和永叔见寄》,《梅尧臣集编年校注》卷二十二，第 599 页。
[3]梅尧臣 :《高车再过谢永叔内翰》,《梅尧臣集编年校注》卷二十六，第 877 页。
[4]苏轼:《病中闻子由得告不赴商州三首》其一,《苏轼诗集》卷四,第 156 页。
[5]苏轼 :《捕蝗至浮云岭，山行疲苦，有怀子由弟二首》其二,《苏轼诗集》卷十二，第 580 页。
[6]苏轼 :《别子由三首》其二,《苏轼诗集》卷二十三，第 1226 页。

因的。对于“我本无家更安往，故乡无此好湖山”的苏轼来说，与其弟的团聚便是归家，而归家与归隐又有共同点，这是二苏经常分享隐逸情怀的原因之一。二苏的政治命运紧密相联，又兼之兄弟同心，厌倦与畏惧官场的体验，向往自由、寻求解脱的需求可以说都是同步的，此为他们以隐逸相互慰释的原因之二。

最后，我们也要注意北宋隐逸文化有异于前代的特质。从北宋隐逸精神的特质来看，文人隐逸情怀的抒发具有更强的可信度。北宋隐逸精神以儒家之仕隐观为基本原则，吏隐、禄隐、大隐、酒隐、茶隐等心隐方式，要比弃官逃世之小隐更为盛行。文人独善求志的隐逸情怀，与兼济、行道的社会责任感调和在吏隐之中，他们屡言归去，很多时候只是归于心安之处，隐于道德、文章，寄于诗酒琴棋的一种人生态度，隐逸精神被日常化、世俗化，但同时又融以儒道释三教的精义，使得隐逸的思想境界和品格依然高尚。唐代走终南捷径是常见现象，而宋代却少有以隐逸来沽名钓誉之讥，种放晚节不修，屡次接受朝廷丰厚的封赐，颇饰舆服，广置良田，强行买卖致讼，违反了隐逸清高淡泊的旨趣，方受尽世人讥笑，但对于那些隐而复出者，北宋文人并不致诟，因为小隐山林并不比隐于吏、隐于道艺更高尚，文人也就无所谓走终南捷径。既然文人把隐逸人格精神内化成自觉追求，更注重精神上的隐逸，那么他们诗歌中抒发的对隐逸的向往，也就更为富有真情实感与思想灵魂。杨慎《升庵集》有一则材料可以让我们理解这一问题：

《濂溪集·和费令游山》诗云：“是处尘劳皆可息，时清终未忍辞官。”此乃由衷之语，有道之言，所以不可及也。今之人，口为怀山之言，暗行媚灶之计，良可恶也。唐僧昙秀云：“住山人少说山多。”杜牧云：“尽道青山归去好，青山曾有几人归。”[1]

[1]杨慎撰，王大厚笺证:《升庵诗话新笺证》卷十二，第693页。中华书局，2008年版。

杨慎所认为的周敦颐的由衷之语、有道之言，在北宋文人诗中很具有普遍性，寇準之“时泰未能抛组绶，性孤终是忆林泉”[1]，范仲淹之“素心直拟圭无玷，晚节当如竹有筠。道本逍遥惟所适，吾生何用蠖求伸”[2]，欧阳修之“国恩惭未报，岁晚念余生。却忆滁州睡，村醪自解醒”[3]，王安石之“辍学以从仕，仕非吾本谋。欲归谅不能，非敢忘林丘。临餐耻苟得，冀以尽心酬。万事等画墁，虽勤亦何收”[4]，苏轼之“世事饱谙思缩手，主恩未报耻归田”皆是。北宋文人虽不曾真正归隐，却不影响他们对高蹈隐逸的向往，对自由与超越的隐逸精神的体会。

综上所述，士大夫唱和赠答诗中以隐逸人格、吏隐精神相互标榜，大多融入了强烈的身世之感、独特的人生体悟，我们是应该给予充分的理解和重视的。

第二节 北宋隐逸诗的题材特征

北宋的隐逸文化发生了转型，以“吏隐”“心隐”的隐逸方式取消仕隐的隔阂，意念、精神之隐大为盛行，且有压倒形态、物质之隐的态势。与此相应，北宋隐逸诗的创作主体更多的是文人士大夫，他们从自身的日常生活、文化活动、政治生涯中提炼出隐逸主题，使得隐逸诗的题材内容得到拓展，不再局限于单一化的山林幽栖生活，而是在泉石风流之外，新增了大隐朝市、闲官

[1]寇準：《邺中和崔迈著作》其一，见宋集珍本丛刊本《寇忠愍公诗集》卷中，第 40 页。

[2]范仲淹：《酬李光化见寄二首》其一，见范仲淹著，范能濬编集，薛正兴校点《范仲淹全集》，第 106 页。凤凰出版社，2004 年版。

[3]欧阳修：《秋阴》，《欧阳修诗文集校笺》之《居士集》卷十四，第 429 页。

[4]王安石：《答虞醇翁》，《王荆文公诗李壁注》卷六，第 456 页。

吏隐的题材内容，大到家国政事与个人的出处荣辱，小到日常琐事、寻常之物，皆可笼罩在隐逸主题之下，具体表现在以下三方面：

其一，隐逸诗题材的政治化。宋人高扬淑世情怀，干预社会与政治、兼济天下的用世之志十分强烈，同时他们又推崇理性内敛、恬淡静退的人格精神，这种二律背反式的内外矛盾，在隐逸诗中形成巨大的张力与包容性。北宋文人往往能在“仕”与“隐”之间徘徊后有一个终极立场，那就是摆脱功名利禄的羁绊，超脱纷纭世事，以退守淡泊的隐逸为最终归依。这一特点体现在那些政治性、社会性较强的隐逸诗中，干预时政世务、关心国家大事、反映世风人情之诗，披上隐逸的外衣，既体现出忧国忧民的兼济情怀，又彰显了淡泊清远的旷逸神韵，往往使诗歌在深折透辟之外增添了清旷简远。

隐逸诗与政治题材的结合，从宋初的王禹偁开始就有突出的表现，他的《对雪示嘉祐》《十月二十日作》是最典型的代表作，二诗从自身的因官俸得饱暖写起，次写看到忍饥受冻的人民，形成强烈的反差，再进入反躬自省：居官位卑，不能有补于国家政治教化，不能改善国计民生，形同尸位素餐的苍生之蠹，于是产生挂冠归去、过自食其力的归耕生活的愿望。北宋中后期，党争频仍，文人在那样的政治环境下仕宦，往往壮志难酬，祸福无常，政治理想抱负还来不及施展，就已经遭到贬谪流放，所以隐逸诗中更多地流露出对官场的厌倦、对政策的批判、对浇薄人情的讥刺。如景祐元年，梅尧臣有多首隐逸诗反映了范仲淹、孔辅道等人反对宋仁宗废郭后失败遭贬之事。庆历党争之中，苏舜钦遭诬陷被除名为庶人，被迫隐居在苏州沧浪亭，他的那些隐逸诗大多影射着对政治诬陷的愤恨、对人心险恶的失望，当时欧阳修、梅尧臣围绕沧浪亭所作的酬答诗也流露出对纷繁政事的厌倦。新旧党争之中，文人士大夫的隐逸诗更难以避开政事。如苏轼的《李杞寺丞见和前篇复用元韵答之》：

兽在薮，鱼在湖，一入池槛归期无。误随弓旌落尘土，坐使鞭箠环呻呼。追胥连保罪及孥，(近屡获盐贼，皆坐同保，徙其家。)百日愁叹一日娱。白云旧有终老约，朱绶岂合山人纡。人生何者非蘧庐，故山鹤怨秋猿孤。何时自驾鹿车去，扫除白发烦菖蒲。麻鞋短后随猎夫，射弋狐兔供朝晡。陶潜自作五柳传，潘阆画入三峰图。吾年凛凛今几余，知非不去惭卫蘧。岁荒无术归亡逋，鹄则易画虎难摹。[1]

这首诗反映苏轼对新法扰民的不满，成为乌台诗案的罪证之一，朋九万《东坡乌台诗案·与王诜往来诗赋》:“熙宁六年内，《游孤山》诗寄诜，除无讥讽外，有‘误随弓旌落尘土，坐使鞭箠环呻呼’，以讥讽朝廷新法行后，公事鞭箠之多也。又曰：‘追胥连保罪及孥，百日愁叹一日娱。’以讥讽朝廷，盐法收坐同保妻子移乡，法太急也。又曰：‘岁荒无术归亡逋，鹄则易画虎难摹。’意取马援言‘画鹄不成反类鹜，画虎不成反类狗’，言岁既饥荒，我欲出奇画赈济，又恐朝廷不从，乃似‘画虎不成反类狗’也。”[2]驾鹿车归去的归隐愿望和他对新法的一腔不满形成鲜明对比，既反映出对变法弊端的隐忧，又透露出豪放不羁、向往自然的个性。

北宋隐逸诗与政治题材结合反映出文人的仕隐矛盾的心态，归隐情怀的抒发中有对不合理现实的抗争，体现出作为一个知识分子的责任感与良知，也彰显文人向往独立、自由的精神境界。

其二，隐逸诗题材的日常化。宋初隐逸诗人魏野的诗歌就侧重于写日常生活小事，而且具有把隐逸生活世俗化的倾向，如写“鹤生孙”“鹤避烟”“鹤病”即是证明。隐逸题材的日常化，是与宋诗题材的日常化同步的。文人士大夫以平常事物入诗，自然也能用日常事物抒发隐逸情怀，提炼隐逸主题，我们读北宋的隐逸诗，几乎能感觉到隐逸无处不在。北宋以前的隐逸诗，要么着重

[1]苏轼:《李杞寺丞见和前篇复用元韵答之》,见《苏轼诗集》卷七,第 319 页。
[2]曾枣庄主编 :《苏诗汇评》, 第 232 页。四川文艺出版社，2000 年版。

于写山川名寺的佳胜、田园郊野的风光，要么着重于写幽居的生活情趣。北宋的隐逸诗也侧重这两方面的内容，同时注入了更多的世俗化、日常化的生活题材，休沐、洗浴、览照、梳发、坐睡、入梦、烹茶、饱饭等平常琐事，皆可引发诗人的归隐之思，苏轼有诗句曰，“待我西湖借君去，一杯汤饼泼油葱”[1]，正是这种隐逸题材世俗化、日常化的极致体现。

隐逸题材的日常化，还在于一些文人士大夫日常交际应酬的诗歌，也融入了隐逸的主题，亲友送行之诗以隐逸相互期许安慰，互诉衷肠之诗又以归隐相约，赠送花、酒、茶、鹤、筇杖、竹几、笔墨纸砚等等文人雅物及答谢之诗，往往也要上升到隐逸的高度，至于文人读诗书、品书画、赏花竹，则更是隐逸诗的最佳诗料。隐逸在文人士大夫的生活中，几乎无处不在，无物不显。由于本文论述苏轼的闲适隐逸诗时对隐逸题材的日常化已有所分析，本章第三节也专辟小节进一步论述日常化的“茶”在隐逸诗中的地位上升、日常化的“睡隐诗”的兴盛，兹不赘述。

最后，北宋隐逸诗的题材常涉及佛禅。隐逸诗题材的佛禅化，在北宋初期和中期，主要表现为文人都有与隐于浮屠的名僧大士交往的经历，他们经常诗歌酬唱，大量隐逸诗就在他们的交往中产生，文人自己的参禅悟道、礼佛诵经活动，以及僧人的居住环境、僧人的行为成为北宋隐逸诗关注的重点对象之一。例如梅尧臣与僧人酬唱的诗歌有一百一十余首，与达观昙颖禅师唱和赠答者三十篇，其《依韵和达观禅师赠别》《依韵和达观禅师山中见寄》畅谈对隐逸的看法，展示了梅尧臣深刻的隐逸思想。梅尧臣还与僧人切磋诗艺，共同把陶渊明作为师法对象，探讨陶渊明的精神：“江东释子多能诗，窗前树下如蝉嘶。朝风暮月只自老，建安旧体谁攀跻。唯师独慕陶彭泽，奇迹仍收王会稽。此焉趣尚已不浅，更在措意摩云霓。”[2]梅尧臣非常推崇

[1]苏轼：《和参寥见寄》，《苏轼诗集》卷十八，第 920 页。
[2]梅尧臣：《答新长老诗编》，《梅尧臣集编年校注》卷十三，第 216 页。

新长老学习陶渊明的诗作，认为他的诗形成不同于苦吟如蝉嘶的诗歌风格。从这一点我们也可以看到，僧人的隐逸思想与隐逸精神通过诗歌这一媒介，对梅尧臣产生很大的影响。又如欧阳修推崇九僧诗,称颂九僧诗中的佳句,使九僧诗在北宋诗坛仍受关注。对僧诗的喜爱，对欧阳修的隐逸诗创作也有一定影响，其《寄题沙溪宝锡院》《初夏西湖》等都突出僧人形象和僧居环境，展示隐逸的闲情逸趣。

北宋中后期，有关佛禅题材的隐逸诗比例增大，与佛禅相关的题材对隐逸诗的渗透更加全面深入，主要有两个重要表现，一是写游览寺庙的隐逸诗大大增多，诗人走进寺庙体验远离人寰的生活，享受自然的宁静和谐，因此能够把古佛青灯、焚香参禅等题材内容描绘得更加生动细致。如黄庭坚寻访其舅父李公择读书旧址而题写的《题落星寺》:“落星开士深结屋,龙阁老翁来赋诗。小雨藏山客坐久，长江接天帆到迟。燕寝清香与世隔，画图妙绝无人知。蜂房各自开户牖,处处煮茶藤一枝。”[1]通过营造幽僻清绝的僧居环境，寄托了诗人自己、舅父李公择、僧人的超然情怀，体现出对真正的丛林风雅的无限向往。北宋后期，隐逸诗中刻画出来的隐逸情调和隐逸生活，都或多或少地有佛禅的影子，例如以茶为题材的隐逸诗，有许多也刻意追求“茶禅一味”的境界。二是诗人在隐逸诗中通过参悟佛法，抒发对超脱红尘的愿望，体现出对摒弃世俗之念的清空之境的追求,最终形成了佛禅隐逸诗。王安石开始大力援禅入隐逸诗，苏轼、黄庭坚继之而起，隐逸思想融入清空安宁的禅心，开拓了超凡入圣、空明灵动的隐逸境界。

要之，北宋的隐逸诗，已然不再属于纯粹的山林文学，更多地反映着士大夫式的隐逸情调及隐逸精神体验，在题材上得到横向的开拓;因为有佛禅的净化提升，又有社会、政事的参照反衬，北宋隐逸诗在思想内容上也有纵深的拓展，从而形成与晚唐隐逸诗

[1]黄庭坚:《题落星寺四首》,《黄庭坚诗集注》外集卷八，第1044页。

人吟唱与世隔绝、枯索寂寥之诗大为不同的面貌。北宋隐逸诗，即使那种写在现实中屡遭磨难而生发归隐之思的隐逸诗，作者也是出之以旷放、淡泊，少做穷苦悲吟之辞，故而北宋大多数隐逸诗呈现出和平简远、清旷超逸的风格。

第三章 北宋隐逸诗的意象分析

意象作为诗歌艺术的审美感性形态的两个要素之一，是诗歌最重要的组成部分与基本结构单位。[1]对于隐逸诗来说，隐逸意象更是灵魂，判断一首诗是否隐逸诗，很大程度上取决于诗中的意象。完全抛开隐逸意象而写隐逸诗，那是相当困难的。欧阳修《六一诗话》中有一则“许洞难九僧”的故事：

国朝浮图，以诗名于世者九人，故时有集号《九僧诗》，今不复传矣。余少时闻人多称之。其一曰惠崇，余八人者忘其名字也。余亦略记其诗，有云：“马放降来地，雕盘战后云。”又云：“春生桂岭外，人在海门西。”其佳句多类此。其集已亡，今人多不知有所谓九僧者矣，是可叹也！当时有进士许洞者，善为词章，俊逸之士也。因会诸诗僧分题，出一纸，约曰：“不得犯此一字。”其字乃山、水、风、云、竹、石、花、草、雪、霜、星、月、禽、鸟之类，于是诸僧皆阁笔。[2]

九僧诗取材山林幽居生活，诗料来源狭隘，只能反复排列堆砌身边的几种意象，才会有许洞出此刁难众僧的诗题。但这并非仅为九僧作诗之病，贺裳就曾为众僧打抱不平，认为此十四字外无好诗，谢朓、王维不免受困。诚然，此十四字包含了作诗的重要意象，如果要求抛开这十四字写隐逸诗，更是难上加难。避开

[1]参见陈植锷：《诗歌意象论》（中国社会科学出版社 1990 年版）和严云受《诗歌意象的魅力》（安徽教育出版社 2003 年版）。

[2]欧阳修：《六一诗话》，见《历代诗话》，中华书局 1981 年 4 月第 1 版，第 266 页。

具有特定审美内涵的意象而作诗是不切实际的，尤其是关于隐逸这种几乎与中华文明历史一样长远、与每一位文人士子密切相关的诗歌。

第一节　北宋隐逸诗中隐逸意象内涵的丰富

与隐逸密切相关的意象主要有鸥鹭、麋鹿、鹤、松、竹、梅、菊、琴、棋、酒、茶、扁舟、渔钓等，鸥鹭忘机言人无巧诈之心，与自然万物亲近；闲云野鹤言人无拘无束、脱离尘网；沧海扁舟代表遗世独立，渔父樵歌代表归耕田园；放歌舒啸代表傲然自得，眠云听泉代表悠然闲适。而由老子隐于柱下史、庄子隐于漆园吏、巢由洗耳、夷齐采薇、范蠡泛舟五湖、二疏知止不殆、鲁仲连功成不受赏、商山四皓、东方朔避世金马门、严光垂钓、竹林七贤越名教而任自然、渊明饮酒采菊、谢安东山高卧、孔稚圭北山移文等等隐逸典故沉淀下来的原型意象和衍生意象，更是隐逸诗中的常用诗料。这些意象有的在前代文人的讽咏阐释之下，已经具有相对固定的隐逸内涵，北宋文人进一步融入独特的隐逸情怀和隐逸体验，使隐逸意象多姿多彩，意蕴也丰富深厚，几乎达到题无剩义的程度。

我们先以麋鹿意象为例来探讨北宋文人如何把隐逸情怀和体验渗透到隐逸意象中，从而丰富了隐逸意象。麋鹿生长于丛林丰草，因此在诗词中代表着远遁江湖的隐士。麋鹿意象的隐逸内涵比较单一，《全唐诗》有195处写到麋鹿，大部分是从麋鹿幽栖的生长环境、麋鹿群居的生活习性切入意象内涵。宋人更喜欢麋鹿意象，《全宋诗》中麋鹿意象出现468次，而最喜欢麋鹿意象的是苏轼，他的诗集中麋鹿出现了18次，次为张耒，《张耒集》中出现了 11 次。请看如下苏轼有关麋鹿的诗句：

我本麋鹿性，谅非伏辕姿。[1]
聊为山水行，遂此麋鹿性。[2]
我坐华堂上，不改麋鹿姿。[3]
嗟我本何人，麋鹿强冠襟。[4]
复穿鹓鹭行，强寄麋鹿迹。[5]
不如野翁来往溪山间，上友麋鹿下凫鹥。[6]
试令江湖处城市，却似麋鹿游汀洲。[7]
野麋驯杖履，幽桂出榛菅。[8]

苏轼屡屡以“麋鹿”自比，说明他的心灵归属于山林，向往隐逸之情，就像麋鹿对山林的依恋。“麋鹿性”“麋鹿姿”“麋鹿情”“驯麋鹿”“麋鹿游汀洲”指代隐逸高遁的姿态，很富有艺术美感，能引发对麋鹿轻娇的身姿、遗世独立的神态的想象。值得注意的是，麋鹿擅长游泳，遇到敌害能马上逃到沼泽或湖泊、河流中躲避，苏轼由于屡遭政治迫害，对麋鹿善于避害这一点深有感触：“念我山中人，久与麋鹿并。误出挂世网，举动俗所惊。”[9]“君看麋鹿隐丰草，岂羡玉勒黄金靰。”[10]从麋鹿的深潜远遁以避世来抒发隐逸情怀，可以说是苏轼对麋鹿意象内涵的补充和丰富。又如北宋隐逸诗对酒意象

[1]苏轼：《次韵孔文仲推官见赠》，《苏轼诗集》卷八，第 384 页。
[2]苏轼：《径山道中次韵答周长官兼赠苏寺丞》，《苏轼诗集》卷十，第 498 页。
[3]苏轼：《和陶饮酒二十首》其八，《苏轼诗集》卷三十五，第 1885 页。
[4]苏轼：《和潞公超然台次韵》，《苏轼诗集》卷十四，第 681 页。
[5]苏轼：《次韵王定国见寄》，《苏轼诗集》卷三十六，第 1920 页。
[6]苏轼：《於潜令刁同年野翁亭》，《苏轼诗集》卷九，447 页。
[7]苏轼：《和蔡准郎中见邀游西湖三首》其二，《苏轼诗集》卷七，第 338 页。
[8]苏轼：《访张山人得山中字二首》其一，《苏轼诗集》卷十六，第 799 页。
[9]苏轼：《送吕行甫司门倅河阳》，《苏轼诗集》卷二十八，第 1499 页。
[10]苏轼：《二月十六日，与张、李二君游南溪，醉后相与解衣濯足，因咏韩公〈山石〉之篇，慨然知其所以乐而忘其在数百年之外也。次其韵》，《苏轼诗集》卷五，第 198 页。

的吟咏，大多越过唐代，直接承继陶渊明的饮酒精神，发展出“真”与“和”境界的酒隐精神，[1] 这也能说明北宋隐逸诗对隐逸意象进行改造、深化，从而产生更丰富的艺术意蕴。

北宋隐逸诗对隐逸意象的丰富，除了融入独特的隐逸精神与隐逸体验之外，有时也通过艺术手法，比如典故的翻陈出新，通感、夸张等修辞手法，来达到丰富意象的效果。下面我们再以鸥这一种常见的隐逸意象为例来说明。

北宋文人非常喜好鸥鸟，有多处亭台以狎鸥、玩鸥、下鸥、集鸥、鸥盟命名，鸥梦、鸥情是他们的共同情结，鸥的意象在诗中的出现次数之高史无前例，尤其以黄庭坚和梅尧臣为最，分别有 47 次和 37 次，范仲淹有《驯鸥咏》，王安石有《白鸥》《和惠思波上鸥》，孔平仲有《述鸥》等咏鸥诗。

宋代以前，鸥意象主要有由《列子·黄帝》而来的鸥鹭忘机这一表意系统。《列子·黄帝》载："海上之人有好沤鸟者，每旦之海上，从沤鸟游，沤鸟之至者百住而不止。其父曰：'吾闻沤鸟皆从汝游，汝取来，吾玩之。'明日之海上，沤鸟舞而不下也。"[2] 人类忘记机心算计，抛开钻营谋求，自然纯朴的动物才会驯顺来亲，不惊鸥鸟，与鸥鸟相亲相近的鸥盟、鸥社、狎鸥、鸥驯、鸥群、鸥伴、鸥侣代表着脱离世俗人情的羁系，归返人的自然本性。北宋诗中的鸥意象也着重于这一含义的阐释，体现出对尔虞我诈、虚妄浮华的厌倦和对人性本真的追求和向往。

另外北宋诗中的鸥意象，还开拓了另一个表意系统，那就是由杜甫“白鸥没浩荡，万里谁能驯”而来的鸥驯、鸥没、鸥波，以鸥鸟的逍遥飞翔代指隐逸生活的悠闲自在，以鸥鸟的灭没沧波代表隐逸情怀的超然远引，这两个系统相互糅合，如梅尧臣的“鸥鸟浮洪波，心已预海客”[3]，不仅有对摒弃机心的歌颂，也有对逍遥

[1]参见第四章第一节。
[2]杨伯峻集释：《列子集释》卷二，第 67 页。中华书局，1979 年版。
[3]梅尧臣：《效阮步兵一日复一日》其二，《梅尧臣集编年校注》卷二十三，第 712 页。

自在的隐逸生活的向往。鸥意象密集出现，但诗人往往能采取独特的艺术手法，赋予鸥意象以新鲜感，削减了重复雷同之感，如“鸥来亲客艇，花乱上人衣”[1]“眠分黄犊草，坐占白鸥沙”“岂惟见惯沙鸥熟，已觉来多钓石温”“梦作白鸥去，江南水如天”“惊鹿要须野草，鸣鸥本愿秋江”。可以说，鸥意象的隐逸内涵及审美意蕴，在北宋隐逸诗中得到大大的丰富，其全方位、多视角的意象描述和典故的象征意义相结合，形成富有美感的隐逸象征意象。

第二节　北宋隐逸诗中隐逸意象的开拓

吴功正在《论宋初隐逸闲淡心态的特征及其产生》中指出：“宋初隐逸诗在审美上既有承绪晚唐的，又有自我独创，出现了原创性的审美意象，例如梅、鹤。”[2]程杰的《中国梅花审美文化研究》对北宋梅花的审美意蕴，以及梅花的隐逸人格象征作出精彩的分析，下面我们以鹤意象为例来分析北宋隐逸诗对隐逸意象的开拓。

《庚溪诗话》云：“众禽中惟鹤标致高逸。”[3]鹤白羽朱顶、胫瘦身轻、仙风道骨，天生具有山野之质、江海之心，鹤飞则冲于云霄，鹤舞则神姿旷逸，鹤唳则声闻九天，不屑与鸡鹜争食，有着冰清玉洁、超凡去尘、耿介不群、傲然独立的品性，是高人雅士的象征。养鹤、赠鹤、画鹤、观鹤舞、闻鹤唳是颇显文人高洁情怀的行为，在宋以前已有悠久的历史，到了隐逸之风再度盛炽的宋代，不仅隐士、僧道常以野鹤相随，连士大夫如欧阳修、梅尧臣、赵抃、苏轼等

[1]梅尧臣：《春日舟中对雪寄刁经臣》，《梅尧臣集编年校注》卷十二，第198页。

[2]吴功正：《论宋初隐逸闲淡心态的特征及其产生》，《南京社会科学》2001年第6期。

[3]陈岩撰：《庚溪诗话》，见吴文治主编《宋诗话全编》，第9680页。江苏古籍出版社，1998年版。

人也常以鹤明志，创作了大量的咏鹤诗，以《全宋诗》统计，以鹤为题的诗歌就有将近四百首。

鹤意象进入诗歌由来已久，早在《诗·小雅·鹤鸣》便有“鹤鸣于九皋，声闻于天”之句，郑玄笺为“教宣王求贤人之未仕者”。“鹤鸣”便指代了贤者隐居，与隐逸结下深远的渊源。北宋以鹤之形神姿态、情性品德来写高人逸士之诗多不胜数，但大多不出前代诗人的吟咏思维模式。值得注意的是，北宋在鹤意象的隐逸内涵的阐释上有以下两点独特之处：

一是反用卫懿公好鹤之典的隐逸表述。《左传·闵公二年》载：“冬十二月，狄人伐卫。卫懿公好鹤，鹤有乘轩者。将战，国人受甲者皆曰：‘使鹤，鹤实有禄位，余焉能战！’”春秋时只有大夫才可以乘轩，所以卫轩鹤、卫鹤、乘轩鹤指无功受禄或受宠幸的人，也用为滥叨封爵之典。这一典故指向禄位官爵、荣宠富贵，本来是与隐逸相对的，而北宋诗人笔下的乘轩鹤却是身居轩上，而志在江湖，屡屡翻用卫鹤之典抒发一种特立不群的高洁情怀。请看下面诗句：

凉宵梦寐清淮月，永日徘徊玉树阴。野鹤乘轩无所用，角巾何日返中林。[1]

支遁放君真有意，卫公怜汝太无端。司晨守御那堪用，殷顶霜毛只好看。[2]

鹤不乘轩犹自若，鸿谁能弋已安然。山头俗驾归诚晚，湖外扁舟见独先。[3]

两鹤摧颓病不言，年来相继亦乘轩。误闻九奏聊飞舞，可得徘徊为啄吞。[4]

[1]徐铉：《和颍川曹监军》，《全宋诗》第 1 册，第 124 页。
[2]释智圆：《庭鹤》，《全宋诗》第 3 册，第 1536 页
[3]韩琦：《次韵答致政赵少卿》，见《全宋诗》第 6 册，第 4086 页。
[4]苏轼：《轼以去岁春夏，侍立迩英，而秋冬之交，子由相继入侍，次韵绝句四首，各述所怀》其三，《苏轼诗集》卷二十八，第 1507 页。

丑石寒松未易亲，聊将短曲调长人。乘轩故自非明眼，终日傲傲舞爨薪。[1]

功名漫笑乘轩鹤，事业终归种树书。闻道江楼巢已稳，未应长铗叹无鱼。[2]

万木霜摇落，山呈斧凿痕。痴蝇思附尾，警鹤畏乘轩。[3]

这些诗句中的乘轩鹤意象，呈现一种矛盾纠结的状态，要么就是以野鹤的天性乘轩，只落得浑身不自在，要么就是放大卫轩鹤滥得虚位的一面，乘轩而被认为“无所用”“误闻”“非明眼”，有“误入尘网”之类的感慨。北宋对乘轩鹤意象的翻用与诠释，与唐代“宠迈乘轩鹤，荣过食稻凫”[4]“得水鱼还动鳞鬣，乘轩鹤亦长精神”[5]的关注点和侧重面大相径庭，思路也迥异，是北宋吏隐之风兴盛的一种心态反映。文人普遍怀有孤高淡泊的情怀，故而笔下的乘轩鹤往往对着高飞的野鹤自惭形秽，或者乘轩却极度藐视轩冕。

二是与《北山移文》之“怨鹤”相关的隐逸表述。南朝齐孔稚珪《北山移文》曰：“蕙帐空兮夜鹤怨，山人去兮晓猿惊。”“鹤怨”大量出现在北宋隐逸诗中，成为归隐愿望与隐逸生活的代名词。如用来劝人早日归山的：“窈窕孤云下翠岑，帝乡闲去本无心。红尘满眼急回首，莫遣空山鹤怨深。”[6]“诗题怨鹤与惊猿，一幅溪藤照麝烟。闻道省郎方结绶，可容名士乞归田。”[7]如表达向往归隐情怀的：“露寒消鹤怨，沙静见鸥驯。酒熟夸浮蚁，书成感获

[1]苏轼：《题李伯时画〈赵景仁琴鹤图〉二首》其二，《苏轼诗集》卷三十，第1607页。
[2]李之仪：《次韵见怀》，《全宋诗》第17册，第11259页。
[3]黄庭坚：《次韵吉老十小诗》其二，《黄庭坚诗集注》外集卷十三，1220页。
[4]沈佺期：《移禁司刑》，见沈佺期、宋之问撰，陶敏、易淑琼校注《沈佺期宋之问集校注》，第68页。中华书局，2001年版。
[5]白居易：《初加朝散大夫又转上柱国》，《白居易集笺校》卷十九，第1253页。
[6]释道潜：《送桐江明上人之都下》，《全宋诗》第16册，第10774页。
[7]黄庭坚：《次韵奉答廖袁州怀旧隐之诗》，《黄庭坚诗集注》外集卷十，第1111页。

麟。”[1]“烟蓑雨笠多应在，利径名场两不知。会有功成身退日，不烦猿鹤怨归迟。”[2]“林间怨鹤久招隐，花外啼鹃仍劝归。”[3]“杀鸡炊黍初乘兴，怨鹤惊猿却念归。一水盈盈天一色，夜来千里共蟾辉。”[4]北宋隐逸诗化用北山移文中的“鹤怨”意象的频率相当高，但“鹤怨”在唐诗更多是如“昔时南浦别，鹤怨宝琴弦”[5]之类表达离别怅恨之意的，化用“猿惊鹤怨”之典的寥寥无几，只有李商隐“鹤怨朝还望，僧闲暮有期”[6]；罗隐的“鱼惭张翰辞东府，鹤怨周颙负北山”[7]等，唐诗不像宋诗一样密集用典，此其原因之一，更重要的还在于唐代走终南捷径大有人在，对《北山移文》的接受比较微妙。宋代文人对隐逸的向往和追求淡化了功利色彩，表现为一种普遍的情怀，故而能够坦诚以“猿惊鹤怨”来招隐或劝隐。

鹤意象的文学审美艺术意蕴十分丰富，另外有辽东鹤，因为仙风道骨、飘然出尘之意而与隐逸也有关联，北宋思想上三教融一，反映道家思想与求仙的诗歌颇多，促进了鹤意象的隐逸内涵的发展。宋人在吟咏鹤意象的时候，经常又把众多典故糅合融摄，产生此中有彼、彼中有此的效果，开拓了意象的表意抒情功能。鹤意象在北宋文人心目中，隐逸的象征意蕴得到很大的提升，成为隐逸诗中最为常用的禽类意象。

---

[1]曾巩:《寄致仕欧阳少师》，见曾巩撰，陈杏珍、晁继周点校《曾巩集》卷六，第100页。中华书局，1984年版。

[2]许景衡:《敏叔浮梁诗有放教明月上扁舟之句因成小诗》，《全宋诗》第23册，第15556页。

[3]范镇:《奉和冯允南二首》其二，《全宋诗》第6册，第4258页。

[4]赵抃:《次韵赵少师寄程给事二首》其一，《全宋诗》第6册，第4198页。

[5]杨炯:《和崔司空伤姬人》，见徐明霞校点《卢照邻杨炯集》中《杨炯集》卷二，第27页。中华书局，1980年版。

[6]李商隐:《赠宗鲁筇竹杖》，见刘学锴、余恕诚《李商隐诗歌集解》，第2126页。中华书局，2004年版。

[7]罗隐:《寄右省王谏议》，《全唐诗》卷六百五十五，第7592页。

第三节　北宋隐逸诗的意象类型及演变情况

陈植锷《诗歌意象论》中列举意象分类的大荦，分别提出从语言的角度、心理学的角度、内容上、题材上及表现功能上进行分类，其中按照表现功能上的赋、比、兴手法，把意象分为描述性意象、比喻性意象、象征性意象三类[1]，可以用来分析宋代隐逸诗意象的发展过程。蒋寅《大历诗风》也认可这种分类，并认为白描手法、描述性意象的运用促成了大历诗意象的创新，从而延缓了诗歌意象的陈熟和老化。[2]我们通过前几章隐逸诗的个案分析可以发现，北宋隐逸诗的意象发展演变也有一个明显的演变轨迹。

北宋初期隐逸诗承继晚唐诗而来，以白描手法为基础的描述性意象占绝对优势，特别是魏野、林逋、九僧等隐逸诗人笔下的意象,“坐石云生衲,添泉月入瓶”[3]之类密集排次山中自然意象的诗句层出不穷，这些意象因为有着诗人的观察入微、明辨物象和精巧构思，能最佳地再现山林幽隐的自然景物和生活情趣。山林泉石、风月云霞、梅兰竹菊、琴棋酒茶是隐逸的常用意象，我们以这些意象为中心摘取一些诗歌进行比较，分析各阶段的意象类型。先看下列诗句：

林中独坐欲中宵，落叶纷纷触坏袍。月影渐移蛩韵急，露华初上鹤声高。四时催老秋偏感，万事萦心夜更劳。犹赖清风知我意，频吹庭竹助萧骚。(魏野《和臧奎秋夜书怀》)

天师苍翠横金锡，地藏清凉掩竹扉。千里白云随野步，一湖明月上秋衣。诗寻静语应无极，琴弄寒声转入微。我亦孤山有泉

[1]陈植锷:《诗歌意象论》，第140页。中国社会科学出版社，1990年版。
[2]蒋寅:《大历诗风》，第185页。凤凰出版社，2009年版。
[3]惠崇诗句,《全宋诗》第3册，第1471页。

石，肯来松下共忘机。（林逋《闻灵皎师自信州归越以诗招之》）

云里寒溪竹里桥，野人居处绝尘嚣。病来芳草生渔艇，睡起残花落酒瓢。闲把道书寻晚径，静携茶鼎洗春潮。长洲懒吏频过此，为爱盘餐有药苗。（王禹偁《题张处士溪居》）

以上三诗皆以常见的意象描写隐逸生活和幽栖环境，魏野诗以写实的手法，逼真地再现秋夜林中独坐的所见所感，落叶、坏袍、月影、蛩韵、露华、鹤声、清风、竹声等意象富于深隐幽微之美。林逋诗与王禹偁诗的景象比较开阔明朗，竹扉、白云、明月、琴声、泉石、松、桥、芳草、渔艇、酒瓢、茶鼎、春潮等也是客观性描写的意象。这些描述性意象的创新之处，或者说其审美的生命力所在，在于意象之间的巧妙构思，叶触坏袍，清风解意，竹助萧骚，白云随野步，明月上秋衣，芳草生渔艇，残花落酒瓢，读书散步，烹茶看潮，意象置于隐逸心态的观照之下，尽显闲适野趣。宋初隐逸诗主要通过白描手法描述自然景物来营造隐逸情调、刻画隐逸生活，很多都触犯了上文提到的“山、水、风、云、竹、石、花、草、雪、霜、星、月、禽、鸟”十四字，但这并未构成诗病，因为诗人对常见意象的感知、组合，融入了对隐逸精神的把握和隐逸生活情趣的体验，故而仍不时有新鲜可喜的创造性意象产生。

北宋中期，范仲淹、梅尧臣、欧阳修等人的隐逸诗以描述性意象为主，以比喻性意象、象征性意象为辅。如范仲淹的《依韵酬章推官见赠》：

姑苏从古号繁华，却恋岩边与水涯。重入白云寻钓濑，更随明月宿诗家。山人惊戴乌纱出，溪女笑偎红杏遮。来蚤又抛泉石去，范茫荣利一吁嗟。[1]

---

[1]范仲淹：《依韵酬章推官见赠》，《范仲淹全集》卷四，第88页。

岩边和水涯是隐逸的代名词，是象征性意象。从字面解释，第二联的白云、钓濑、明月主要是描述性意象，但白云有深一层的含义，比喻着远离尘俗的世外。“泉石”虽可解作描述性意象，但更是象征性意象，象征着山林隐居。又如欧阳修有《忆焦陂》《叔平少师去后会老堂独坐偶成》等以描述性意象统摄起来的山水田园隐逸诗，其《竹间亭》中反复出现的鸟、鱼、水、竹有的是描写性意象，有的又是象征着毫无机心的物类。北宋中期的范仲淹、欧阳修标举淡泊清高的隐逸人格，需要一些富有象征意义的、符号化的意象来充实隐逸精神，故而其隐逸诗凸显理性精神，感性色彩有所减弱，体现在隐逸意象上，便有由描述性意象向比喻性意象和象征性意象过渡的迹象。

北宋后期，到了王安石、苏轼、黄庭坚手中，隐逸意象便转为以比喻性意象、象征性意象为主，描述性意象为辅。其中，王安石着力于隐逸意象的开拓，对比喻性意象更加情有独钟。以王安石最喜欢的云意象为例:“纷纷扰扰十年间,世事何尝不强颜。亦欲心如秋水静,应须身似岭云闲。”[1]以秋水和岭云来比喻高僧的净静、悠闲。又如：“城郭山林路半分，君家尘土我家云。莫吹尘土来污我,我自有云持寄君。”[2]“城郭”和“山林”分别比喻尘世和隐逸两个不同的世界，“尘土”象征世俗凡尘的喧嚣污浊，“白云”象征归隐山林的高洁悠闲。又如：“山林投老倦纷纷，独卧看云却忆君。云尚无心能出岫,不应君更懒於云。”[3]第一个云意象比喻隐士杨德逢，第二个云是象征意象，象征着悠然来去的状态，第三个纯是描述性意象。

苏轼在艺术上天才横放，触手成春，诗歌中的妙语奇譬层见叠出，其隐逸意象也常以比喻性意象与象征性意象为主，而二者基本上又是势均力敌，且往往我中有你、你中有我，如《送运判

[1]王安石：《赠僧》,《王荆文公诗李壁注》卷四十八，第2135页。
[2]王安石：《戏城中故人》,《王荆文公诗李壁注》卷四十三，第1899页。
[3]王安石：《招杨德逢》,《王荆文公诗李壁注》卷四十二，第1861页。

朱朝奉入蜀》:

霭霭青城云，娟娟峨嵋月。随我西北来，照我光不灭。我在尘土中，白云呼我归。我游江湖上，明月湿我衣。岷峨天一方，云月在我侧。谓是山中人，相望了不隔。[1]

诗歌以云月进行比兴,"青城云""峨嵋月"代指苏轼的故乡,是象征意象；第二联以拟人的手法写云、月追随照耀，使本为象征的云、月意象又含有比喻义，喻指苏轼的乡情乡思。第三、四联中的尘土象征出仕游宦，江湖象征来往出知地方官，因此白云、明月又象征着归隐故乡之意。

黄庭坚的隐逸诗中，描述性意象出现得相当少，比喻性意象也略少，以象征性的隐逸意象最为突出。

北宋后期，王安石、苏轼、黄庭坚善于体会物理并发现事物间的微妙共同点，从意象中挖掘出与隐逸相通的神貌特质加以比兴,创造出包孕密致的比喻性隐逸意象和象征性隐逸意象。而且,比喻意象和象征意象的运用，更能把北宋后期丰富、深厚的隐逸思想展示出来，是应北宋后期多层次、多维度的隐逸精神的表现之需而变的。

综上，北宋的隐逸诗，继承了前代已有的丰富的隐逸意象与众多隐逸典故及其沉淀下来的纯粹的语词意象，把许多隐逸意象及典故的内涵诠释得题无剩义,同时又有很多的开拓创新之处。随着诗歌风格与隐逸精神的演变，隐逸意象也逐渐由偏重描述性意象转向以比喻性意象和象征性意象为主。

[1]苏轼:《送运判朱朝奉入蜀》,《苏轼诗集》卷三十四，第1845页。

第四章　北宋隐逸诗的文化考索

本章选取北宋隐逸诗中具有代表性的隐逸意象、典故、现象进行纵向考察，从而见出北宋隐逸思潮的特点以及隐逸文化对文人人格精神的影响，对整个社会风尚的导向。

第一节　北宋隐逸诗中的茶与酒

酒与茶是隐逸文化中的两大重镇，酒文化的产生、形成先于茶文化，而在北宋的隐逸诗中几乎茶酒并重。以下着重探讨北宋的茶酒隐逸文化。

一、北宋的酒隐诗

酒与隐逸的关系源远流长，早在汉代就已经形成酒隐的说法，再经过阮籍、刘伶、陶渊明的传奇演绎，酒与隐逸的关系愈发形影不离，唐代李白“酒隐安陆”十年，杜甫的《饮中八仙歌》刻画八位郁郁不得志而寄情于酒之士。到了北宋时期，已是人人诗中有酒，酒中有隐逸，“酒隐”成为惯用词语，成为一种隐逸精神的代表。杨杰有《酒隐园》一诗，充分阐释北宋文人对“酒隐”的定位：

小隐隐山林，大隐隐城郭。城郭多纷嚣，山林苦淡漠。不如隐于酒，适意自斟酌。屈原不能饮，独醒较清浊。扬雄虽愿隐，载醪无适莫。吏部瓮下卧，其隐可愧怍。翰林市上眠，其隐太落拓。孰若畸翁园，醺酣得天乐。风暖凤凰集，霜重梧桐落。长啸待明月，明月出林薄。倚杖傲浮云，浮云度寥廓。虽近市朝路，不为名利缚。知我尚幽胜，赋诗豫期约。愿言醉乡游，一驾东飞鹤。上池沃瑶浆，冲气溢金杓。当知隐君子，志不在糟粕。[1]

这首诗的开头仿照白居易的《中隐》，给“酒隐”进行定位，认为唯求适意的酒隐，是最得酒隐情趣的。屈原不饮而“举世皆浊我独清，众人皆醉我独醒”；扬雄性嗜酒，却家贫无酒，须赖好事者载酒问字方可得饮；毕卓好饮乃至于窃酒醉眠瓮下，被掌酒者所缚；“李白一斗诗百篇，长安市上酒家眠。天子呼来不上船，自称臣是酒中仙”又太过落拓，此四人的酒隐不合常态，有刻意特立独行之嫌，不如畸翁不为名利所缚，饮至醺酣之时，与自然天地往来，得顺适天道之乐。

酒隐之顺适自然天道之乐，苏轼的《酒隐赋》也有所阐述：“眇万事于一瞬，孰能兼忘而独游？爰有达人，泛观天地，不择山林，而能避世，引壶觞以自娱，期隐身于一醉。”“笑蹑糟丘，挹精去粕。酣羲皇之真味，反太初之至乐。”[2] 苏轼《谢苏自之惠酒》一诗，也可与《酒隐园》比较品读，更进一步阐释酒隐的真髓：

高士例须怜曲蘖，此语尝闻退之说。我今有说殆不然，曲蘖未必高士怜。醉者坠车庄生言，全酒未若全于天。达人本自不亏缺，何暇更求全处全。景山沉迷阮籍傲，毕卓盗窃刘伶颠。贪狂嗜怪无足取，世俗喜异矜其贤。杜陵诗客尤可笑，罗列八子参群仙。流涎露顶置不说，为问底处能逃禅。我今不饮非不饮，心月

[1] 杨杰：《酒隐园》，《全宋诗》第 12 册，第 7853 页。
[2] 苏轼：《酒隐赋》，《苏轼文集》卷一，第 20 页。

皎皎长孤圆。有时客至亦为酌，琴虽未去聊忘弦。吾宗先生有深意，百里双罂远将寄。且言不饮固亦高，举世皆同吾独异。不如同异两俱冥，得鹿亡羊等嬉戏。决须饮此勿复辞，何用区区较醒醉。[1]

这首诗纪昀评为“旋转自如，只如口语而不落浅易，格力高也”。苏轼先否定韩愈“高士例须怜曲蘖”和庄子“全酒未若全于天”之说，正面提出达人自达、无须借助外物以求全的观点，再例举并发对徐邈、阮籍、毕卓、刘伶狂怪的酒隐行为及世人好标新立异以之为贤的做法。接着写他对“酒隐”精神的独特体会，他目前不饮酒，并非真的不饮，正如禅宗所言之“心月孤圆，光吞万象”，对酒的品味、领悟完全提升到意念的层面，取其神气精髓而弃其形骸糟粕，当有朋自远方来，兴之所至时也不妨小酌几杯，此意正与陶渊明“性不解音，而畜素琴一张，弦徽不具，每朋酒之会，则抚而和之，曰：‘但识琴中趣，何劳弦上声’”（《晋书·陶潜传》）之意趣相同。

苏轼把酒的精神从酒的形态、质量、味道中剥离出来，贬谪黄州时，“三年黄州城，饮酒但饮湿。我如更拣择，一醉岂易得”[2]，只要有流质之物湿唇润喉，就可以大醉一场，此岂非醉翁之意不在酒！我们可以说，苏轼对酒的体会，是陶渊明那种“寄酒为迹”“此中有真意，欲辨已忘言”的境界，萧统在《陶渊明集序》中说：“有疑陶渊明诗篇篇有酒。吾观其意不在酒，亦寄酒为迹焉。”[3]不仅萧统读懂了陶渊明的酒中乾坤，苏轼更是了然于胸，他在《和陶饮酒》诗中说：“纵心与事往，所遇无复疑。偶得酒中趣，空杯亦常持。”[4]这与陶渊明之“但识琴中趣，何劳弦上声”如出一

[1]苏轼：《谢苏自之惠酒》，《苏轼诗集》卷五，第226页。
[2]苏轼：《岐亭五首》其四，《苏轼诗集》卷二十三，第1208页。
[3]萧统《陶渊明集序》，见逯钦立校注《陶渊明集》，第9页。中华书局，1979年版。
[4]苏轼：《和陶饮酒二十首》其一，《苏轼诗集》卷三十五，第1883页。

辙。“得酒未举杯,丧我固忘尔”[1]“二子真我客,不醉亦陶然”[2]。有杯无酒，或者有酒不举杯，或者滴酒未沾而有陶然沉醉之姿，都不妨碍苏轼品味酒隐之乐。

通过上诗分析，我们可以总结出北宋“酒隐”精神两方面的内涵：

一、“酒隐”乃在于酒中意趣而心不在酒，有酒无酒、酒之醇厚淡薄都不妨碍得酒隐之意，这一点说明宋人的酒隐精神是直接承继陶渊明而来，宋人对酒隐精神的接受，最为偏重陶渊明饮酒的“真”与“趣”，而对于刘伶、阮籍、李白、饮中八仙那些狂歌沉醉的酒隐，宋人表示欣赏却不追摹。

二、“酒隐”能够把时间上的短暂与永恒、空间上的有限与无穷、个人的得失宠辱、人生的悲欢离合统统消解，达到道家顺天自适、物我两忘的“真”“和”境界。这一点则是宋代“酒隐”精神有别于前代的地方。“醇酿甘滑泛绿蚁，从此便醉醒无期。既以乐吾真，亦以泰吾身，莫问今人与古人”[3]“颜间戚戚成何事，醉里熙熙即是真”[4]“平生爱酒养天真，醉眼聊为混俗人”[5]这些诗句表明“真”是“酒隐”精神的最高境界，是对自然本性与生命自由本质的追求，但这种追求并不以魏晋及唐代那种狂放出格的方式，而是以宋人特有的以“和”为先的方式。“时时醇酒饮些些，颐养天和以代茶”[6]“天和将酒养,真乐用诗勾”[7],酒对于宋人来说,更多的是用来保养身体，修身养性。苏轼说：“酿为真一和而庄，三杯俨如侍君王。湛然寂照非楚狂,终身不入无功乡。”[8]苏轼酿制的真一酒

[1]苏轼：《和陶饮酒二十首》其六,《苏轼诗集》卷三十五，第1885页。
[2]苏轼：《和陶岁暮作和张常侍并引》,《苏轼诗集》卷四十，第2217页。
[3]梅尧臣：《缙叔以诗遗酒次其韵》,《梅尧臣集编年校注》卷二十九，第1082页。
[4]赵抃：《饮酒》,《全宋诗》第6册，第4163页。
[5]郭祥正：《谢陈昌国惠酒二首》其一,《全宋诗》第13册，第8982页。
[6]邵雍：《饮酒吟》,《全宋诗》第7册，第4669页。
[7]邵雍：《逍遥吟》,《全宋诗》第7册，第4518页。
[8]苏轼：《真一酒歌》,《苏轼诗集》卷四十三，2359页。唐王绩字无功，性嗜酒,采杜康、仪狄以来善酒者著为《醉乡记》,后世因以“无功乡”指醉乡。

是养生佳品，日饮三杯，严如律令，则胸中湛然寂照，绝无酩酊大醉之状。养真与保和是北宋“酒隐”精神有别于前代之处。

“酒隐”是宋代隐逸精神在酒文化上的影射，代表着宋人对酒的接受，已由唐代感性任情的狂醉痴迷，转变为理性节制的喜好欣赏，对酒趣的追求也由唐代的狂放、落拓、豪迈的雄健高昂之美，转变为对内敛、理智、真淳的酒德之美的推崇。

二、北宋隐逸诗中茶的地位的提升与隐逸内涵

茶兴于唐而盛于宋，在宋代，饮茶、斗茶、赠茶是文人喜爱的文化活动，涌现大量的咏茶诗词，为中国茶文化添上辉煌的一笔。关于宋代茶文化的研究成果汗牛充栋[1]，这里只略谈茶与隐逸相关的两点。

第一，茶在北宋隐逸诗中地位的提升。

茶与酒都是隐逸诗中的重要意象。下面分别统计主要诗人的全部诗歌及隐逸诗中酒与茶的出现情况：

[1]宋代咏茶诗的研究成果颇多，以下列举几种涉及隐逸的成果：张进、张惠民《苏轼与酒、茶文化》(《陕西师范大学学报》，2001 年第 4 期)；冯文开《北宋茶诗与文士情趣》(南昌大学 2006 年硕士论文)；于川《谈茶说艺——中国的茶与茶文化》(百花文艺出版社 2004 年版)；石韶华《宋代咏茶诗研究》(文津出版社 1996 年版)；王国安、要英编《茶与中国文化》(汉语大辞典出版社 2000 年版)；袁和平《中国饮茶文化》(厦门大学出版社 1992 年版)；徐德明《中国茶文化》(上海古籍出版社 1998 年版)。

表一：

诗人	酒	茶	酒：茶
魏　野	44	14	3.1:1
林　逋	40	23	1.7:1
王禹偁	101	27	3.7:1
梅尧臣	386	52	4.5:1
欧阳修	207	13	16:1
王安石	136	10	13.6:1
苏　轼	480	70	6.8:1
黄庭坚	374	81	4.6:1

表二：

诗人	酒	茶	酒：茶
王禹偁	16	3	5.3:3
梅尧臣	64	17	3.8:1
欧阳修	66	5	13:1
王安石	17	3	5.7:1
苏　轼	94	30	3:1
黄庭坚	80	25	3.2:1

★ 表一统计诗人的全部诗歌中酒与茶意象出现的次数，表二根据笔者挑选出来的隐逸诗进行茶酒意象的统计，咏酒诗与咏茶诗整首算一次。茶、酒的别名意象不列入统计。

★★ 梅尧臣诗中，“茗”字出现了三十二次，比二十次之“茶”高，故而统计入内。表二梅尧臣茶意象的十七次也包括了十次“茗”。

从上表的统计数字可以看出，酒在任何情况下，出现的频率都比茶高，因为酒文化的发展更早更成熟，在文人中的兴盛程度也大于茶文化，经过历史文化的沉淀，酒的精神与隐逸的自由超越精神有更大的契合性，因此，酒在宋代仍然是隐逸诗的常客。值得注意的是，从表二我们能够看到，在隐逸诗中酒与茶的比例值减少，茶的比重增加了，表一中隐逸诗人魏野和林逋诗歌中，酒与茶的比例也小于其他诗人。北宋后期，苏轼、黄庭坚隐逸诗中，茶与酒的差额更小，这反映出茶与隐逸的相关程度在逐步增加，茶的隐逸精神得到逐步发展。下面我们通过唐代和北宋涉及茶的隐逸诗的比较，分析北宋文人对茶的接受及茶在隐逸诗中的地位提升。

根据竺济法《名人茶事》统计，白居易存诗2800余首，其中涉及酒的约900首之多；而以茶为主题的有8首，叙及茶事、茶趣的50多首，二者合计有60多首，开诗人创作茶诗之最[1]。白居易提及茶的诗歌，很多时候是酒茶并提，如“客迎携酒榼，僧待置茶瓯”[2]“携手池边月，开襟竹下风。驱愁知酒力，破睡见茶功”[3]“徐倾下药酒，稍爇煎茶火。谁伴寂寥身，无弦琴在左”[4]，还常写以茶解酒，如“桃根知酒渴，晚送一瓯茶”[5]。即使是咏茶之诗，如《睡后茶兴忆杨同州》[6]，白居易也是从前一晚的醉酒写起：“昨晚饮太多，嵬峨连宵醉。今朝餐又饱，烂熳移时睡。睡足摩挲眼，眼前无一事。”然后写醒后绕池信步闲行，于绿荫青苔地煮茶、品茶：“白瓷瓯甚洁，红炉炭方炽。沫下曲尘香，花浮鱼眼沸。盛来有佳色，咽罢余芳气。”把茶作为醒酒解渴之物，已经有损茶的品味，以茶解饱，更加显得俗气。从白居易的诗句，我们可以感觉到，白居易并不着意于写茶味、茶趣、茶韵，以“茶”对“酒”或者仅仅是采用颇为省心省力的格律对仗模式，或者把茶作为酒的陪衬，有重酒轻茶的价值取向。

在北宋诗歌中，以茶酒对举仍然普遍存在，尤其在那些描写幽士生活的诗歌里，如下列诗句：

石泉春酿酒，松火夜煎茶。（孟贯《赠栖隐洞谭先生》）

语直非关酒，眠迟不为茶。（魏野《值雨宿谔师房》）

林间踏去宜沽酒，石上收来好煮茶。（魏野《和薛田察院咏雪》）

松声工醒酒，泉味最便茶。（司马光《清燕亭》）

寒窗对酒听雨雪，夏簟烹茶卧风月。（黄庭坚《寄题安福李令爱竹堂》）

---

[1]竺济法：《名人茶事》，第62页。林郁文化事业有限公司，1994年版。

[2]白居易：《想东游五十韵》，见朱金城笺校《白居易集笺校》卷二十七，第1873页。上海古籍出版社，1988年版。

[3]白居易：《赠东邻王十三》，《白居易集笺校》卷二十五，第1736页。

[4]白居易：《郡斋暇日辱常州陈郎中使君早春晚坐水西馆书事诗十六韵见寄亦以十六韵酬之》，《白居易集笺校》卷八，第436页。

[5]白居易：《营闲事》，《白居易集笺校》卷三十一，第2151页。

[6]白居易：《睡后茶兴忆杨同州》，《白居易集笺校》卷三十，第2071页。

茶瓯屡煮龙山白，酒椀希逢若下黄。（黄庭坚《次韵伯氏戏赠韩正翁菊花开时家有美酒》）

欲酌消愁酒，先浇破睡茶。（张耒《雨中五首》）

鲜欢常止酒，不睡更烹茶。（张耒《近清明二首》其二）

溪光山影常遮眼，酒盏茶瓯独挂心。（李光《题尘外堂》）

观以上北宋茶酒对举的诗句，几乎都不对茶酒作轩轾，少有视茶为酒的陪衬、重酒轻茶的趋向。只有天性嗜酒的梅尧臣的诗歌中稍微流露出酒高茶低，“我为病衰方止酒，愿携茶具作清欢”[1]。无酒或不能饮酒才退而求茶，显示出对酒更为偏爱。有爱酒者不爱茶香，便有爱茶胜于酒者，郭祥正就说：“昔人多嗜酒，今我酷怜茶。软玉裁成饼，轻云散作花。石泉助甘滑，肠胃涤烦邪。却怪少陵客，曾无新句夸。”[2]孔平仲在《梦锡惠墨答以蜀茶》也说：“不如投君以嗜好，君性嗜茶人罕有。”[3]北宋爱茶胜于爱酒者不乏其人。

更值得注意的是，苏轼几乎没有酒杯、茶瓯并举的诗句，只一处写道“酒渴思茶漫扣门”[4]，但在另一诗歌里说“醉眼无真茶”[5]。爱茶之人，不一定会爱酒，能品得酒中之精妙者，不一定会赏茶里的雅趣。苏轼是真正懂茶、爱茶之人，与白居易写茶诗中体现出来的重酒轻茶倾向相反，苏轼从不把茶当成酒的陪衬，有时还反而认为茶趣居于酒趣之上：“困卧北窗风，风微动窗竹。乳瓯十分满，人世真局促。意爽飘欲仙，头轻快如沐。昔人固多癖，我

[1]梅尧臣：《依韵和吴正仲闻重梅已开见招》，《梅尧臣集编年校注》卷二十五，第761页。

[2]郭祥正：《招孜佑二长老尝茶二首》其二，《全宋诗》第13册，第8922页。

[3]孔平仲：《梦锡惠墨答以蜀茶》，《全宋诗》第16册，第10830页。

[4]苏轼：《是日，偶至野人汪氏之居，有神降于其室，自称天人李全，字德通。善篆字，用笔奇妙，而字不可识，云，天篆也。与予言，有所会者。复作一篇，仍用前韵》，《苏轼诗集》卷二十一，第1105页。

[5]苏轼：《病中夜读朱博士诗》，《苏轼诗集》卷三十四，第1846页。

癖良可赎。为问刘伯伦，胡然枕糟曲。”[1] 苏轼另有《到官病倦，未尝会客，毛正仲惠茶，乃以端午小集石塔，戏作一诗为谢》[2] 写他珍爱友人惠寄之茶，特地集会品饮：“空烦赤泥印，远致紫玉玦。为君伐羔豚，歌舞菰黍节。禅窗丽午景，蜀井出冰雪。坐客皆可人，鼎器手自洁。金钗候汤眼，鱼蟹亦应诀。遂令色香味，一日备三绝。报君不虚授，知我非轻啜。”苏轼深得茶中趣，爱茶之心跃然纸上，毫不低于其爱酒之意。

综上，北宋隐逸诗中，茶意象在文人中的影响力大大增强，地位有很大的提升，不再作为酒趣的附丽品，而成为具有独立的隐逸意味的意象。

第二，北宋的茶与隐逸的关系，主要体现在三个层面：

一是茶树的生长环境以及煮茶的条件与隐逸的关系。茶树大多生长在深山老林，山越高，茶的质量越好；好茶更需好水烹，煮茶讲究水质，山里的优质泉水是烹煮好茶的必要条件；烹茶还讲究火候，不同树枝烧出来的烟火会影响茶香，山林里更易于就地取材。而隐逸的源头也落在喧嚣尘世之外的山林泉石，这决定了茶从产生之初就与隐逸有着密不可分的关系：

山行马拂湘川石，寺宿僧供岳麓茶。（王禹偁《送罗著作奉使湖湘》）

药苗本是山家味，茶具偏于野客宜。（欧阳修《答杜相公惠诗》）

舍车弭盖争寻胜，坐石携泉旋煮茶。可惜湖山天下好，十分风景属僧家。（赵抃《次韵范师道龙图三首》其一）

松风佳客共，茶梦小僧圆。（黄庭坚《题默轩和遵老》）

山中的隐士和寺里的僧人能亲密接触茶树，获得最好的茶

[1]苏轼：《寄周安孺茶》，《苏轼诗集》卷二十二，第 1162 页。
[2]苏轼：《到官病倦，未尝会客，毛正仲惠茶，乃以端午小集石塔，戏作一诗为谢》，《苏轼诗集》卷三十五，第 1879 页。

源，同时也得天独厚地享有烹茶的最佳环境，练就最佳的茶事。苏轼游落星寺，南屏谦师闻知，特意到落星寺为苏轼设茶，苏轼有诗咏之："道人晓出南屏山，来试点茶三昧手。忽惊午盏兔毛斑，打作春瓮鹅儿酒。天台乳花世不见，玉川风腋今安有。先生有意续茶经，会使老谦名不朽。"[1] 邵雍《山中寄登封令》："初离县日谋经宿，既到山中未忍回。公宇若无民事决，愿携茶器上山来。"[2] 山中煮茶品茗是相当惬意的赏心悦事，让诸多文人艳羡不已，与茶相关的隐逸诗就在这种向往、歌颂、吟咏中产生，如林逋的"僧分乳食来阴洞，鹤触茶薪落蠹杉"[3]"瘦鹤独随行药后，高僧相对试茶间"[4]；黄庭坚的"蜂房各自开户牖，处处煮茶藤一枝"等，都使茶通过僧人、隐士与隐逸产生密切关联。

二是茶的境界与北宋的隐逸精神境界相通。茶的精神是清幽静谧的，品茶与狂欢喧闹的宴集饮酒截然相反，与"独酌无相亲"的独饮意境也有所不同。煮茶品茗允许单独，鼓励幽独，呈现出一种自然、宁静、灵动的智慧，与北宋隐逸精神的内敛、含蓄、温和的理性追求一致。北宋的隐逸精神内化成一种道德诉求，自觉追求和谐静穆式的旷达超脱的人格精神，茗茶所具有的香色、韵味、品德，刚好契合隐退之士的道德心性，寄托着文人的道德意识和对个性本真的追求。

三是茶文化与参禅悟道的结合，形成茶禅一味，为茶与隐逸找到最佳的契合点，在儒道释三教合一的北宋社会，品茶参禅成为一种隐逸风尚。北宋初期的隐逸诗，大多还只着重于写僧人种茶、烹茶、品茶的行为，如林逋《盱眙山寺》写道："下傍盱眙县，山崖露寺门。疏钟过淮口，一径入云根。竹老生虚籁，池清见古源。高

---

[1]苏轼：《送南屏谦师》，其序云："南屏谦师妙于茶事，自云得之于心，应之于手，非可以言传学到者。十二月二十七日，闻轼游落星，远来设茶，作此诗赠之。"

[2]邵雍：《山中寄登封令》，《全宋诗》第 7 册，第 4494 页。

[3]林逋：《深居杂兴六首》其五，《林和靖诗集》卷二，第 70 页。

[4]林逋：《林间石》，《林和靖诗集》卷二，第 81 页。

僧拂经榻，茶话到黄昏。”[1]茶与僧关系密切，但茶和禅的精神融摄还未形成，直到北宋后期的茶诗，才广泛地把茶禅一味的精神体现出来。苏轼“茶笋尽禅味，松杉真法音”[2]，苏辙“客到催茶磨，泉声响石瓶。禅关敲每应，丹诀问无经”[3]。参禅和啜茗一体化，成为文人闲适自在的文化活动，使他们在茶与禅的天地里获得心灵的安适：

蒲团禅板无人付，茶鼎熏炉与客同。万水千山寻祖意，归来笑杀旧时翁。（黄庭坚《题息轩》）

客至但茗椀，谈诗复谈禅。（曾幾《盛夏东轩偶成五首》）

寒窗写就白云篇，客至研茶手自煎。儒佛故应同是道，诗书本是不妨禅。（张耒《赠僧介然》）

叉手前来问我禅，我无言句与人传。一杯茶罢抽身起，笑指长松直上天。（邹浩《示愚溪守道山主》）

以茶悟禅、以茶伴禅、禅中品茶的幽雅闲适，是北宋隐逸生活的一大重要内容。

茶文化基于以上三个层面与隐逸产生密切的渊源，故而在北宋隐逸诗中获得更高的地位。如果说“酒隐精神”代表幽隐之士与社会、现实叛逆背离的不合作的一面的话，“茶隐精神”则更多地显示出隐者与自然和谐、天人合一的一面，宋代的隐逸精神更多地呈现出对和谐美、理性美的追求，因此北宋隐逸诗中，茶的地位逐渐上升，成为足以与酒抗衡的艺术审美意象。

---

[1]林逋：《盱眙山寺》，《林和靖诗集》卷一，第16页。
[2]苏轼：《参寥上人初得智果院，会者十六人，分韵赋诗轼得心字》，《苏轼诗集》卷三十一，第1656页。
[3]苏辙：《题方子明道人东窗》，《苏辙集》卷十二，第224页。

第二节　北宋隐逸诗中吏隐、中隐、大隐概念辨析

在宋代，几乎每一位文人的诗文集中都能找到“吏隐”“大隐”“小隐”等与隐逸相关的词语。据笔者检索《全宋诗》统计,“吏隐”一共出现 276 次，“大隐”122 次，“小隐”244 次。宋代心隐方式中最广泛存在、最符合理想的是“吏隐”和“大隐”，“吏隐”与“大隐”被宋代士大夫普及强化成为自觉意识，甚至成为潜在的道德标准,规范着他们的仕隐观。失意的时候,士大夫以“吏隐”相互标榜、相互劝勉，可以说达到了“造次必于是，颠沛必于是”的程度。得意或被闲置的时候，士大夫以“大隐”修养志在玄远的心性，自我告诫不可沉溺于奢靡的物欲享受，从而形成中国历史上最为廉洁耿直的统治阶层。我们可以说,了解了“吏隐”与“大隐”，才算是把握住宋代隐逸精神的精华。

一、吏隐的含义

首先说吏隐。什么是吏隐?《辞海》解释为“不以利禄萦心,虽居官而犹如隐者”[1],蒋寅《古典诗歌中的“吏隐”》一文,对吏隐的历史发展进行考索,认为“吏隐不光是‘虽居官而犹如隐者’,它特指地位不高的小官僚诗人居官如隐的一种处世态度”[2]。此定义更为精确，但文中仅证以唐以前及明清的材料，宋代吏隐的具体含义稍显模糊，兹以唐宋诗歌材料略论“吏隐”的形成、演变及影响：

《全唐诗》提及吏隐共有 25 处，最早见于宋之问的《蓝田山

[1]《辞海》，第 123 页。上海辞书出版社，1979 年版。

[2]蒋寅 :《古典诗歌中的“吏隐”》,《苏州大学学报》2004 年第 2 期。关于吏隐的研究，还有张玉璞《“吏隐”与宋代士大夫文人的隐逸文化精神》,《文史哲》2005 年第 3 期。

庄》:"宦游非吏隐,心事好幽偏。"[1] 此处的"吏隐"必须连同"非"字作解，是来自山涛与孙绰的典故。《晋书·孙绰传》(卷三十六)记载："(孙绰)尝鄙山涛而谓人曰：'山涛吾所不解，吏非吏，隐非隐，若以元礼门为龙津，则当点额暴鳞矣。"

山涛"吏非吏，隐非隐"之典在中唐以前多被反用，取"亦吏亦隐"之意，如"若人兼吏隐，率性夷荣辱"(李峤《和同府李祭酒休沐田居》);"代阅英灵尽，人闲吏隐并"(孙逖《登越州城》);"浣花溪里花饶笑，有信吾兼吏隐名"(杜甫《院中晚晴怀西郭茅舍》)。中唐以前，吏与隐还没有被统一起来，是相对独立的概念，士人试图兼并二者，做到吏中有隐，隐时可吏，呈现出向"隐"倾斜的趋向。此时"吏隐"一词是联合式结构，往往需加"非""兼""并""齐"等修饰语，尚未形成偏正式结构的固定词语。

直到中唐,"吏"与"隐"才融合成一个固定词语，指向"居官而犹如隐者"的含义，出现了以"吏隐"命名的亭台楼阁，如有刘禹锡《海阳十咏》中之吏隐亭、李郢提及刘谷所到之吏隐亭。当然，词语含义的演变和固定并非一朝一夕之事，白居易诗中的"吏隐"便兼有"何如兼吏隐,复得事跻攀"的联合式结构和"不知湖与越，吏隐兴何如"的偏正式结构。

中唐后期及晚唐,"吏隐"一词的出现频率渐高,"吏隐得兼"逐渐转变为"隐于吏""以吏为隐"的重隐倾向，转化为隐逸的一种形态，请看下列诗句："故人为吏隐，高卧簿书间。"(姚合《寄永乐长官殷尧藩》)"此中真吏隐，何必更岩栖。"(林宽《和周繇校书先辈省中寓直》)"我爱陶靖节，吏隐从弦歌。"(徐铉《送薛少卿赴青阳》)吏隐与高卧、岩栖、陶渊明相提并论，文人目之为隐逸是毫无疑问的。

[1]沈佺期、宋之问撰，陶敏、易淑琼校注：《沈佺期宋之问集校注》，第 377 页。中华书局，2001 年版。

二、吏隐者的身份之辨

吏隐在唐宋是否一直专对“地位不高的小官僚”而言呢？这要先从“非吏非隐”说起，“吏”取“出仕从宦”之意，既然是仕宦之意，便无所谓官职地位的尊卑，再者山涛在司马师执政时曾为尚书吏部郎，司马炎代魏称帝时，任大鸿胪，后又累官侍中，迁吏部尚书、太子少傅、左仆射等，这些职位不算小官小吏。“吏隐”在形成之初并无官职地位高低的取向，具体旨意为既仕宦又兼有隐逸之趣，这种认识一直持续到中唐。如李峤《和同府李祭酒休沐田居》一诗，所言吏隐的对象李祭酒，祭酒是国子监的主管官，官从三品，韩愈写“太平公事少，吏隐讵相赊”[1]时正任刑部侍郎，也非小官僚。更有甚者，唐代刘宪的“非吏非隐晋尚书，一丘一壑降乘舆”[2]，还用于夸奖皇帝有闲情雅致。白居易出为江州司马，作《江州司马厅记》曰：“苟有志于吏隐者，舍此官何求焉。”[3]经过吏隐和江州司马的结合之后，吏隐之“吏”才多了怀才不遇、仕途坎坷的意味，开启了宋代寄寓不平之气于淡泊的吏隐生涯的士风。

在宋代，吏隐在与隐逸相关的词语中出现率最高，王禹偁诗集中出现十三次，范仲淹五次，欧阳修三次，祖无择有《吏隐宜春郡》十首，另有“吏事全稀似隐沦”“闲作山城吏隐居”，韦骧十次，苏轼三次，黄庭坚三次，刘敞十三次，刘攽八次。就连勤勉为政的司马光也十分认可吏隐，有“谁知吏道自可隐，未必仙家有此闲”之句，庞国博三十八岁时想弃官归隐，司马光还劝说“既知吏可隐，何必遗轩冕”。诗才雄厚的诗人未必要通过这种概

[1]韩愈：《独钓》，见韩愈撰，钱仲联集释《韩昌黎诗系年集释》卷十，第1086页。上海古籍出版社，1984年版。《集释》说：“二章云‘坐厌亲刑柄’，为刑部侍郎时作。”

[2]刘宪：《奉和圣制幸韦嗣立山庄》，彭定求编《全唐诗》卷七十一，第783页。中华书局，1960年版。

[3]白居易：《江州司马厅记》，见白居易撰，朱金城笺校《白居易集笺校》卷四十三，第2732页。上海古籍出版社，1988年版。

念性的词语来强调吏隐精神，所以欧阳修、梅尧臣、王安石、苏轼、黄庭坚等人使用“吏隐”一词相对少于他人，而抒发吏隐情怀之诗却不胜枚举。南宋言及“吏隐”的频率远远低于北宋，除了陈造有十一次的高频率外，其余大多在一至四处之间，如曾幾三次，王之道三次，楼钥五次，黄公度三次，陆游一次，范成大三次，杨万里一次，程公许三次，何梦桂四次，李洪三次，这与“吏隐”一词已经是司空见惯、约定俗成的话头不无关系。

观宋代的吏隐，一般用来指称以下四种身份的士人：一是在朝为官却身居清闲之职，不得施展才华和政治抱负者。如王禹偁的《朝退偶题》[1]。二是出任州官郡宰，仍为一州之主，官阶不小，但离开朝廷可获得更大的自由，享受山水之乐，所以充分具备吏隐的条件者。如王禹偁《送戚殿丞之任括苍》《送鞠评事宰兰溪》等。三是任知县、县尉、主簿、推官等的小官吏，文人自称折腰吏、风尘吏，则是谓此。如王禹偁《送晁监丞赴婺州关市之役》《扬州亭即事》《游虎丘》《寄宁陵陈长官》等。第四种比较特殊，即奉祠官，又称“祠禄”。宋真宗建立宫观官制，设宫观使、判官、都监、提举、提点、主管等管理道观的职位，以安置五品以上不能任事或年老致仕的官员。熙宁年间，宫观制发展成为安置在政治斗争中失利或一心求退的官员，这些官员只领官俸而无职事，又因与道教关系密切，所以成为士人吏隐最名副其实的安身之处。

几乎每一位北宋士大夫的从宦过程，都经历了这四种身份中的一种至多种，比如王禹偁之八年三黜，范仲淹之三出专城，欧阳修之滁州太守，王安石之退隐江宁。更有甚者四种兼而有之，比如苏轼，熙宁在朝任殿中丞、直史馆、判官告院，因与王安石不合，而有“闲官不计员”之叹，此为第一种；熙宁四年通判杭州，后移知密州、徐州、湖州，是为第二种；乌台诗案后责授黄州团练副使，是为第三种；贬谪岭南北归后，提举玉局观，这又是第四种。这

[1]因为王禹偁诗歌中提及“吏隐”者最多，且对宋代隐逸人格精神有深远的影响，故举其诗题为例。

四种身份关系到士大夫的升降陟黜，往往代表着闲吏散官、贬谪外放、怀才不遇、与世不合等逆境。由此，我们可以为宋代的“吏隐”下一个详细具体的定义：指士大夫身处逆境时，不以利禄萦心，不以受挫为意，不以闲置为怀，虽居官犹如隐者。吏隐让士大夫在失意时仍有所寄托，仍然保持孤高耿介的胸襟，他们以吏隐自我勉励、自我安慰，或者文人间相互期许，从而平静度过那些贬谪外放的痛苦日子。

三、“中隐”与“吏隐”的关系

“中隐”一词由白居易的《中隐》而来：“大隐住朝市，小隐入丘樊。丘樊太冷落，朝市太嚣喧。不如作中隐，隐在留司官。似出复似处，非忙亦非闲。”[1]唐宋之制，中央官员在陪都洛阳任职，称为分司，也称留司。隐于留司官，其实就是吏隐，白居易本人又说：“初，元和中，公始因郎官分司东洛，由是得伊嵩趣，惬吏隐心。”[2]显然，“中隐”是白居易偶然用来替代“吏隐”，以与“大隐”“小隐”相配衬的戏谑说法，仅此一次，就在明清广为流传，但宋代对中隐的关注接受程度并不高[3]。蒋寅说：“当一些诗人抱着吏隐的宗旨行事，而其身份称吏隐又不太合适时，往往换成别的通融的说法。”“大约除了别人恭维，无人敢自称大隐，而小隐又做不到，于是官人尤其是相当有地位的官人便多自称中隐，聊别于吏隐。”[4]其实，宋代士人诗歌中称“中隐”的现象很少。

从诗题来看，宋代以“吏隐”命名亭台楼阁、书斋厅署者，远

[1]白居易：《中隐》，《白居易集笺校》卷二十二，第1493页。

[2]白居易：《唐银青光禄大夫太子少保安定皇甫公墓志铭》，《白居易集笺校》卷七十一，第3772页。

[3]霍建波：《吏隐诗的嬗变》，《唐都学刊》2007年第1期。霍文中对吏隐的分析，与笔者的观点不同。霍文认为白居易主要发展了中隐理论，笔者认为白居易提出“中隐”仅有一处，在宋代也不被广泛接受，中隐和吏隐在本质精神上有所不同。

[4]蒋寅：《古典诗歌中的“吏隐”》，《苏州大学学报》2004年第2期。

远多于“中隐”。《全宋诗》中题咏的风景、居所，以吏隐命名的不下20处，有武当郡吏隐亭、嵩山吏隐庵、赵子舆龙州吏隐堂、赵众倅厅吏隐堂、李纲题咏的吏隐轩、傅察会集的吏隐亭、陕府同判衙吏隐亭、杨敏叔虢州吏隐亭、詹迥诗中的吏隐山、许安仁的吏隐堂、静海吏隐堂、云间尉吏隐厅等12处，另有梅尧臣、范镇、刘舜臣、韩维、张祈、李伯玉、胡铨7人题写的吏隐堂。以“中隐”命名者则很少，只有张侍郎中隐堂、粤西中隐岩、马氏中隐庵、苏轼苏辙兄弟诗中的岐山宰王君绅的中隐堂、方岳山居七咏中的中隐洞，共5处。

从诗歌内容来看，就笔者检索，诗歌中言及“中隐”者寥寥无几，北宋仅有苏轼“未成小隐聊中隐”[1]，李之仪“求田聊复同中隐”[2]，南宋有周必大“市朝间阔聊中隐”[3]，张孝祥“吾家中隐君”[4]，共4处，这与236处“吏隐”相比，简直无足轻重。《全宋词》中，也仅有范成大《减字木兰花·波娇鬓袅》和黄格的《水调歌头·寿留守刘枢密》提及“中隐”。可见，在宋代“中隐”概念并没有被普遍接受，更不能成为通融的说法替代“吏隐”。

宋人对中隐的说法不太接受，大概因为中隐的思想境界不高，有寄生蠹民之嫌，与宋人的人格要求不符合。王禹偁就是最佳的例证，他认为尸位素餐就是苍生之蠹，经常为领取俸禄却不能为民众排忧解难深感不安，目睹百姓处于水深火热也无法力挽狂澜时，他就想弃官归去。检索他的诗歌，竟无一提及中隐，却有13次提到吏隐。王禹偁少读白居易集，不可能不读《中隐》诗，不使用中隐的说法，应该是因为他不接受白居易中隐的说法。白居易诗中偶然提及的中隐，融合了东方朔的“避世金马门”和王康琚的“小隐隐陵薮，大隐隐朝市”，取大隐、小隐的折中，毋需躲

[1]苏轼:《六月二十七日望湖楼醉书五绝》其五,《苏轼诗集》卷七,第341页。
[2]李之仪:《吴思道相送同宿崇因二首》其二,《全宋诗》第17册,第11186页。
[3]周必大:《次七兄韵题二兄静明阁》,《全宋诗》第43册,第26755页。
[4]张孝祥:《中隐》,《全宋诗》第45册,第27749页。

进深山老林，也能远离繁华都市的喧嚣，享受不那么森然可怖的自然山水之乐；中隐可护卫精神家园远离伴君如伴虎的战战兢兢、宦海风涛的凶险反复，还能保证闲适安逸生活的物质条件。“既欢怀禄情，复协沧州趣”是中隐的绝佳解释。折中了的中隐，确实有利于士人自身的生活状况和精神心态的调适，但也磨灭了大隐的玄远志向和小隐的狷介旷逸，而这些精神，恰恰是隐逸最为核心的精魂，是宋人最为在意的隐逸精神。再看看“吏隐”中体现出来的精神，“千峰秀处白云骄，吏隐云边岂待招”[1]“太平润色须公等，应许吾兼吏隐名”[2]“肩舆袅袅渡浮梁，吏隐知君寄一仓”[3]“遥知吏隐清如此，应问卿曹果是何”[4]“谪官成吏隐，古寺度高秋”[5]。士大夫于吏隐之中，不仅寄托闲适旷逸、恬淡冲和的隐逸情调，还寄托着“用之则行，舍之则藏”的清高、“不事王侯，高尚其事”的狷介以及“知足不辱”的洒脱，显示出在逆境面前的强大精神力量。因此，草率地把吏隐与中隐等同起来，认为宋代文人普遍接受并发展白居易的中隐理论的观点是有失偏颇的。

四、北宋“大隐”的含义

大隐不仅指隐于朝廷，还指隐于闹市，白居易提出中隐以前，只有大隐和小隐，大隐的外延涵盖了白居易所谓的中隐，苏轼的“惟有王城最堪隐，万人如海一身藏”可算是大隐的注脚。大隐见于《全宋诗》有121次，仅次于吏隐和小隐，而且自称在朝为官为大隐，在宋代也是十分常见的现象，并不仅用来对别人的恭维，李正民就名其文集为《大隐集》，为免烦冗，略举数例如下：

---

[1]范仲淹：《桐庐郡斋书事》，《范仲淹全集》卷五，第87页。
[2]韩驹：《次韵翁监再来馆中》，《全宋诗》第25册，第16618页。
[3]苏辙：《次韵子瞻题泗州监仓东轩二首》，《苏辙集》卷十四，第274页。
[4]黄庭坚：《袁州刘司法亦和予摩字诗因次韵寄之》，见黄庭坚撰，刘尚荣校点《黄庭坚诗集注》外集卷十，第1109页。中华书局，2003年版。
[5]张耒：《谪官》，《张耒集》卷八，第117页。

大隐金门犹自适，日亲方朔听诙谐。（杨亿《休沐述怀寄秘阁钱少卿》）

大隐本来无境界，北山猿鹤谩移文。（苏轼《夜直秘阁呈王敏甫》）

身入微官缰锁里，心惭大隐市朝间。（杜范《伏蒙赐和复用韵二章拜呈可谓出愧炫嫌惟自叙鄙怀并以见区区敬慕之意姑惟教之是所愿也》其一）

仕宦不妨真大隐，风流无伴只孤斟。（郭印《和赵茂州即事六首》其一）

大隐悠悠未弃官，俸钱虽薄却心安。（陆游《初春遣兴三首》其二）

大隐取立于人群闹市之意时与吏隐没有区别，无须再说。就立朝居官而不为利禄萦心的一面，大隐与吏隐在本质精神上也是相通的，杨亿说“须知吏隐金门客，待乞刀圭作地仙”[1]，王禹偁说“吏隐金门只似闲，退朝穷巷懒开关”[2]，都直接把吏隐与避世金马门之朝隐等同起来。但细究起来，大隐展示出来的士人心态还是与吏隐有所不同。士人立朝为官，物质生活条件比较丰裕，地位也相对更尊贵，但在朝的士人是最能体会到官场的倾轧钻营，明枪易躲暗箭难防，一不小心或身不由己地就会处于宦海的风口浪尖上，所以士人要有更强大的精神支柱来平衡内心的焦虑，与邪恶、黑暗的力量抗争。大隐让他们从名利之心中解脱出来，不在意个人的宠辱得失，形成自我保护的屏障，藐视那些即将降临的陷害污蔑的权利，也具有一往无前地投身于理想抱负的勇气。可以说，大隐为立朝为官的士人提供精神堡垒与精神补给，是一种防患于未然式的精神守护。

要之，士人的社会责任感与个体生命的自由相互矛盾，仕途

[1]杨亿：《寄灵仙观舒职方学士》，《全宋诗》第3册，第1407页。
[2]王禹偁：《朝退偶题》，《王黄州小畜集》卷七，第15页。

处境与理想抱负也总是存在差距，北宋文人以隐逸诗展示他们心隐形不隐的隐逸精神，巧妙地调和这些无法避免的矛盾，形成可仕可隐、可进可退、宠辱不惊的隐逸人格精神。

（林晓娜，文学博士，现供职于汕头大学）

鲁迅与海婴编年

张学义

提要

《鲁迅与海婴编年》以鲁迅为主线，详尽梳理鲁迅在世时与儿子周海婴之间点滴关联乃至生活琐事，初步考察和研究鲁迅对自己儿子的抚养、教育、态度和情感，为从“鲁迅与儿童”的视角深入理解鲁迅的思想、感情、写作等方面提供一份例证资料。

说明

一、本“编年”主要包括鲁迅与海婴之间的事迹、记事、按语三部分；

二、本“编年”以鲁迅日记为纵线，相应的事迹沿鲁迅日记铺叙；

三、年、月、日均记公历，用阿拉伯数字标明；

四、●表示相应时段相关记事；

五、“按”表示编者自己结合有关资料作出的基本说明或诠释；

六、本“编年”为2017年陕西省社科界重大理论与现实问题研究项目《鲁迅与儿童考察研究》(2017CO5O)阶段性研究成果。

1929 年

5 月 15 日　鲁迅北平省母，鲁瑞问许广平为什么不一同来，鲁迅于“正付车钱”的匆忙中答以有些不舒服。(《鲁迅全集》11 卷,286 页)

5 月 16 日　鲁迅告诉母亲，许广平没有来北平的原因是“火车震动，不宜于孩子的事”。母亲很高兴，说：“我想也该有了，因为这屋子里早应该有小孩子走来走去了。”(《鲁迅全集》11 卷,286 页)

5 月 21 日　许广平给鲁迅写信说：“今天仍在做生活，是织小毛绒背心，快成功了。”(《鲁迅全集》11 卷，302 页)

6 月 1 日　鲁迅给许广平的信说：“小米（H. 吃的），梆子面（同上）……昨天都已买齐了。”(《鲁迅全集》11 卷，315 页)

8 月 8 日　“同广平往福民医院诊察。”(《鲁迅全集》14 卷,775 页)

9 月 5 日　“同广平往福民医院诊察。”(《鲁迅全集》14 卷,779 页)

9 月 26 日　“下午送广平入福民医院。夜在医院。”(《鲁迅全集》14 卷，781 页)

●许广平回忆说：

正是二十六晨三时，那腹中的小生命不安静起来了，有规律地阵痛，预示了他的将要“来到人间”。我忍耐着痛楚，咬住牙齿不使他惊醒，直至上午十时才告诉他，事情是再不能拖延下去了，冒着发热，他同我去办妥住医院的一切手续。

从护士通知他马上要生产了，预备好了小床、浴盆、热水；一次又一次，除了回家吃饭，他没有片刻离开过我。二十六日一整夜，他扶着我那过度疲劳支持不住而还要支起来的一条腿，而另一条腿，被另一个看护扶着。(《欣慰的纪念》，见《许广平文集》2 卷，62 页)

9月27日　“晨八时广平生一男。”(《鲁迅全集》14卷,781页)

●许广平回忆说：

因是难产，要进行手术，医生曾征询鲁迅的意见：“留小孩还是留大人？”他不待思索地说:“留大人。”(《欣慰的纪念》,见《许广平文集》2卷,62页)等婴孩生下后,鲁迅先生带着欣慰的口吻说:“是男的，怪不得这样可恶！”“但从这一刻起，他把父亲的爱给予了他。”(《欣慰的纪念》，见《许广平文集》2卷，62页)

同日　鲁迅给谢敦南写信,叙说许广平生产情形。(《鲁迅全集》11卷，685页)

9月28日　“买文竹一盆,赠广平。”(《鲁迅全集》14卷,781页)

●许广平回忆说：

这回他才算很费心想到给我买些花来了，但也并非送那悦目的有香有色的花朵，而是针叶像刺一样的松树，也可以看见他小小的好尚了。”(《欣慰的纪念》，见《许广平文集》2卷，66页)

按:许广平回忆中的“小松树”乃“文竹”之误。可参考《鲁迅研究资料》(4)第506页。

10月1日　“下午往福民医院，与广平商定名孩子曰海婴。”(《鲁迅全集》14卷，782页)

●据许广平回忆：

十月一日的早晨，往常这时候鲁迅先生多未起床的，但是自从小孩生下来之后，每天九时左右他就来了。很优闲地谈话，问到我有没有想起给他起个名字，我说没有。他说："想倒想起两个字，你看怎样？因为是在上海生的，是个婴儿。就叫他海婴。这名字读起来颇悦耳，字也通俗，但却绝不会雷同。译成外国名字也简便，而且古时候的男人也有用婴字的。如果他大起来不高兴这个名字，自己随便改过也可以，横竖我也是在另起名字的，这个暂时用用也还好。"(《欣慰的纪念》,见《许广平文集》2卷,66页)

又：在许广平住院期间，鲁迅每天都要看望两三次，有时还领着一批批的朋友来慰问。鲁迅那时眼里总闪着微笑，总是想多看看这个刚刚出世的婴儿。朋友们看了海婴,说孩子长得像鲁迅,他就满心喜爱和慈祥地再次凝视着孩子，然后承认的确像自己，但又补充说："不，我没有他漂亮。"说完，他畅怀地大笑起来。(林非、刘再复：《鲁迅传》，219页)

按：据鲁迅日记载，许广平住院期间，先后到医院看望的有党家斌、周建人、张友松、许寿裳等。

10月10日　"下午，同三弟、蕴如往福民医院迓广平及海婴回寓。"(《鲁迅全集》14卷，783页)

●据许广平回忆：

十二天之后，得到医生的允许，我们可以回家了。……走到楼上卧室里，哈！清洁齐整，床边也一样摆起小桌子，桌子上安放些茶杯、硼酸之类的常用品，此外更有一盘精致的松树。每一件家具,尽可能地排换过位置,比较以前我在的时候调整得多了。平时他从不留心过问这些琐碎的，现在安排起来也很合式，给我种惊奇和满心的喜悦，默颂那爱力的伟大。(《欣慰的纪念》，见《许

广平文集》2卷，66—67页）

10月11日　“上午内山赠孩子涎挂一个，毯子一条。”（《鲁迅全集》14卷，783页）

按：据周海婴1990年4月22日给笔者的信云：此像挂于故居二楼卧室，油画像，尺寸为38cm×39.6cm×16cm。画面右上端有作者用油画笔手书“海婴生后十六日像”（黑色字），左下角有作者签名“秋义”二字。

10月16日　“下午请照相师来为海婴照相。”（《鲁迅全集》14卷，784页）

10月18日　“上午携海婴往福民医院检查，无病，但小感冒。”（《鲁迅全集》14卷，784页）

●据许广平回忆：

他真是特别小心，不许用未曾开过的水，更不愿意假手别人。在一只小盆里，盛了半盆温水，由我托住小孩的身体，由他来洗。水既不大热，经过空气一吹，小孩受冷到面孔发青，小身体发抖，我们也狼狈不堪，草草了事。发寒热感冒了。（《欣慰的纪念》，见《许广平文集》2卷，64页）

10月22日　“下午取海婴照相来。托蕴如买小床、药饵、火腿等，共用泉四十五元。”（《鲁迅全集》14卷，785页）

10月23日　“以海婴照相寄谢敦南及淑卿。”（《鲁迅全集》14卷，785页）

10月26日　“石民、衣萍、曙天、小峰、漱六来，并赠孩子用品。”（《鲁迅全集》14卷，785页）

●据许广平回忆：

海婴生下来了，每个朋友来到，他总抱给他们看，有时小孩子在楼上睡熟了，也会叫人把他抱下来。他平常对海婴的欢喜爱惜，总会不期而然地和朋友谈到他的一切。(《欣慰的纪念》，见《许广平文集》2卷，61—62页)

同日　鲁迅在致章廷谦的信中说：

许现在已经复原了，因为虽然是病，然而是生理上的病，所以经过一月，一定复原。但当出院回寓时，已经增添了一人，所以势力非常膨胀，使我感到非常被迫压，现已逃在楼下看书了。(《鲁迅全集》11卷，690页)

●据许广平回忆：

每天工作，他搬到楼下去，把客堂的会客所改为书房，在工作的时候他可以静心，更可以免得在小孩跟前轻手轻脚，不自如，和怕用烟熏了小孩不好。(《欣慰的纪念》，见《许广平文集》2卷，67页)

11月1日　"上午携海婴往福民医院诊察。"(《鲁迅全集》14卷，786页)

11月4日　"康农赠孩子衣帽各一。"(《鲁迅全集》14卷，786页)

11月6日　"上午携海婴往福民医院诊。"(《鲁迅全集》14卷，786页)

11月10日　"上午携海婴往福民医院诊察。"(《鲁迅全集》14卷，787页)

11月14日　"上午携海婴往福民医院诊。"(《鲁迅全集》14卷，787页)

11 月 17 日　装火炉。(《鲁迅全集》14 卷，787 页)

11 月 18 日　上午“携海婴往福民医院诊察”。(《鲁迅全集》14 卷，788 页)

11 月 22 日　“上午携海婴往福民医院诊察。”(《鲁迅全集》14 卷，788 页)

11 月 26 日　“上午同广平携海婴往福民医院诊察，体重计三千八百七十格伦。”(《鲁迅全集》14 卷，788 页)

11 月 30 日　“上午同广平携海婴往福民医院诊察。”(《鲁迅全集》14 卷，789 页)

●据许广平回忆：

最怕的是小孩子生病，本来提心吊胆在招呼他，如果一看到发热伤风就会影响他的工作。在日记里，不是时常提及海婴的病吗？遇到了真使他几乎“眠食俱废”，至少也得坐立不安，精神格外兴奋。后来小孩大到几岁，也还是如此。(《欣慰的纪念》，见《许广平文集》2 卷，68 页)

12 月 2 日　北平《新晨报副刊》发表署名“常工”的《桥畔偶笔》一文，即就海婴的诞生挖苦攻击鲁迅。(《鲁迅全集》12 卷，36 页，注释 3) 鲁迅于 1931 年 2 月 2 日给韦素园的信中曾提及。

12 月 4 日　上午“携海婴往福民医院诊察，衡其体重，计四千一百十六格兰，医师言停服药”。(《鲁迅全集》14 卷，790 页)

1930 年

1 月 4 日　“海婴生一百日，午后同广平挈之往春阳馆照相。”(《鲁迅全集》14 卷，805 页)“照片上，许广平怀抱海婴，鲁迅目

视海婴，十分亲切……”(周国伟:《寻访鲁迅在上海的足迹》，19页)

同日　女工阿花与海婴照相。周海婴说:这是一张六吋照片。她“衣着整洁合身，神态端庄文静，双手抱住我坐在她的膝上”。(周海婴:《重回上海忆童年》)

同日　鲁迅以海婴的名义赠给孙裴君一张周海婴的照片，在照片的下端，鲁迅亲笔题词:“裴君先生惠存　海婴敬赠　时在一九三〇年一月四日，因生后只一百日，不能写字，故由鲁迅代记。上海。”(《鲁迅研究资料》7辑，194页)

1月6日　“上午往福民医院，邀杨女士为海婴洗浴。”(《鲁迅全集》14卷，805页)

●据许广平回忆:

当给海婴洗浴的护士小姐提议叫鲁迅、广平给孩子洗浴时，他们担心再将孩子洗感冒，有点气馁。鲁迅先生说:“还是让她洗吧，我们洗病了，不是还要花更多的钱吗？我多写两篇文章就好了。”(《欣慰的纪念》，见《许广平文集》2卷，64页)

1月9日　“夜代女工阿花付赎身钱百五十元，由魏福绵经手。”(《鲁迅全集》14卷，806页)

按:据周海婴《重回上海忆童年》，有了海婴之后，因家务繁累，才雇阿花做女工。阿花工作十分得力，干净利落。但毕竟由于她较年轻，“带领幼儿缺少经验，每在清晨抱我在北窗下与人谈天，或去汽车修理间与人说话，以致使我受到风寒，由气管炎转成支气管哮喘。长期治疗，反复不愈，父母也为此劳累不堪”。以后不长时间，便辞退阿花，又请来许妈。

1月12日　“取照相。”(《鲁迅全集》14卷，806页)

1月13日　“下午出街为瑾儿及海婴买药。晚杨先生来为海婴沐浴，衡之重五千二百格兰。”（《鲁迅全集》14卷，806页）

1月16日　“午后上街取照片。”（《鲁迅全集》14卷，806页）

1月17日　“下午寄淑卿信并照片三枚,内二枚呈母亲。”（《鲁迅全集》14卷，卷806页）

1月31日　“上午同广平携海婴往福民医院种牛痘。”（《鲁迅全集》14卷，808页）

2月6日　“上午同广平携海婴往福民医院诊视牛痘，计出三粒，极佳。”（《鲁迅全集》14卷，809页）

2月8日　“作《毁灭》第二部一至三章译后附记，写道：‘革命有血，有污秽，但有婴孩。’”（《鲁迅全集》10卷，355页）

2月11日　“午后托柔石往邮局以海婴照片一枚寄赠孙斐君。”（《鲁迅全集》14卷，809页）

2月12日　“上午同广平携海婴往福民医院诊察。”（《鲁迅全集》14卷，810页）

2月17日　许钦文致信鲁迅：“祝某小公癣早退！”（《鲁迅、许广平所藏书信选》，106页）

按：某小公即指周海婴。

2月22日 鲁迅复章廷谦信：

海婴，我毫不佩服其鼻梁之高，只希望他多睡一点，就好。他初生时，因母乳不够，是很瘦的，到将要两月，用母乳一次，牛乳加米汤一次，间隔喂之（两回之间，距三小时，夜间则只吃母乳），这才胖起来。米之于小孩，确似很好的，但粥汤似比米糊好，因其少有渣滓也。……今年是无暇游春了，我所经手的事太多，又得帮看孩子，没有法。（《鲁迅全集》12卷，4–5页）

●据许广平回忆：

一到夜里十二时，他必然上楼，自动地担任到二时的值班。鲁迅值班时，手里搬弄一些香烟盒之类，弄出锵锵的响声，引得小孩高兴了，小身子就立在他大腿上乱跳。倦了，他也有别的办法，把海婴横困在他的两只弯起来的手弯上，在小房间里从门口走到窗前，再来回走着，唱那平平仄仄平平仄的诗歌调子：

“小红，小象，小红象，

小象，红红，小象红；

小象，小红，小红象，

小红，小象，小红红。”

有时又改口唱仄仄平平平仄仄调：

“吱咕，吱咕，吱咕咕呀！

吱咕，吱咕，吱吱咕。

吱咕，吱咕，……吱咕咕，

吱咕，吱咕，吱咕咕。”

一遍又一遍，十遍二十遍地，孩子在他两手造成的小摇篮里安静地睡熟了。(《欣慰的纪念》,见《许广平文集》2卷,67—68页)

2月28日　“上午同广平携海婴往福民医院诊察。”(《鲁迅全集》14卷，811页)

3月2日　“上午携海婴往福民医院诊。”(《鲁迅全集》14卷,813页)许钦文同日给鲁迅的信中问：“小某公想已恢复小白脸，但我脑中还是个小花脸。”(《鲁迅、许广平所藏书信选》，108页)

3月4日　“上午携海婴往福民医院诊察。”(《鲁迅全集》14卷，813页)

3月9日　“上午携海婴往福民医院诊察。”(《鲁迅全集》14卷，813页)

3月10日　“上午携海婴往福民医院诊察。”(《鲁迅全集》14

卷，831 页）

3 月 19 日　鲁迅离寓避难。(《鲁迅全集》14 卷，815 页)

●据许广平回忆：

因遭反动派“秘密通缉”，离家暂住北四川路魏盛里内山完造家中避难。国民党反动派自鲁迅参加“自由大同盟”和“左联”等活动后即对他加紧迫害。于“秘密通缉”的同时，采取盯梢、信检、查禁刊载其作品之书刊等反动措施。鲁迅于离家前将书信全部烧毁以免连累友人。在魏盛里避难期间仍坚持写作，许广平每隔两三天抱海婴前往探望。至四月十九日回寓。(《鲁迅年谱》下卷，438 页）

3 月 24 日　“午前王蕴如及广平携海婴来，同往东亚食堂午餐。”(《鲁迅全集》14 卷，815 页）

3 月 27 日　“雨。海婴满六阅月，午广平携之来，同往福井写真馆照相，照讫至东亚食堂午餐。”(《鲁迅全集》14 卷，816 页）

●据许广平回忆：

到了海婴六足月的一天，他还冒着侦缉者的嗅觉之下，走出来同海婴到照相馆去拍照，这时海婴还不会站立，由他蹲在桌子后面扶持住，才成一张立像。(《欣慰的纪念》，见《许广平文集》2 卷，75 页）

同日　鲁迅致章廷谦信：

果然，有几种报章，又对我大施攻击，自然是人身攻击，和前两年“革命文学家”攻击我之方法并同，不过这回是“罪孽深重，祸延”孩子，计海婴生后只半岁，而南北报章，加以嘲骂者

已有六七次了。(《鲁迅全集》12 卷，8—9 页)

3 月 31 日　“上午广平携海婴来。”(《鲁迅全集》14 卷,816 页)

●据许广平回忆：

在避难期间，每隔两三天，我抱了海婴去探望一次，这时海婴已经有半岁了，很肥胖可爱。为了避难在外，使他每天不能够看见他的爱子，相见了，在这种环境中，心情是相当说不出的难受。(《欣慰的纪念》，见《许广平文集》2 卷，75 页)

4 月 10 日　“午前广平携海婴来。”(《鲁迅全集》14 卷,818 页)

4 月 11 日　“以海婴照片一枚寄母亲。”(《鲁迅全集》14 卷,819 页)

4 月 16 日　“上午广平携海婴来。”(《鲁迅全集》14 卷,819 页)

4 月 23 日　“上午同王蕴如及广平、海婴往齿科医院 。携海婴往理发店剪发。”(《鲁迅全集》14 卷，820 页)

4 月 28 日　“上午携海婴往福民医院诊。”(《鲁迅全集》14 卷，821 页)

4 月 30 日　“上午同广平携海婴往福民医院诊。”(《鲁迅全集》14 卷，821 页)

5 月 1 日　“携海婴往福民医院诊，广平同去。”(《鲁迅全集》14 卷，822 页)

5 月 2 日　“上午同广平携海婴往福民医院诊。”(《鲁迅全集》14 卷，822 页)

5 月 3 日　鲁迅致李秉中信云：

结婚之事，难言之矣，此中利弊，忆数年前函中亦曾为兄道及。爱与结婚，确亦天下大事，由此而定，但爱与结婚，则又有他种大事，由此开端，此种大事，则为结婚之前，所未尝想到或遇见者，然此亦人生所必经（倘要结婚），无可如何者也。未婚之前，说亦不解，既解之后，——无可如何。（《鲁迅全集》12卷，15—16页）

按："他种大事"，主要指鲁迅、许广平婚后家庭生活，特别是添了孩子后的负担等。

5月8日　"上午同广平携海婴往福民医院诊。"（《鲁迅全集》14卷，822页）

5月12日　"夜同广平携海婴迁入北四川路楼寓。"（《鲁迅全集》14卷，823页）

按：北四川路楼寓即拉摩斯公寓。此寓原主为内山一朋友，人走青岛，房间空着，又值一九三〇年春鲁迅遭到反动当局的通缉，于是内山便以他自己的名义替鲁迅租下来，鲁迅于是日从景云里移居该公寓A三楼四号，住至一九三三年四月十一日迁往施高塔路大陆新村。公寓为钢筋混凝土的四层建筑，门牌号码现为2077-2099。（参见《鲁迅全集》14卷，825页；周国伟：《寻访鲁迅在上海的足迹》，6页）

5月13日　"上午同广平携海婴往福民医院诊。"（《鲁迅全集》14卷，823页）

5月19日　"下午出街为海婴买蚊帐一具，一元五角。"（《鲁迅全集》14卷，824页）

5月29日　"夜同广平携海婴访三弟。"（《鲁迅全集》14卷，824—825页）

6月13日　"下午内山夫人赠花布两匹给海婴。"（《鲁迅全集》14卷，827页）

6月16日　"午后与广平携海婴同去理发。"（《鲁迅全集》14

卷，827页）

6月21日　“收王阿花所还泉八十，王蕴如交来。”（《鲁迅全集》14卷，828页）

7月4日　“上午同广平携海婴往福民医院诊。”（《鲁迅全集》14卷，829页）

7月5日　“上午同广平携海婴往福民医院诊。”（《鲁迅全集》14卷，830页）

同日　夜，“又往雪宫吃刨冰，广平及海婴同去”。（《鲁迅全集》14卷，830页）

7月6日　“上午同广平携海婴往福民医院诊。”（《鲁迅全集》14卷，830页）

7月8日　“上午同广平携海婴往福民医院诊。”（《鲁迅全集》14卷，830页）

7月9日　“上午同广平携海婴往平井博士寓诊。”（《鲁迅全集》14卷，830页）

7月10日　“上午同广平携海婴往平井博士寓诊。”（《鲁迅全集》14卷，830页）

7月11日　“上午同广平携海婴往平井博士寓诊。”（《鲁迅全集》14卷，830页）

7月12日　夜，“高桥澈志君及其夫人来，并赠海婴玩具二事”。（《鲁迅全集》14卷，830页）

7月13日　“上午同广平携海婴往平井博士寓诊。”（《鲁迅全集》14卷，831页）

7月15日　“往平井博士寓问方。”（《鲁迅全集》14卷，831页）

7月16日　“同广平携海婴往平井博士寓诊。”（《鲁迅全集》14卷，831页）

7月18日　“上午同广平携海婴往平井博士寓诊。”（《鲁迅全集》14卷，831页）

7月19日　“淑卿来，晚邀之往中西食堂晚饭，并邀乔峰、蕴如、

晔儿、广平及海婴。"（《鲁迅全集》14卷，831页）

7月20日　"上午同广平携海婴往平井博士寓诊。"（《鲁迅全集》14卷，831页）

7月24日　"同广平携海婴往平井博士寓诊。午在仁济药堂买药中钱夹被窃，计失去五十余元。"（《鲁迅全集》14卷，832页）

7月29日　"上午同广平携海婴往店剪发。"（《鲁迅全集》14卷，832页）

按：据周海婴讲：我不太喜欢理发。在这种情况下，父亲大约是软硬兼施（我最终还是理了），因为父亲就不爱理发，理发的时候不自由。但我当时留平头，理发很快就完了。所说"剪发"，其实是用推子理。（见《海婴答问录》）

8月19日　"买玩具三种。"（《鲁迅全集》14卷，835页）

8月30日　"上午往仁济堂为海婴买药。"（《鲁迅全集》14卷，836页）

9月1日　"上午为海婴往仁济堂买药。"（《鲁迅全集》14卷，837页）

9月3日　"上午往仁济药堂买药。"（《鲁迅全集》14卷，837页）

9月6日　"下午为海婴往仁济药堂买药。"（《鲁迅全集》14卷，837页）

9月17日　"友人为我在荷兰西菜室作五十岁纪念，晚与广平携海婴同往，席间共二十二人，夜归。"（《鲁迅全集》14卷，838页）

9月25日　"午后同广平携海婴往春阳堂照相。"（《鲁迅全集》14卷，839页）

按：每年海婴生日那天，作为纪念的礼物之一，就是到照相馆去拍照。既有海婴单独拍的，也有三人合影的。这一日，共照了两帧照片，一帧为鲁迅怀抱海婴。鲁迅在照片上亲书了"海婴与鲁迅，一岁与五十”的两句题字。题好后说：“这两句译成外国文，读起来也很好的。”另一帧是五十岁生辰全家合影，鲁迅在照片上亲书了三人合影姓名，并注明“9/24”的日期。（周国伟：《寻访鲁迅在上海的足迹》，191 页）

按：9 月 25 日的照像（全家）却署上 9/24 的日期，这是因为此帧照像是纪念鲁迅生辰的，鲁迅生辰是阴历八月初三，该年值 9 月 24 日，故书。

9 月 26 日　“平甫来并赠海婴以绒制小熊一匹。”（《鲁迅全集》14 卷，839 页）

按：平甫即茅盾。

9 月 27 日　“下午三弟赠海婴衣料两种。王蕴如携烨儿来，因出街买糯米珠二勺，小喷壶两个赠二孩子。今日为害婴生后一周年，晚治面买肴，邀雪峰、平甫及三弟共饮。”（《鲁迅全集》14 卷，839 页）

9 月 30 日　“午同广平携海婴往石井医院诊。”（《鲁迅全集》14 卷，840 页）

按：在海婴一周岁生日问题上，前十天还参加鲁迅五十寿辰庆祝会，“亲切地”和鲁迅“一起谈天，私心很觉荣幸”的杨村人，却化名文坛小卒造谣鲁迅“领到了南京中央党部的文学奖金，大开筵宴，祝孩子的周年”，说郁达夫从庆安赶来参加，与宴的还有杨骚、白薇等，不料引起了郁达夫对亡儿的记忆，悲哀起来了等等。鲁迅愤怒地说：杨村人明明知道事实而故意造谣，竟然使“出世不过一年的婴儿，也和我一同被喷满了血污”。（蒙树宏：《鲁迅年谱稿》，262 页）

10月2日　“上午同广平携海婴往石井医院诊。”(《鲁迅全集》14卷，840页）

10月4日　“上午同广平携海婴往石井医院诊。”(《鲁迅全集》14卷，840页）

10月6日　“上午同广平往石井医院诊。”(《鲁迅全集》14卷，841页）

10月8日　“上午同广平往石井医取药。”(《鲁迅全集》14卷，841页）

10月11日　“买日本别府温泉场所出竹制玩具二事：一牛若丸，一大道艺人，共泉一元五角。”(《鲁迅全集》14卷，841页）

按：牛若丸，日本古代行侠仗义的武士，原名源义经（1159—1189)，幼名牛若丸。大道艺人，日本民间杂技艺人。此处指以他们的形象制作的工艺品。(《鲁迅全集》14卷，844页）

10月20日　致章廷谦信：“……孩子则已学步矣。”(《鲁迅全集》12卷，27页）

10月31日　“上午同广平携海婴往石井医院诊。”(《鲁迅全集》14卷，843页）

11月3日　“下午蕴如来……给海婴玩具三种。”(《鲁迅全集》14卷，844页)

11月19日　致崔真吾信：

海婴已出了三个半牙齿，能说的话还只三四句，但却正在学走，滚来滚去，领起来很吃力。(《鲁迅全集》12卷，29页）

12月7日　“下午从三弟寓持来母亲所寄果脯、小米、斑豆、玉蜀黍粉等，云是淑卿带来上海者。”(《鲁迅全集》14卷，848页）

12月21日　“下午内山夫人赠海婴玩具两种。”(《鲁迅全集》

14卷，849页）

12月27日　在一次“左联”全体会议上，鲁迅、胡也频等都参加，那时，丁玲刚生了一个男孩，鲁迅先生在会后殷切地问胡也频同志，母子的健康状况，孩子的奶够不够吃……胡也频同志一一作了回答。（见《鲁迅生平史料汇编》5卷上册，438页；丁玲《一个真实人的一生》，见《胡也频小说选》，13页）

1931年

1月5日　“上午同广平携海婴往平井博士寓诊。”（《鲁迅全集》14卷，865页）

1月8日　“午后雨。往仁济堂为海婴买药。”（《鲁迅全集》14卷，865页）

1月16日　“下午山田女士及内山夫人来，并赠海婴玩具麾(摩托车)一辆。”（《鲁迅全集》14卷，865页）

1月20日　“下午偕广平携海婴并许媪移居花园庄。”（《鲁迅全集》14卷，866页）

按：1931年1月17日，冯铿等五位“左联”青年作家，在上海东方旅社被捕后，传闻将搜捕鲁迅。内山完造担忧鲁迅的安全，为他设法在花园庄旅馆避居（因花园庄老板与田丰藩是内山完造所信赖的朋友）。1月20日下午傍晚，内山委托书店店员王宝良雇了四辆黄包车，由他和王宝良陪送鲁迅全家至花园庄旅馆。花园庄旅馆位于上海虹口公园附近的黄陆路（今黄渡路），鲁迅在这里度过了不寻常的四十天避居生活，并同不少日本人结下了友情（周国伟：《寻访鲁迅在上海的足迹》，13—15页）

●**据许广平回忆：**

这时海婴不过一岁零三个月，刚学走路，在窄窄的一小间房里，较暖好的大床，让给海婴和女工睡，我们是在靠门口的一张比较小的床上。避难是不能带书籍和写作的工具，更难得有写作的心情的，除了烤烤火，和同住的邻客谈谈天外，唯一的慰藉，就恐怕是海婴的天真，博得他几许的欢笑。(《欣慰的纪念》),《许广平文集》2 卷，76 页)

2 月 1 日　“午后同广平携海婴往内山书店。”(《鲁迅全集》14 卷，868 页)

2 月 2 日　致韦素园信：

我们有了一个男孩，已一岁另四个月，他生后不满两月之内，就被“文学家”在报上骂了两三回，但他却不受影响，颇壮健。(《鲁迅全集》12 卷，35 页)

2 月 18 日　致李秉中信：

我又有眷属在沪，并一婴儿，相依为命，离则两伤，故且深自韬晦，冀延余年，倘举朝文武，仍不相容，会当相偕以泛海，或相率而授命耳。(《鲁迅全集》12 卷，39 页)

按：鲁迅在花园庄避居时，曾与长尾景和交往。

●**长尾景和回忆说：**

我照样在楼梯旁的那个地方和先生一同围着火盆取暖时，一个三岁左右的小孩走到了我的身旁。先生说：“这是我的孩子。”

我立即将他抱起，问他叫什么名字，先生说叫海婴。我说："海里边的樱花，这真是一个漂亮的名字。"先生说："不，是取其在上海生的婴儿的意思。"这个孩子用小手指着旁边的椅子，我听不明白他说的是什么，先生说："他告诉我，这把椅子上有颗钉子露出来了。"我一看，果然露出一个芝麻粒大小的钉子尖。这个孩子的聪明伶俐，使我惊奇不已。先生说："我因为这孩子的神经太过敏，所以有点担心。他睡觉时，身旁稍稍有些动静，马上就会醒来。"……当时先生带着苦恼的神情，亲切地对我流露过他的心情。他说："我本来想过独身生活，因为如果有了孩子，就会对人生有所牵挂，可是现在我的思想成熟了，觉得应该像这样生活。"（《鲁迅生平史料汇编》5卷上册，39—41页）

3月4日　"上午同广平携海婴往石井医院诊。"（《鲁迅全集》14卷，871页）

3月6日　复李秉中信：

孩子生于前年九月间，今已一岁半，男也，以其为生于上海之婴孩，故名之曰海婴。我不信人死而魂存，亦无求于后嗣，虽无子女，素不介怀。后顾无忧，反以为快。今则多此一累，与几只书箱，同觉笨重，每当迁徙之际，大加擘画之劳，但既已生之，必须育之，尚何言哉。（《鲁迅全集》12卷，41—42页）

3月8日　"上午同广平携海婴往石井医院，值医师出诊，遂索药而归。"（《鲁迅全集》14卷，872页）

3月21日　"下午收李秉中赠海婴衣裤一套。"（《鲁迅全集》14卷，873页）

按：1931年3月至6月，增田涉到上海向鲁迅请教中国文学，在鲁迅向他讲解《中国小说史略》的时候，海婴大都由保姆带了出

去，不常在屋里。（《鲁迅生平史料汇编》5卷下册，1036页）

4月3日　复李秉中信："前由东京铺子寄到小孩衣裤各一事，知系兄见惠之品，甚感谢。"（《鲁迅全集》12卷，43页）

4月15日　复李秉中信：

生今之世，而多孩子，诚为累坠之事，然生产之费，问题尚轻，大者乃在将来之教育，国无常经，个人更无所措手，我本以绝后顾之忧为目的，而偶失注意，遂有婴儿，念其将来，亦常惆怅，然而事已如此，亦无奈何，长吉诗云：己生须己养，荷担出门去，只得加倍服劳，为孺子牛耳，尚何言哉。兄之孩子，虽倍于我，但倘不更有增益，似尚力有可为，所必要者，此后当行节育法也。惟需不懈，乃有成效，因此事繁琐，易致疏失，一不注意，便又往往怀孕矣。求子者日夜祝祷而无功，不欲者稍不经意而辄妊，此人间之所以多苦恼欤。（《鲁迅全集》12卷，43页）

4月17日　"午后长尾景和来并赠板画一枚，手巾一条，玩具四种，糖一袋。"（《鲁迅全集》14卷，875页）

4月20日　"下午同广平、海婴、文英及其夫人并孩子往春阳馆照相。"（《鲁迅全集》14卷，875页）

按：文英即冯雪峰。这次照相，是鲁迅与冯雪峰编辑《前哨》第一期"纪念战死者"专号后照的。

4月22日　"买《益智图千字文》石印本一部，一元五角。"（《鲁迅全集》14卷，875页）

4月24日　"下午内山君赠海婴五月人形金太郎一坐。"（《鲁迅全集》14卷，876页）

按：金太郎是一个石膏质的娃娃，全身赤裸套着一个红色肚兜，魁梧的体魄，强壮的四肢，手上高高举着一根渔杆，杆上吊着一条金色的大鲤鱼，脚下踩着一张红色的茶几，由于金太郎的眼珠是用琉璃镶嵌的，因此眼睛闪亮，形态逼真。

金太郎是日本传说中的英雄坂田金时的形象，每年五月五端午节（也称男儿节），日本有以坂田金时的形象制作玩具赠给儿童的风俗，这个风俗至今还很兴盛。在男儿节赠给男孩子“五月人形金太郎”，是带着祝愿和希望的，就是祝愿孩子像金太郎那样长得伟岸强壮，希望像金太郎那样成为一个英雄。（《鲁迅研究资料》16 辑，220 页）

4 月 26 日　“上午同广平携海婴往石井医院诊。”（《鲁迅全集》14 卷，876 页）

5 月 31 日　“山本夫人赠海婴以奈良人形一合。”（《鲁迅全集》14 卷，879 页）

6 月 2 日　“同广平携海婴往平井博士寓诊。”（《鲁迅全集》14 卷，881 页）

6 月 4 日　“上午同广平携海婴往平井博士寓诊。”“夜同广平携海婴往内山书店。”（《鲁迅全集》14 卷，881 页）

6 月 5 日　“下午寄紫佩信并七月至九月家用泉三百，海婴等照片一枚，托其转交。”（《鲁迅全集》14 卷，881 页）

6 月 23 日　“夜同广平携海婴访王蕴如及三弟。”（《鲁迅全集》14 卷，883 页）

6 月 29 日　“下午海婴发热，为请平井博士来诊。”（《鲁迅全集》14 卷，884 页）

7 月 1 日　“上午同广平携海婴往平井博士寓，适其休息日，未诊，仍复旧方。”（《鲁迅全集》14 卷，885 页）

7 月 2 日　“上午同广平携海婴往平井博士寓诊。”（《鲁迅全集》14 卷，885 页）

7 月 4 日　“上午同广平携海婴往平井博士寓诊。”（《鲁迅全集》

14 卷，885 页）

7 月 6 日　“下午小峰及其夫人，川岛及其夫人携二孩子来，并赠桃子一合，茗一斤，即赠以皮球一枚，积木一合。”（《鲁迅全集》14 卷，885 页）

7 月 13 日　“下午蔡君来，并赠海婴以汕头傀儡一枚。”（《鲁迅全集》14 卷，885 页）

7 月 28 日　“下午同广平携海婴往福井写真馆照相。”（《鲁迅全集》14 卷，887 页）

7 月 30 日　“午后同广平携海婴复至福井写真馆重行照相。”（《鲁迅全集》14 卷，887 页）

按：当时，谣传鲁迅被捕，亲友担忧，鲁迅母亲不安，为此，鲁迅特去福井写真馆摄一合影，寄给母亲，以释悬念。（周国伟：《寻访鲁迅在上海的足迹》，192 页）

8 月 10 日　“夜同广平携海婴访王蕴如及三弟。”（《鲁迅全集》14 卷，889 页）

8 月 11 日　“上午以海婴照片寄母亲。”（《鲁迅全集》14 卷，889 页）

8 月 15 日　“下午同广平携海婴上街买肚兜、瓷碗并玩具等。”（《鲁迅全集》14 卷，889 页）

8 月 30 日　“夜同广平携海婴访三弟。”（《鲁迅全集》14 卷，891 页）

9 月 13 日　“上午同广平携海婴往石井医院诊。”“夜雨。校正印稿之后，继以孺子啼哭，遂失眠。”（《鲁迅全集》14 卷，893 页）

9 月 17 日　“上午同广平携海婴往石井医院诊。”（《鲁迅全集》14 卷，894 页）

9 月 20 日　“夜同广平携海婴访三弟。”（《鲁迅全集》14 卷，894 页）

9 月 25 日　“晚治肴六种，邀三弟来饮，祝海婴二周岁也。”（《鲁迅全集》14 卷，894 页）

9 月 26 日　“增田君之女周晬，以前年内山君赠海婴之驼毛

毯一枚赠之。”(《鲁迅全集》14 卷，895 页)

10 月 26 日 “以海婴照相一张，茶腿一只，托人寄赠王家外婆。”(《鲁迅全集》14 卷，898 页)

10 月 31 日 “内山君赠海婴草履一双。”(《鲁迅全集》14 卷，899 页)

11 月 21 日 “收朱宅从越中寄赠海婴之糕干及椒盐饼共一合。”(《鲁迅全集》14 卷，902 页)

11 月 30 日 “下午山本夫人赠热海所出玩具鸣子(吓鸦板)一枚。”(《鲁迅全集》14 卷，903 页)

12 月 4 日 “海婴染流行感冒，上午同广平携之往石井医院诊。”(《鲁迅全集》14 卷，904 页)

12 月 6 日 “上午同广平携海婴往石井医院诊。”“午后海婴发热，复往石井医院取药。”(《鲁迅全集》14 卷，904 页)

12 月 8 日 “上午同广平携海婴往石井医院诊。”(《鲁迅全集》14 卷，904 页)

12 月 11 日 “上午同广平携海婴往石井医院诊。”(《鲁迅全集》14 卷，904 页)

12 月 14 日 “上午往石井医院取药。”(《鲁迅全集》14 卷，904 页)

12 月 15 日 “夜得汉堡嘉夫人信，并赠海婴玩具一件。”(《鲁迅全集》14 卷，905 页)

12 月 22 日 “上午内山君赠海婴木制火车模型一具。”(《鲁迅全集》14 卷，905 页)

12 月 23 日 “波良生女，赠以小孩衣帽共四事。”(《鲁迅全集》14 卷，905 页)

按：波良即王宝良。

12 月 31 日 “晚上市买药并为海婴买饼饵。”“夜同广平往购买组合买食物，分赠阿玉、阿菩及海婴。”(《鲁迅全集》14 卷，906 页)

按:1931 年冬，鲁迅作《答客诮》一诗，赠予坪井先生。诗云：

无情未必真豪杰，
怜子如何不丈夫。
知否兴风狂啸者，
回眸时看小於菟。

许广平说："《答客诮》诗，一赠坪井先生。坪井为海婴看痢疾经年，是小儿科中细心诊治者，他亦甚爱其小女儿，恰好鲁迅亦爱其子息，双方因此过从甚密因而及于篠崎医院其他医生亦偶相遇。"（郑心伶:《鲁迅诗歌浅析》,151 页）朱正认为,"答客诮者,答郁达夫之诮也。"

1932 年

1 月 23 日 "上午同广平携海婴往福民医院诊。"（《鲁迅全集》15 卷，3 页）

1 月 25 日 "上午同广平携海婴往福民医院诊。"（《鲁迅全集》15 卷，3 页）

1 月 27 日 "上午同广平携海婴往福民医院诊。"（《鲁迅全集》15 卷，3 页）

1 月 29 日 "遇战事,终日在枪炮声中。"（《鲁迅全集》15 卷,3 页）

按：战事即"一·二八抗战"。

1 月 30 日 "下午全寓中人俱迁内山书店，只携衣被数事。"（《鲁迅全集》15 卷，4 页）

按：此次避难，初居内山书店三楼；二月六日迁至四川路福州路附近内山书店中央支店；三月十三日因海婴出疹子移入福建路南京路附近大江南饭店;十九日迁返原寓。(《鲁迅全集》15 卷，4 页，注释 5)

●**据许广平回忆：**

为免再受日寇骚扰，鲁迅一家和周建人家小、女工等共十人，应内山完造邀，暂住他的书店的一间楼上，过着几个人挤在一起大被同眠的生活，窗户是用厚棉被遮住的，在暗黑沉闷的时日里，度过了整整一星期。（转引自《鲁迅年谱》下卷，491 页）

2 月 6 日　“旧历元旦，昙。”“下午全寓中人俱迁避英租界内山书店支店，十人一室，席地而卧。”（《鲁迅全集》15 卷，4 页）

按：这次避难地点转移，由内山君设法，镰田诚一陪送。这间房屋只有三十多平方米，中间挂上一根铅丝，铅丝离地面约两米高，系上旧布，以与外间隔开。他们就在楼板上铺些东西，席地而卧，算作床铺。（周国伟：《寻访鲁迅在上海的足迹》，108—109 页）

2 月 16 日　“夜全寓十人皆至同宝泰饮酒，颇醉。”（《鲁迅全集》15 卷，5 页）

2 月 22 日　致许寿裳信：“于二月六日始得内山君设法，携妇孺走入英租界，书物虽无一取携，而大小幸无恙，可以告慰也。”（《鲁迅全集》12 卷，68 页）

2 月 29 日　致李秉中信：

至二月六日，由许多友人之助，始脱身至英租界，一无所携，只自身及妇竖共三人耳。幸俱顽健，可释远念也。（《鲁迅全集》12 卷，68 页）

3 月 13 日　“晨觉海婴出疹子，遂急同三弟出觅较暖之旅馆，得大江南饭店订定二室，上午移住。”（《鲁迅全集》15 卷，7 页）

3月15日　致许寿裳信：

在漂流中，海婴忽生疹子，因于前日急迁至大江南饭店，冀稍得温暖，现视其经过颇良好，希释念。(《鲁迅全集》12卷，71页)

3月19日　“海婴诊已全退，遂于上午回旧寓。”(《鲁迅全集》15卷，8页)

3月20日　“收山本夫人赠海婴橡皮鞠三枚。午后头痛，与广平携海婴出街闲步。”(《鲁迅全集》15卷，8页)

同日　致母亲信：

海婴疹子见点之前一天，尚在街上吹了半天风，但次日却发得很好，移至旅馆，又值下雪而大冷，亦并无妨碍，至十八夜，热已退净，遂一同回寓。现在胃口很好，人亦活泼，而更加顽皮，因无别个孩子同玩，所以只在大人身边吵嚷，令男不能安静，所说之话亦更多，大抵为绍兴话，且善吃咸，如霉豆腐，盐菜之类。现已大抵吃饭及粥，牛乳只吃两回矣。(《鲁迅全集》12卷，73页)

3月21日　“寄秉中信并海婴一岁时照相一枚。”(《鲁迅全集》15卷，8页)信中写道：

当漂流中，孩子忽染疹子，任其风吹日炙，不与诊视，而竟痊愈，顽健如常，照相久未照，惟有周岁时由我手抱而照者一张在此，日内当寄上，俟较温暖，拟照新片，尔时当续奉也。(《鲁迅全集》15卷，74页)

3月24日　“午后同广平携海婴出街闲步并买饼饵。”(《鲁迅全集》15卷，9页)

3月26日　“海婴发热，上午邀石井学士来诊，云盖感冒。”(《鲁

迅全集》15 卷，9 页）

3 月 28 日　“上午同广平携海婴往石井医院诊，而医不在院，遂至佐佐木药房买前方之药而归。”（《鲁迅全集》15 卷，9 页）

3 月 31 日　“下午访石井学士，并致二十六日诊金十元。”（《鲁迅全集》15 卷，9 页）

4 月 23 日　致曹靖华信：

但孩子染了疹子，颇窘，现在是好了。寓中被窃了一点东西，小孩子的，所值无几。(《鲁迅全集》12 卷，80 页)

5 月 3 日　“午前平和洋行主人夫妇来，并赠茶杯两个，又给海婴玩具汽车一辆。”(《鲁迅全集》15 卷，14 页)

5 月 6 日　“午后同广平携海婴往春阳馆为之照相。”(《鲁迅全集》15 卷，14 页)

5 月 7 日　下午“为海婴买图画本一本，九角”。(《鲁迅全集》15 卷，14 页)

5 月 10 日　“午后携海婴同广平往高桥医院。下午三弟及蕴如来，晚同往东亚食堂夜饭，并同广平及海婴、许妈共六人。”(《鲁迅全集》15 卷，15 页)

5 月 12 日　“午后三弟及蕴如来，并赠海婴玩具五件。”(《鲁迅全集》15 卷，15 页)

5 月 13 日　“以海婴照相分寄母亲、马珏、秉中及常玉书。”(《鲁迅全集》15 卷，15 页)

5 月 14 日　致许寿裳信：“我景状如常，妇孺亦安善。”(《鲁迅全集》12 卷，86 页)

5 月 20 日　“上午内山君送来……玩具狮子舞一座。”“午后海婴泻发热，为之延坪井学士来诊，云是肠加答儿。”(《鲁迅全集》15 卷，16 页)

5 月 21 日　“海婴腹泻较甚，下午延坪井学士来诊，由镜检

而知为菌痢，傍晚复来为之注射。”（《鲁迅全集》15 卷，16 页）

5 月 22 日　“上午坪井学士来为海婴注射。”（《鲁迅全集》15 卷，16 页）

5 月 23 日　“下午坪井学士来为海婴注射。”（《鲁迅全集》15 卷，16 页）

5 月 24 日　“下午雨，坪井学士来为海婴注射。”（《鲁迅全集》15 卷，16 页）

5 月 25 日　“下午坪井学士来为海婴注射。”（《鲁迅全集》15 卷，16 页）

5 月 26 日　“下午坪井学士来为海婴注射。”（《鲁迅全集》15 卷，16 页）

5 月 29 日　“上午坪井学士来为海婴注射。”（《鲁迅全集》15 卷，16 页）

5 月 30 日　“上午同广平携海婴往篠崎医院，由坪井学士为之洗肠。”（《鲁迅全集》15 卷，17 页）

5 月 31 日　致增田涉信：

海婴是连一件完整的玩具也没有了。他对玩具的理论是“看了拆掉”。海婴在避难中患了麻疹，又顺利地自己好了。顷又患阿米巴赤痢，已注射七次，阿米巴虽早已灭亡，但肚泻还未见好。我想最近就会痊愈的。（《鲁迅全集》13 卷，492 页）

按：5 月初，由茅盾介绍，通过冯雪峰的联系，于本月初由紫霞路 68 号房东谢淡茹陪同，瞿秋白夫妇在四川北路公寓 2093 号鲁迅寓所拜访鲁迅，并在鲁迅家吃饭，整整长谈一天。

他们刚一来，看到在旁刚学会走路不久的海婴，平添了会见时的斗趣场面，而海婴见到杨妈妈，立即把自己的玩具献给她。（《鲁迅生平史料汇编》第 5 卷上册，254—255 页）

6月1日　“上午同广平携海婴往篠崎医院洗肠并注射。”(《鲁迅全集》15卷，17页)

6月3日　“上午同广平携海婴往篠崎医院注射。……为海婴买饼干一合，四元。”(《鲁迅全集》15卷，18页)

按：据许广平回忆：一个孩子就费去这许多心血，无怪他在日译《中国小说史略·序》里说：“一妻一子也将为累了。”的确是的，他时常说：有了我和海婴的牵累，使他做事的时候比较细心，时常有更多的顾虑。(《欣慰的纪念》,《许广平文集》2卷,68页)

同日　致台静农信：

负担亲族生活，实为大苦，我一生亦大半困于此事，以至头白，前年又生一孩子，责任更无了期矣。(《鲁迅全集》12卷,89页)

6月6日　“上午内山书店送来嘉吉君及其夫人信，并所赠操人形一枚，名曰‘嘉子’。”(《鲁迅全集》15卷，18页)

按：操人形装在木盒内，是一个由木、棉花、铅丝、石膏等做成的木偶小女孩，高53cm，身着玉色束腰长绸裙，领口和袖口都拼镶白色绸，足登高跟鞋，有黑线和铅丝组成的操纵盘。木盒内附有一张操人形的三寸照片，照片后面有内山嘉吉的日文题字，译文为“谨赠鲁迅先生，这是我做的操人形，名叫‘嘉子’，请收下，1932年1月8日晨”。(《上海鲁迅研究》1辑，152页)

6月7日　“上午同广平携海婴往篠崎医院诊。”(《鲁迅全集》15卷，19页)

6月9日　“上午同广平携海婴往篠崎医院诊。”(《鲁迅全集》15卷，19页)

6月13日　“季市来，并赠海婴糖果二合。”（《鲁迅全集》15卷，19页）

6月14日　“午后同广平携海婴去理发。”（《鲁迅全集》15卷，19页）

6月15日　“上午同广平携海婴往篠崎医院诊，并付诊疗费五十七元。”（《鲁迅全集》15卷，19页）

6月18日　（上午）“同广平携海婴往篠崎医院注射。”（《鲁迅全集》15卷，20页）

6月19日　“坪井学士来为海婴注射。”（《鲁迅全集》15卷，20页）

6月20日　“上午坪井先生来为海婴注射。”（《鲁迅全集》15卷，20页）

6月21日　“上午坪井先生来为海婴注射。”（《鲁迅全集》15卷，20页）

6月23日　“上午寄坪井学士信。平井博士将于二十五日回国，午后往别。”（《鲁迅全集》15卷，20页）

6月25日　“下午蕴如及三弟来……又与海婴茶具三事，皆从安庆携来。”（《鲁迅全集》15卷，21页）

6月26日　“上午同广平携海婴往篠崎医院诊。”下午“同广平携海婴往青年会观春地美术研究所展览会”。（《鲁迅全集》15卷，21页）

6月28日　致增田涉信云：

寓中都健康，只海婴患了阿米巴赤痢，注射了十四次，现在好了，又在淘气。我为这孩子颇忙，如果对父母能够这样，就可上二十五孝了。（《鲁迅全集》13卷，494页）

按：许广平回忆说：

鲁迅先生活的时候，给予他（指海婴——编者）的教育是：顺其自然，极力不多给他打击，甚至不愿多拂逆他的喜爱，除非在极不能容忍，极不合理的某一程度之内。他自己生长于大家庭中，一切戕贼儿童天真的待遇，受得最深，记得最真，绝对不肯让第二代的孩子再尝到他所受的一切。尤其是普通的所谓礼仪，把小孩子教成木头人一样，见了人都不敢声响的拘拘为仁，他是绝不肯令海婴如此。(《欣慰的纪念》，见《许广平文集》2 卷，81 页)

6 月 29 日　“内山夫人及山本夫人来，并赠海婴玩具两事，饴一瓶。”(《鲁迅全集》15 卷，21 页)

6 月 30 日　“夜同广平携海婴往花园庄，赠与田君之孩子饼干一合。”(《鲁迅全集》15 卷，21 页)

7 月 1 日　“夜同广平携海婴访坪井学士。”(《鲁迅全集》15 卷，22 页)

7 月 3 日　“寄母亲信并广平抱海婴照相一张。”(《鲁迅全集》15 卷，22 页)

按：鲁迅寄母亲信中说：

海婴现已痊愈，且又胖起来，与生病以前相差无几，但还在吃粥，明后天就要给他吃饭了。他很喜欢玩耍，日前给他买了一套孩子玩的木匠家生，所以现在天天在敲打，不过不久就要耍玩厌的。近来也常领他到公园去，因为在家里也实在闹得令人心烦。附上照片一张，是我们寓所附近之处，房屋均已修好，已经看不出战事的痕迹来，站在中间的是害马抱着海婴，但因为照得太小，所以看不清楚了 。(《鲁迅全集》12 卷，97 页)

7 月 5 日　“山本夫人赠海婴脚踏车一辆。”(《鲁迅全集》15 卷，23 页)

7 月 14 日　“夜同广平携海婴散步并饮冰酪。”(《鲁迅全集》15 卷，23 页)

7 月 16 日　“夜同广平携海婴散步。”(《鲁迅全集》15 卷，24 页)

7月18日　致信增田涉："幸而内子和孩子均好。"(《鲁迅全集》13卷，496页)

7月20日　"晚得靖华寄赠海婴之图画十幅。"(《鲁迅全集》15卷，24页)

7月21日　"夜同广平携海婴散步。"(《鲁迅全集》15卷,24页)

7月22日　"夜同广平携海婴访三弟。"(《鲁迅全集》15卷,24页)

7月30日　"晚同广平携海婴散步。"(《鲁迅全集》15卷,25页)

8月7日　"夜同广平携海婴坐摩托车向江湾一转。"(《鲁迅全集》15卷，26页)

●据许广平回忆：

在炎夏的夜里，晚餐之后照例是海婴在我们旁边，遇到他高兴了，公约同出去散步，或者到朋友那里闲坐。……有一天，照例散步回来，至附近吃过冰结淋之后，海婴还不肯回家，而且对坐汽车有特别兴趣，他(鲁迅)就特从其好，三个人坐着车子，由北川路底向江湾兜风，一直开到体育会才转回来。那里路宽人静，真是畅所欲行，在上海的特坐汽车兜风，这算是唯一的一次闲情逸致，也可以说是有了海婴之后生活的变化，以前我们整天是书呆子，那里想到会去兜风的呢。(《欣慰的纪念》,《许广平文集》2卷，79页)

8月9日　"晚同广平携海婴散步。"(《鲁迅全集》15卷,26页)

8月29日　"上午往福民医院为广平作翻译，并携海婴散步至午。"(《鲁迅全集》15卷，28页)

8月30日　"夜诗荃来自柏林……，赠海婴积木一匣。"(《鲁迅全集》15卷，28页)

9月1日　"午前同广平携海婴访何家夫妇,在其寓午餐。"(《鲁迅全集》15卷，29页)

9月6日 “上午往篠崎医院诊，广平携海婴同去。”（《鲁迅全集》15卷，30页）

9月11日 “上午携海婴往篠崎医院诊。”（《鲁迅全集》15卷，30页）

9月13日 “上午往篠崎医院诊，并携海婴。”“镰田诚一君自福刚回上海，见赠博多人形一枚。”（《鲁迅全集》15卷，31页）

9月15日 “上午同广平携海婴往篠崎医院诊，诊毕散步，并至一俄国饭店午餐。……晚内山君邀往书店食锄烧，因与广平携海婴同去。”（《鲁迅全集》15卷，31页）

9月17日 “上午同广平携海婴俱往篠崎医院诊，付泉十元。”（《鲁迅全集》15卷，31页）

9月18日 “午后同广平携海婴往春阳馆照相。得文尹信并赠海婴金铃子壹合，叫呱呱二合……。”（《鲁迅全集》15卷，31页）

9月19日 “上午与广平携海婴俱往篠崎医院诊，付泉十一元四角。”（《鲁迅全集》15卷，31页）

9月21日 “上午同广平携海婴俱往篠崎医院诊，付泉九元六角。”（《鲁迅全集》15卷，32页）

9月23日 “上午同广平携海婴俱往篠崎医院诊，共泉十元四角。”（《鲁迅全集》15卷，32页）

9月24日 “午后以海婴与许妈合摄之照片各一张寄母亲。”（《鲁迅全集》15卷，32页）

9月25日 “上午与广平携海婴俱往篠崎医院诊，共泉十元四角。”（《鲁迅全集》15卷，32页）

9月27日 “上午与广平携海婴往篠崎医院诊，付泉十元四角。”（《鲁迅全集》15卷，32页）

9月29日 “同广平携海婴往篠崎医院诊。”“补祝海婴三周岁，下午邀王蕴如及孩子们，并赠玩具帆船一艘，遂同用晚膳。临去赠孩子们以玩具四事、煎饼、水果各一囊。”（《鲁迅全集》15卷，32–33页）

9月30日　“得山本夫人寄赠海婴之糖食各一合。”(《鲁迅全集》15卷，33页)

10月1日　“同广平携海婴均往篠崎医院诊，共付泉十元四角。”(《鲁迅全集》15卷，33页)

10月3日　“同广平携海婴往篠崎医院诊，付泉十元四角。”(《鲁迅全集》15卷，33页)

10月5日　“同广平携海婴往篠崎医院诊，付泉八元四角。”(《鲁迅全集》15卷，34页)

按：鲁迅日记又载：“晚达夫、映霞饮于聚丰园，同席为柳亚子夫妇、达夫之兄嫂、林徽因。”(《鲁迅全集》15卷，34页)据朱正考证，这次宴会，许广平也在受邀之列，但因海婴近期患病，不得脱身，故未出席。对此，鲁迅得向主人交代，说明许不能来的原因。这样，很自然，又由此说到海婴，海婴就成为那天最初的话题。

在郁达夫看来，鲁迅是有一些溺爱儿子的，他们又由此谈到了《左传》里记载的齐景公溺爱少子子荼的故事，当筵席上谈及《北江诗话》中的“饭饱甘为孺子牛”的时候，鲁迅一触即发，灵感顿生，赋“横眉冷对千夫指，俯首甘为孺子牛”句。(朱正:《孺子就是孺子》,《读书》1991年6期)席散时，达夫则取出了一幅素色的绢，要在席的人题词留念。鲁迅所题就是“横眉冷对千夫指，俯首甘为孺子牛”。(郑心伶:《鲁迅诗歌浅析》，188页)朱正认为，其中“孺子”一词在鲁迅诗中的最初意思当指时年三岁的海婴。(《读书》1991年6期)

10月7日　“上午同广平往篠崎医院诊,付泉八元四角。”(《鲁迅全集》15卷，34页)

10月9日　“上午同广平携海婴往篠崎医院诊，付泉八元六角，并游儿童公园。”(《鲁迅全集》15卷，34页)

按：儿童公园，建于1897年，初名虹口公园，后更名昆山花园，专供儿童游乐。现名昆山公园。

10月11日　“上午同广平携海婴往篠崎医院诊，付泉六元六角。”(《鲁迅全集》15卷，34页)

按:据日记载:当日为柳亚子书条幅“运交华盖”七律一首,这是该诗的第一次书赠他人。——编者。

10月13日　(上午)“同广平携海婴往篠崎医院诊，付钱六元六角。”(《鲁迅全集》15卷，35页)

10月15日　“同广平携海婴往篠崎医院诊,付泉十六元六角。”(《鲁迅全集》15卷，35页)

10月17日　“上午同广平携海婴往篠崎医院诊，付泉三元六角，又至鹊利格饮牛乳。”(《鲁迅全集》15卷，35页)

10月19日　“上午同广平携海婴往篠崎医院诊，付泉四元二角。”(《鲁迅全集》15卷，35—36页)

10月21日　“上午同广平携海婴往篠崎医院诊，付泉一元八角。”(《鲁迅全集》15卷，36页)

10月23日　“上午同广平携海婴往篠崎医院诊，付泉一元四角。”(《鲁迅全集》15卷36页)

10月25日　“上午同 广平携海婴往篠崎医院诊，付泉一元四角。”(《鲁迅全集》15卷，36页)

10月28日　“上午同 广平携海婴往篠崎医院诊，付泉一元四角。”(《鲁迅全集》15卷，37页)

11月6日　“上午往篠崎医院为海婴延坪井学士来诊，午后至，云是喘息。”(《鲁迅全集》15卷，38页)

11月7日　“晨坪井学士来为海婴诊。”(《鲁迅全集》15卷,38页)

按：鲁迅于11月7日给增田涉的信中说："但孩子仍不断生病，也许现在住所朝北，对孩子不适宜。"(《鲁迅全集》13卷，501页)

同日　致山本初枝的信中说：

小鬼收到的水果糖，早已吃光，盒子装进别的食品，也吃光了，如此已经四五次。可我现在才向你致谢，实在太懒，尚希见谅。……加以孩子连续生病，也许寓所朝北，对孩子不适宜罢。但并未打算迁居，说不定明春还要漂流。孩子是个累赘，有了孩子就有许多麻烦。你以为如何？近来我几乎终年为孩子奔忙。但既已生下，就要抚育。换言之，这是报应，也就无怨言了。(《鲁迅全集》13卷，503-504页)

11月8日　"午后山本夫人来并赠海婴糖食二种。"(《鲁迅全集》15卷，38页)

11月9日　"上午同广平携海婴往篠崎医院诊。"(《鲁迅全集》15卷，38页)

11月11日　乘火车去北平探母。(《鲁迅全集》15卷，38页)

11月13日　致信许广平："你及海婴好吗，为念。"(《鲁迅全集》12卷，117页)

同日　又致信许广平：

北平似一切如旧，西三条亦一切如旧，我仍坐在靠壁之桌前，而止一人，于百静中，自然不能不念及乖姑及小莘姑，或不止于嚷"要papa"乎。(《鲁迅全集》12卷，118页)

11月15日　致许广平信："海婴近如何，仍念。母亲说，以后不得称为狗屁也。"(《鲁迅全集》12卷，119页)

按：据海婴讲：称作“小狗屁”，是对自己孩子的赞扬之辞，是一种爱称。比如我们经常说“小鬼”等。当年祖母不让父母再将我叫“小狗屁”，而应正确对待之，即要叫正式的名字，大约是害怕将来我长大了，他们改不过口，听起来不雅吧。（《海婴问答录》）

11月16日　“海婴已愈否？但其甚乖，为慰。”（《鲁迅全集》12卷，120页）

11月20日　致许广平信：

此刻是十九日午后一时半，我和俩乖姑离开，已是九天了。现在闲坐无事，就来写几句。

……昨得十五日来信，我相信乖姑的话，所以很高兴，小乖姑大约总该好起来了。……她（指朱安——编者）和我们的感情很好，海婴的照片放在床头，逢人即献出，但二老爷的孩子们的照相则挂在墙上，初，我颇不平，但现在乃知道这是她的一种外交手段，所以便无芥蒂了。（《鲁迅全集》12卷，121页）

同日　致许广平信：

海婴之乖与就痊，均使我很欢喜。（《鲁迅全集》12卷，122页）

11月23日　“往留黎厂买信笺四合，玩具二事。”（《鲁迅全集》15卷，40页）

同日　致许广平信：

坪井先生甚可感，有否玩具可得，拟至西单市场一看再说，但恐必窳劣，无佳品耳。至于少爷，恐怕只可作罢。（《鲁迅全集》12卷，124页）

按："少爷"，当指海婴。"作罢"，当指为海婴买不到好玩具而无可送者。——编者

11月25日　午后"往商务印书馆为海婴买动物棋一合，三角"。(《鲁迅全集》15卷，40页)

按：这天晚上，于伶等"左联"同志去见鲁迅，鲁迅曾向他们谈着"先生和许广平同志带着海婴逃出战火的惊险过程"。(《鲁迅生平史料汇编》第3卷，582页)说着，鲁迅先生走进内间，取出海婴的照片来给我们看。我们不禁叫了一声："像极了！"先生笑出声来说了一句笑话。我们说从侧面最能看出相像的地方，先生把照片拿远些又看了一番。我们说海婴看来很健康，先生笑着说："那他们一时咒不死他了！"(李霁野：《回忆鲁迅先生》，39页)

11与26日　致许广平信：

西单商场很热闹了，而玩具铺只有两家，"雪景"无之，他物皆恶劣，不买一物，而被扒手窃去二元余。……现但有为小狗屁而买之小物件三种，皆得之商务印书馆。(《鲁迅全集》12卷，126页)

11月30日　"下午六时抵上海北站，雇车回寓。"(《鲁迅全集》15卷，41页)

●据许广平回忆：

从前这书呆子的他，除了到书店去，其它的什物店是头也不回地走过的。有了海婴之后，他到稍远的地方，一定要到大公司的玩具摊上，留心给小孩拣选玩具。最喜欢买回来的，是用丝线旋紧再放下来急转的洋铁做的一种陀螺。点心罐头之类的有时也

会买来。遇到朋友请吃点心，倘使新出品，他会留起一两件带回，尤其到外面时间比较长久了，海婴就会说："爸爸还不回来，一定有好东西带来的吧。"所以他一回来，在门口等待的他，一定夺取他手中的包裹检查一下，要是投其所好呢，就欢跃而出。如果带来的是书，失望了，他一定抱歉而又预期答应好，须一定给他买。为这新的需要，迫使他不能专注于书，别的店铺也留心到了。(《欣慰的纪念》，见《许广平文集》2卷，79页)

12月9日　上午"同广平携海婴往篠崎医院诊。下午维宁及其夫人赠海婴积铁成象玩具一合。"(《鲁迅全集》15卷，43页)

●据许广平回忆：

当时他们并不宽裕。但是体会到他们爱护儿童，给儿童培植科学建筑知识的好意，就又在这不安中接受了这件礼物。秋白同志在盒盖上写明某个零件有几件，共几种等等，都很详尽。又料到自己随时会有不测，说：留个纪念，让孩子大起来也知道有个何先生。(何先生是他来我家时的称呼——作者)(《鲁迅生平史料汇编》5卷上册，251—252页)

●据周海婴回忆：

这一盒珍贵玩具，我在幼小时很少玩过。等我稍稍长大以后，母亲才从衣柜中郑重地取出，说这是何先生送的，过去因你太小，一直由我替你保管，现在才可以玩了。但是立有一条规矩，就是每次玩过以后，要把零件拆开，按原来的位置，有条不紊地摆进纸盒，说着，便翻开盒盖，叮嘱我说，这上面有全部零件的清单，可以按件核对，以便发现临时遗忘了那件。我仔细一看，匣盖面呈红色，里为白色，何先生还亲自以清晰秀丽的笔迹，按顺序写明零件的名称，各有多少种，多少件，连有多少颗螺丝、螺母都写得一清二楚，毫无遗漏。字里行间，凝聚、渗透着一位革命家对待事物非常缜密细心、一丝不苟的精神。

这种“积铁”玩具，在四十年前非常稀罕，只有舶来品。盒分大中小三种，零件多少繁简不一。何先生送我的是一个中盒。记得其中大小轮子各有四个，长方形底座一个，长方形铁片两块，梯形铁片一块，还有许多不同形态的条、轴若干，摇把一只，还附有螺丝和卡子一小盒。零件全部漆以红绿两色，满布均匀的圆孔，以备搭积时穿固螺丝之用，所有零件都做得非常精致。匣内还附有厚厚的说明书一册，载有搭成的各种器物图像若干幅，从简至繁，一一备载。简者如天平、椅子、翘翘板；繁者如火车、飞机、起重机等等。我最喜爱搭的是起重机，搭成以后，还挂上一件物品，然后用摇把慢慢摇起，逐渐升高十分有趣。这种玩具不仅益智，而且它用钢材制成，经久耐用，所以我对它一直保持着浓厚的兴趣。（周海婴：《重回上海忆童年》）

12月12日　致曹靖华信：“女人孩子也都好的，生活在目前很可维持……”（《鲁迅全集》12卷，129页）

12月19日　“入秋以来，孩子常常生病，令人操心，至今仍在服药，肠炎似已变成慢性。”（《鲁迅全集》13卷，509页）

12月23日　“上午内山君送来玩具飞机一合，以赠海婴。”（《鲁迅全集》15卷，44页）

12月25日　“上午长谷川君赠海婴玩具摩托车一辆。”（《鲁迅全集》15卷，44页）

12月26日　在《两地书·序》中写道：“我们以为这一本书为自己纪念，并以感谢好意的朋友，并且留给我们的孩子，给将来知道我们所经历的真实，其实大致是如此的。”（《鲁迅全集》11卷，6页）

12月28日　“上午同广平携海婴往篠崎医院诊。”（《鲁迅全集》

15卷，45页）

12月30日　“上午同广平携海婴往篠崎医院诊，付药泉二元四角。”“勇乘师赠海婴玩具电车、气枪各一。”（《鲁迅全集》15卷，45页）

12月31日　“为知人写字五幅，皆自作诗。”为达夫写了两幅，其中一幅为“无情未必真豪杰”一诗。（《鲁迅全集》15卷，45—46页）

1933年

1月4日　“上午同广平携海婴往篠崎医院诊，付诊费二元，药泉一元二角。”（《鲁迅全集》15卷，57页）

1月9日　“夜季市来，并赠海婴玩具二事。”（《鲁迅全集》15卷，58页）

1月12日　“下午出街为海婴买饼干一合，三元二角。”（《鲁迅全集》15卷，58页）

1月13日　“上午往篠崎医院为海婴取药，付泉二元四角也。”（《鲁迅全集》15卷，58页）

1月15日　“上午为海婴往篠崎医院取药，付泉二元四角。……内山夫人赠海婴甘鲷一碟。”（《鲁迅全集》15卷，58—59页）

1月19日　“上午同广平携海婴往篠崎医院诊，付泉二元四角。”（《鲁迅全集》15卷，59页）

1月21日　“上午往篠崎医院为海婴取药，付泉二元四角。”（《鲁迅全集》15卷，59页）

1月23日　“得适夷信并儿童书局赠海婴之书二十五本。”（《鲁迅全集》15卷，60页）

按：大约在1月23日前后，鲁迅为辛岛骁写条幅《答客诮》一。据马蹄疾考证，鲁迅为辛岛骁写字的日期应是1月23日夜间。（《鲁迅研究资料》11辑，315页）据辛岛骁回忆，鲁迅赠诗《答客诮》的原因之一，是辛岛骁的长子将要出生。“通过这两行文字也可以想象出来，就在那个时候，鲁迅对遗留在后面的海婴的事情，也深深的操心吧。”(《鲁迅研究资料》13辑，213页)

1月25日 （上午）“同广平携海婴往篠崎医院诊，付药泉四元八角。……旧历除夕也，治少许肴，邀雪峰夜饭，又买花爆十余，与海婴同登屋顶燃放之，盖如此度岁，不能得者已二年矣。”(《鲁迅全集》15卷，60页)

按:过年放炮当然是孩子们喜欢的事。但我当时年龄太小，想放又不敢放，因之便由大人放了。当年的鞭炮声不如现在的那样响爆，其声如“扑”“扑”的。父亲放时，我站在门边看。(《海婴答问录》)

1月31日 “为海婴买玩具三种，八角。”(《鲁迅全集》15卷，61页)

2月3日 “茅盾及其夫人携孩子来，并见赠《子夜》一本，橙子一筐，报以积木一合，儿童绘本二本，饼及糖各一包。”(《鲁迅全集》15卷，63页)

按:茅盾夫妇所带孩子即沈霜，1923年生，是茅盾的儿子。据茅盾说：在他与鲁迅交谈的时候，德沚和许先生闲聊家务事，而我的儿子跟着海婴到他的“游艺室”玩去了。半小时以后，儿子突然跑了回来，向他母亲表示要回家去。原来孩子们闹矛盾了。许广平进了“游艺室”，大概向小海婴做了工作（那时海婴才三岁半），又拿了一盒积木送给我儿子，我们也就告辞了。(《鲁迅生平史料汇编》5卷下册，642页）据周海婴讲：“他比我年龄大，欺负我的时候多。大约我也反抗，因之就闹矛盾了。”(《海婴答问录》)

2月8日 "上午往篠崎医院为海婴取药,付泉二元四角。"(《鲁迅全集》15卷，65页)

2月10日 "上午往篠崎医院为海婴取药，付泉二元四角。"(《鲁迅全集》15卷，65页)

2月12日 "上午往篠崎医院为海婴取药，付泉四元八角。"(《鲁迅全集》15卷，65页)

2月14日 "得辛岛骁君从朝鲜寄赠之玩具二合六枚，鱼子一合三包,分给镰田及内山君各一包。"(《鲁迅全集》15卷,65页)

2月16日 "上午为海婴往崎医院取药,付泉四元八角。"(《鲁迅全集》15卷，65页)

2月20日 "上午同广平携海婴往篠崎医院诊，付药泉四元八角。"(《鲁迅全集》15卷65页)

2月28日 "上午为海婴往篠崎医院取药，付泉四元八角。"(《鲁迅全集》15卷，66页)

3月1日 致山本初枝信：

孩子的肠胃病虽已痊愈，但还磨人，影响工作。真想在那儿赁间房子,每天到那里用功三四小时。(《鲁迅全集》13卷,512页)

3月11日 致台静农信："中国诸事，均莫名其妙，但想来北平终当无虑耳。今年本尚拟携孩子一省母，大局一变，此行亦当取消矣。"(《鲁迅全集》12卷，161页)

3月17日 "得山本夫人赠海婴之梅干有平糖一瓶，又正路君所赠之玩具二事,分其一以赠保宗之长儿。"(《鲁迅全集》15卷,69页)

按：正路君，即山本初枝的孩子。赠玩具一事实为山本初枝以自己孩子的名义赠送的。保宗：茅盾夫人孔德沚。保宗之长儿,即沈霜。

3月19日 “上午同广平携海婴往篠崎医院诊，付泉四元八角。”（《鲁迅全集》15卷，70页）

3月23日 “上午同广平携海婴往篠崎医院诊，付泉四元八角。”（《鲁迅全集》15卷，70页）

3月31日 致李小峰信：“此书似乎不必有‘精装’。孩子已经养得这么大了，旧信精装它什么。”（《鲁迅全集》12卷，166页）

按：此书指《两地书》。

4月1日 致山本初枝信：“那个可爱的口琴已给孩子，现在常吹。只是那个‘摇摇’则已没收。因为海婴自己还不能玩，恐怕要我玩给他看之故也。”（《鲁迅全集》13卷，517页）

4月2日 “上午同广平携海婴往篠崎医院诊。”（《鲁迅全集》15卷，73页）

4月4日 “坪井学士来为海婴诊。”（《鲁迅全集》15卷，73页）

4月6日 “上午往篠崎医院为海婴取药，付泉四元四角。”晚“坪井先生来为海婴诊”。（《鲁迅全集》15卷，74页）

4月8日 “上午同广平携海婴往篠崎医院诊，付泉四元四角。”（《鲁迅全集》15卷，74页）

4月11日 鲁迅一家迁居大陆新村，迁居的具体原因是“原先的寓所朝北，家人总生病”。（《鲁迅全集》13卷，518页）而大陆新村的房子朝南。

按：迁居不久，海婴在门前玩耍时，不甚把日本人孩子的玩具弄坏。为避免不必要的麻烦，此后在一般情况下，鲁迅、许广平就从后门进出，并请铁匠把前门的铁栅门用黑铁皮钉起来。（《鲁迅生平史料汇编》5卷上册，19页）据周海婴讲：“当时我们住的弄堂里中国人不多，日本人多。日本人的孩子很小气，我们在一起玩，他弄坏我的玩具，我一般不太计较，但我弄坏了他的玩具，则吵闹着不行，常把他的家长叫来索赔，辱骂我。因之没有办法，惹不起，躲得起，父亲就让铁匠用铁皮把前门钉起来，走后门。”（《海婴答问录》）

4月14日　“上午同广平携海婴往篠崎医院诊，付泉二元四角。”（《鲁迅全集》15卷，74页）

同日　致内山嘉吉信：

我们原来的房子朝北，对孩子不适宜，已在一周前迁至施高塔路，仍在内山书店附近。（《鲁迅全集》13卷，521页）

按：大陆新村鲁迅寓所的三楼前间是整幢楼房最好的房间，南面有小阳台，阳光与空气很充足。为表示对下一代的热爱与期待，鲁迅将这房间让给海婴居住。（《鲁迅生平史料汇编》5卷上册，20页）

4月20日　“上午同广平携海婴往篠崎医院诊，付泉二元四角。”（《鲁迅全集》15卷，75页）

4月23日　“晚在知味观设宴，邀客夜饭……广平及海婴共二十人。”（《鲁迅全集》15卷，76页）

4月29日　“上午同广平携海婴往篠崎医院诊，付泉三元九角。又买玩具‘尚武者’一具，一元九角。”（《鲁迅全集》15卷，76页）

4月30日　“上午坪井学士来为海婴注射。”（《鲁迅全集》15卷，76页）

5月1日　“上午坪井学士来为海婴注射，并赠含钙饼干一合，漆果子皿一个。”（《鲁迅全集》15卷，77页）

5月2日　“往高桥齿科医院，广平携海婴同行。”（《鲁迅全集》15卷，78页）

5月3日　致李小峰信：

前几天因为孩子生病及忙于为人译一篇论文，所以无暇做短评。(《鲁迅全集》12卷，171页)

5月5日　“上午往篠崎医院为海婴取药,付泉二元四角。”(《鲁迅全集》15卷，78页)

5月9日　“上午往篠崎医院为海婴取药,付泉二元四角。”(《鲁迅全集》15卷，79页)

5月10日　致许寿裳信：“新寓空气较佳，于孩子似殊有益。”(《鲁迅全集》12卷，176页)

5月15日　“林语堂为史沫特列女士饯行，亦见邀，晚同广平携海婴至其寓，并以玩具五种赠其诸女儿，夜饭同席十一人，十时归,语堂夫人赠海婴惠山泥孩儿一。”(《鲁迅全集》15卷,79页)

5月30日　“夜同广平携海婴访坪井先生，赠以芒果七枚，茶叶一斤。”(《鲁迅全集》15卷，81页)

6月1日　“下午长谷川君赠蛋糕一合。”(《鲁迅全集》15卷,83页)

6月7日　“下午坪井先生来为海婴注射。”(《鲁迅全集》15卷，84页)

6月8日　(午后)“坪井先生来为海婴注射。”(《鲁迅全集》15卷，84页)

6月19日　据冯雪峰回忆：

杨杏佛被害的第二天(即6月19日——编者)，冯雪峰见到了鲁迅,鲁迅先生一面分析杨杏佛当时掩护自己的小孩的情景(杨先生是和他的一个孩子坐在汽车上被蓝衣社暴徒用手枪联珠一般射击死的，当听见枪声他就以自己的身体覆盖在小孩身上，因此汽车被打烂，他自己被打死，小孩未受伤)，一边说到：“可见他当时是清醒的。首先掩护了自己的孩子。……就说动物罢，也有动物的本性，临难时也先救护幼小者。有后代，就是有将来！……

能够如此，也是不容易的。”（冯雪峰：《回忆鲁迅》）

6月25日　致信山本初枝：“搬家后孩子似乎很好，很活泼，脸也变黑了。”（《鲁迅全集》13卷，524页）

7月1日　“夜请须藤先生来为海婴就诊，云是胃加答儿。”（《鲁迅全集》15卷，88页）

7月2日　下午“须藤先生来为海婴诊视”。（《鲁迅全集》15卷，88页）

7月11日　“与广平携海婴往内山书店。”（《鲁迅全集》15卷，89页）

按：据周海婴回忆：“每次来到书店以后，总要爬上高梯，居高临下，俯视一切，俨然成了一个盖世英雄，这时，似乎也没有遭到过父亲的呵止，有时到他起身回来时，才招呼我下来一同回去。这个印象总是历久不忘，至今想起，犹觉稚气尚存，淘气得可以。”（周海婴：《重回上海忆童年》）

同日　致母亲信：

海婴更加长大了，下巴已出在桌面之上，因为搬了房子，常在明堂里游戏，或到田野间去，所以身体也比先前好些。能讲之话很多，虽然有时要撒野，但也能听大人的话。许多人都说他太聪明，还欠木一点，男想这大约因为常与大人在一起，没有小朋友之故，耳濡目染，知道的事就多起来，所以一到秋凉，想送他到幼稚园去了。（《鲁迅全集》12卷，197页）

同日　致山本初枝信：

孩子也活泼地吵闹着。正路君也放了暑假，颇为顽皮罢？（《鲁

迅全集》13 卷，530 页）

7 月 12 日　夜“费慎祥来，并赠惠山泥制玩具九枚”。(《鲁迅全集》15 卷，90 页）

7 月 15 日　下午小峰“赠海婴童话二本。”(《鲁迅全集》15 卷,90 页）

7 月 27 日　上午“延须藤先生来为海婴诊，云是食伤”。(《鲁迅全集》15 卷，90 页）

7 月 28 日　“下午须藤先生来为海婴诊。”(《鲁迅全集》15 卷，91 页）

按：据吴似鸿口述：1933 年 7 月，我生了一个孩子，生活困难，在田汉母亲家里坐月子，田汉把我的情况，告诉了鲁迅。鲁迅先生叫田汉转言给我。他说：“鲁迅关心你呀！他知道你有孩子了，他叫你写了文章拿去给他看，他会给你发表的。”(《鲁迅研究资料》20 辑，48 页）

8 月 2 日　“同广平携海婴访何昭容。往高桥齿科医院为海婴补齿。下午须藤先生来为海婴诊。”(《鲁迅全集》15 卷，93 页）

9 月 1 日　“上午海婴往求知小学幼稚园。”(《鲁迅全集》15 卷，97 页）

9 月 13 日　“上午同广平、海婴往王冠照相馆照相。”(《鲁迅全集》15 卷，99 页）

●据许广平回忆：

这天照相时，“冒着暗沉沉的将要暴雨的天气，我们跑到上海最有名的一家外国照相馆去了。如果是迷信，这一天真像预示我们的否运到来，走到照相馆的门口，不久就是决了堤一样的大雨从天上倒下来，几乎连回家也不容易。以后就更没有三个人一同拍过照了。而这一张，就是流传在外面最容易见到的。”（《欣慰的纪念》，见《许广平文集》2卷，77页）

9月18日　上午“得山本夫人赠海婴之文具、玩具共一合”。（《鲁迅全集》15卷，99页）

9月20日　“下午广平为海婴买牛乳粉一合。”（《鲁迅全集》15卷，99页）

9月24日　“下午须藤先生来为海婴诊，云是感冒也。”（《鲁迅全集》15卷，100页）

9月26日　“下午须藤先生来为海婴诊。”（《鲁迅全集》15卷，100页）

9月29日　致母亲信，谈及海婴，但原件残缺，估计与当日给山本初枝信中关于海婴的说法大体一致。——编者。

同日　致山本初枝信：

孩子偶尔还患感冒，但也较前几年结实多了。在家太闹，送进了幼稚园。去了三四天，说先生不好，又不肯去。最近每天让他到野外去。我看那个先生也不好，抹了满脸脂粉，还是很难看。（《鲁迅全集》13卷，537页）

10月7日　致增田涉信：“海婴淘气得很厉害，怕会闹家庭革命。”（《鲁迅全集》13卷，539页）

10月14日　“下午同广平携海婴往木刻展览会。”（《鲁迅全集》15卷，103页）

10月17日　“午后须藤先生来为海婴诊。”（《鲁迅全集》15卷，104页）

10月19日　下午“须藤先生来为海婴诊。携海婴往购买组合，又为买一小火车。……内山君夫妇为烹饪，邀往其寓所夜饭，广

平携海婴同去”。(《鲁迅全集》15卷，104页)

10月20日　“午后同广平携海婴观海京伯兽苑。”(《鲁迅全集》15卷，104页)

●据周海婴回忆：

有一次，在饭桌上听说已经预定了有狮虎大象表演的马戏节目,我简直心花怒放,兴奋不已。这是因为名闻世界、誉驰全球的“海京伯”马戏团，在世界各地巡回演出之后，来到上海。按常规，这回准有我的份儿，于是在饭桌上听到这个消息以后，我一直熬得很晚，迟迟不肯上楼。时刻竖起耳朵，在聆听父母的召唤。谁料父亲考虑到这些节目，大都为猛兽表演，且在深夜临睡以前，怕孩子受到惊恐，因此决定把我留在家里，他们从后门悄悄走了。当我发现了这一情况之后，懊丧异常，先是号啕大哭，后是呜咽悲泣，一直哭到朦朦胧胧地睡去。父亲知道我很难过，和善又耐心地告诉我以上考虑的意见，并且答应另找机会，白天再去参观一次。因而一九三三年十月二十日的《日记》中,就有这样一条记载：“午后同广平携海婴观海京伯兽苑。”这兽苑里面,只是关着动物,我们参观时没有什么表演，只看了一些马术和小丑的滑稽节目。不过这对于我，已经是大开其心，如愿以偿，以后也就不再成天噘嘴，嘟囔不息了。

时间虽然过去了四十多年,但这件事情,给我的印象很深。由此可见,父亲为了我的身心健康,竟是何等的煞费苦心。(周海婴：《重回上海忆童年》)

10月21日　“须藤先生来为海〔婴〕诊。”(《鲁迅全集》15卷，104页)

同日　致曹靖华信：“孩子先前颇弱，因为他是朝北楼上养大的,不大见太阳光,自从今春搬了一所朝南房子后,好得多了。”(《鲁

迅全集》12卷，241页）

10月23日 “下午须藤先生来为海婴诊。”“晚为海婴买陀螺两个，木工道具一匣，共泉二元五角。”（《鲁迅全集》15卷，105页）

11月12日 致母亲信：

海婴很好，脸已晒黑，身体亦较去年强健，但近来似较为听话，不甚无理取闹，当因年纪渐大之故，惟每晚必须听故事，讲狗熊如何生活，萝卜如何长大等等，颇为费去不少工夫耳。（《鲁迅全集》12卷，267页）据许广平谈：“尤其在夏天夜里息了电灯，这时海婴夹在两个人当中，听讲故事。高兴了，他会两面转来转去地吻我们，而且很公平的轮流吻着。”（《欣慰的纪念》，见《许广平文集》2卷，70页）据萧红讲：“海婴最喜欢听故事，这也是无限的麻烦。”（萧红：《回忆鲁迅先生》）

11月13日 致增田涉信：“我对海婴这家伙无限的吵闹领教够了，已在罢工中，不想再有出品了。”（《鲁迅全集》13卷，544页）

11月18日 “午前同广平携海婴往须藤医院诊。”（《鲁迅全集》15卷，109页）

11月23日 “上午得母亲所寄小米、果脯、茯苓糕等一包。”（《鲁迅全集》15卷，110页）

12月3日 “上午同广平携海婴往须藤医院诊。”“午后赵、成二宅结婚，与广平携海婴同往观礼。”（《鲁迅全集》15卷，111页）

12月5日 “上午寄须藤先生信，为海婴取药。”“下午海婴与碧珊去照相，随行照料。”（《鲁迅全集》15卷，112页）

按：碧珊是当时冯雪峰的大女儿雪明的小名。冯雪峰回忆说：“雪明小时候我们本来用上海话叫她小瘪三，鲁迅先生逝世后，我们看到日记，才知道在鲁迅笔下变成这样一个美丽的名字了。”1933

年12月，雪峰已经到了江西苏区，夫人何爱玉同志和女儿雪明留在上海，住在鲁迅先生家里。这时恰巧有人要去江西苏区，鲁迅先生为了让雪峰同志放心，特地领海婴、雪明和何夫人去拍了几张照片。(《鲁迅研究资料》5辑，393—394页）

12月6日　“晚须藤先生来为海婴诊。”(《鲁迅全集》15卷，112页）

12月8日　“上午往须藤医院。………下午须藤先生来为海婴诊。”(《鲁迅全集》15卷，112页）

12月12日　下午“须藤先生来为海婴诊”。(《鲁迅全集》15卷，113页）

12月19日　致母亲信：

海婴仍不读书，在家里捣乱，拆破玩具，但比上半年懂事得多，且较为听话了。(《鲁迅全集》12卷，293页）

12月22日　晚“内山夫人赠海婴组合木玩具一合。”(《鲁迅全集》15卷，114页）

12月23日　“午后同广平邀冯太太及其女儿并携海婴往光陆大戏院观儿童电影《米老鼠》及《神猫艳遇》。”(《鲁迅全集》15卷，114页）

按：光陆大戏院，是二十世纪二十年代末建造的电影院，有八百个座位。原为博物馆路21号，今为虎丘路146号。从一九二八年十二月至一九三六年四月，鲁迅先后在此看了十余部影片。对于动画片，鲁迅是十分关心的。据许广平回忆：有时一些儿童片是为了带海婴而去看的，结果他看了也蛮高兴。鲁迅认为，观看电影，是以娱乐中取得知识的一种方法，他是想尽办法，利用一切机会这样做的。这大概也是鲁迅携带海婴一起多次观看动

画片的一个原因吧！（周国伟:《寻访鲁迅在上海的足迹》，176 页）

12 月 24 日　下午“杂志部长谷川君赠海婴蛋糕一盒，玩具一种”。(《鲁迅全集》15 卷，115 页）

12 月 30 日　“须藤先生来为海婴及碧珊诊。”(《鲁迅全集》15 卷，116 页）

12 月 31 日　“晚须藤先生来为海婴及碧珊诊，即同往其寓取药。”(《鲁迅全集》15 卷，116 页）

1934 年

1 月 5 日　秋白将赴江西瑞金中央根据地，于 1 月 4 日特向鲁迅叙别。第二天回来时，高兴地向杨之华谈了叙别的情景，并说:“……茅盾和鲁迅身体都好，海婴也没有病。”(马蹄疾:《鲁迅、秋白交往系年考》,《鲁迅生平史料汇编》5 卷上册，269 页）

1 月 6 日 《申报・自由谈》的编辑黎烈文招饮于上海三马路古益轩菜馆，邀请副刊的作者会会面。

据唐弢回忆：当陈子展、黎烈文、鲁迅谈着“骂国民党”的稿子时，郁（达夫）的太太王映霞女士插嘴说:“周先生会骂人，却骂不过他的儿子。”

大家便哄笑起来。

“鲁迅的公子终不会忠厚的？”这是林语堂的意见。

鲁迅先生也笑着，一面又自己解释:“是的，我的孩子也骂我。有一次，他（指海婴）严肃地责问道:‘爸爸！为什么你晚上不困，白天里却睡觉！’又有一次，他跑来问我：‘爸爸，你几时死？’意思是我死了之后，所有的书都可以归他，到了最不满意的时候，他就批评我：‘这种爸爸，什么爸爸！’我倒真的没有方法对付他。”

大家又哄笑起来。

在叙说着这样的故事的时候，鲁迅先生总含着善意的笑，使人感到藏蕴在老人心头的爱。这爱是博大的。（唐弢 :《向鲁迅先生学习》，84—85 页）

2 月 4 日　“夜内山君及其夫人邀往歌舞伎座观志贺廼家淡海剧团演剧，广平携海婴同去。”（《鲁迅全集》15 卷，132 页）

2 月 12 日　致增田涉信 :

搬家以后，海婴很健康，但更顽皮，在家时常有暴动之虑，真难办。（《鲁迅全集》13 卷，560 页）

2 月 15 日　“上午得母亲所寄糟鸡一合，玩具九种。”（《鲁迅全集》15 卷，134 页）

2 月 22 日　“午后同广平携海婴并邀何太太携碧山往虹口大戏院观电影。”（《鲁迅全集》15 卷，135 页）

2 月 24 日　致曹靖华信 :

一有儿女，在身边则觉其烦，不在又觉寂寞，弟亦如此，真是无法可想。（《鲁迅全集》12 卷，341 页）

3 月 7 日　“上午同广平携海婴往须藤医院诊。”（《鲁迅全集》15 卷，137 页）

3 月 8 日　“夜须藤先生来为海婴诊。……为海婴施芥子泥罨法，不能眠。”（《鲁迅全集》15 卷，137 页）

3 月 9 日　“下午须藤先生来为海婴诊。”（《鲁迅全集》15 卷，137 页）

3 月 11 日　“上午须藤先生来为海婴诊。”（《鲁迅全集》15 卷，137 页）

3月13日　“晨须藤先生来为海婴诊。”(《鲁迅全集》15卷，137页)

3月14日　“下午须藤先生来为海婴诊。”(《鲁迅全集》15卷，138页)

3月15日　“下午须藤先生来为海婴诊。”(《鲁迅全集》15卷，138页)

同日　致母亲信：

惟海婴于十日前患伤风发热，即经延医诊治，现已渐愈矣。(《鲁迅全集》12卷，355页)

3月16日　“午后须藤先生来为海婴诊。下午收靖华所寄美术画十幅，赠秀珍、海婴各二幅。”(《鲁迅全集》15卷，138页)

按：秀珍为鲁迅邻家的孩子。

3月17日　“得山本夫人信，并玩具二种赠海婴。”“下午须藤先生来为海婴诊。”(《鲁迅全集》15卷，138页)

同日　致山本初枝信：

上海气候不好，流行着种种疾病，孩子也患流行感冒，经须藤先生诊治，今天才好。他正在闹脾气，我将你赠送的玩具给了他，他很高兴。你送给他脚踏车的事，他还记得。(《鲁迅全集》13卷，565页)

3月18日　“下午须藤先生来为海婴诊，云已愈。”(《鲁迅全集》15卷，138页)

同日　致增田涉信：

倒是海婴这小家伙患了流行感冒，闹了两星期，现已转好。(《鲁迅全集》13卷，568页)

3月29日 “往须藤医院为海婴取丸药。”(《鲁迅全集》15卷，140页)

同日 致母亲信：

海婴已复元，胃口很开了。(《鲁迅全集》12卷，366页)

4月1日 “得山本夫人所寄夏服一套，赠海婴者。”(《鲁迅全集》15卷，141页)

4月3日 “午后与广平携海婴访蕴如，并邀阿玉、阿菩往融光大戏院观《四十二号街》，观毕至如园食沙河面，晚归。”(《鲁迅全集》15卷，141页)

按：融光大戏院于一九二九年建造，钢筋混凝土结构，是坐北朝南的西式影剧院。抗战期间，主要放映日本影片。院址为海宁路330号，抗战胜利后，改名为国际电影院。戏院离鲁迅寓所较近，交通又方便，自一九三三年至一九三六年他先后在此观看电影十余次。(周国伟：《寻访鲁迅在上海的足迹》，177页)

4月8日 “上午往须藤医院取丸药。”(《鲁迅全集》15卷，142页)

4月12日 致母亲信：

海婴早已复元，医生在给他吃一种丸药，每日二粒，云是补剂，近日胃口极开，而终不见胖，大约如此年龄，终日顽皮，不肯安静，是未必能胖的了。医生又谓在今年夏天，须令常晒太阳，将皮肤晒黑，但此事须在海边或野外，沪寓则殊不便，只得临时再

想方法耳。(《鲁迅全集》12 卷，387 页)

4 月 15 日 “午广平邀蕴如携晔儿、瑾男、海婴并许妈游城隍庙。”(《鲁迅全集》15，卷 143 页)

4 月 20 日 “晚方碧来邀夜饭，即与广平携海婴同去，同席共九人。”(《鲁迅全集》15 卷，143 页)

4 月 24 日 “夜雨广平携海婴访坪井先生。”(《鲁迅全集》15 卷，144 页)

4 月 25 日 “上午与广平携海婴往须藤医院诊。”(《鲁迅全集》15 卷，144 页)

同日 致母亲信：

海婴则已颇健壮，身子比去年长得不少，说话亦大进步，但不肯认字，终日大声叱咤，玩耍而已。今年夏天，拟设法令晒太阳，则皮肤可以结实，冬天不致于容易受寒了。(《鲁迅全集》12 卷，396 页)

同日 致山本初枝信：

我们的孩子虽不绘画，但要我们讲解画册，这也是件很难的事。(《鲁迅全集》13 卷，572 页)

4 月 26 日 下午“季市来，并赠海婴积木二合”。(《鲁迅全集》15 卷，144 页)

4 月 27 日 “上午往须藤医院诊，广平携海婴同去。”(《鲁迅全集》15 卷，144 页)

4 月 29 日 “上午同广平携海婴往须藤医院诊。”(《鲁迅全集》15 卷，145 页)

5 月 1 日 “秉中及夫人携孩子来访，并赠藕粉、蜜枣各二合，扇一柄，未遇，午后同广平携海婴往旅馆访之，亦未遇。”(《鲁

迅全集》15 卷，146 页）

5 月 3 日 “午秉中来赠海婴鞋一双。”(《鲁迅全集》15 卷,146 页）

5 月 4 日 致母亲信：

海婴则日见长大，每日要讲故事，脾气已与去年不同，有时亦懂道理，容易教训了。(《鲁迅全集》12 卷，400 页）

5 月 9 日 “下午得内山嘉吉君寄赠海婴之笔一合，又其子鹑弥月内祝绸袱一方。”(《鲁迅全集》15 卷，147 页）

5 月 11 日 “得山本夫人寄赠海婴之画本一本。”(《鲁迅全集》15 卷，147 页）

5 月 15 日 致母亲信。

按：在《鲁迅全集》的致母亲的信中仅此一封未提海婴。

5 月 18 日 “遇叶紫及绀弩，同赴加啡店饮茗，广平携海婴同去。”(《鲁迅全集》15 卷，148 页）

按：据说，绀弩一见鲁迅，竟指着鲁迅说：“您是贾宝玉。”鲁迅大为愕然，便邀同赴咖啡店饮茗。(《鲁迅研究动态》1986 年 7 期）

5 月 22 日 “亦志招饮于大三元，与广平携海婴同往，同席十二人。”(《鲁迅全集》15 卷，149 页）

5 月 27 日 “镰田夫人来并赠海婴文具一合，簿子五本，夏蜜柑三枚。”(《鲁迅全集》15 卷，150 页）

5 月 29 日 致母亲信：

害马及海婴均安好，惟海婴日见长大，自有主意，常出门外与一切人捣乱，不问大小，都去冲突，管束颇觉吃力。”（《鲁迅全集》12卷，437页）据周海婴讲：这里的出门，不是出大门，而是出了房子门，在庭院里。（《海婴答问录》）

6月7日　致增田涉信：“我们都好，只有那位‘海婴氏’颇为淘气，总是搅扰我的工作，上月起就把他当做敌人看待了。”（《鲁迅全集》13卷，582页）

●据许广平回忆：

在写字台上，海婴喜欢立在椅子上拿起笔来乱涂。鲁迅很珍惜一切用具，不肯随便抛弃小小一张纸，即便是包裹东西回来的纸张，也必摊平折好积存起来，包扎的绳子也一样，一束一束的卷好，放起，遇到需要的时候应用。但对于（海婴）索取纸张时，就是他最喜欢的，给他乱涂，也是满心愿意的。当时许广平提议让海婴走开，而鲁迅却正高兴时，他会说：“不要紧的，让他多玩一歇罢。”或者说：“他玩得正高兴，不肯走的，让他在那里，横竖我不做什么。”但等海婴走开后他马上又珍惜时间的浪费，常说：“把小孩交给我领了几个钟头了。”（《欣慰的纪念》，参见《许广平文集》2卷，73—74页）

6月8日　“午后同广平携海婴往须藤医院诊，见赠墨鱼一枚。”（《鲁迅全集》15卷，153页）

6月13日　致母亲信：

海婴这几天不到外面去闹事了，他又到公园和乡下去。而且日见其长，但不胖，议论极多，在家时简直说个不歇。动物是不能给他玩的，他有时优待，有时则要虐待，寓中养着一匹老鼠，前几天他就用蜡烛将后脚烧坏了。至于学校，则今年拟不给他去，因为四近实无好小学，有些是骗钱的，教员虽然打扮得很时髦，却无学问；有些是教会开的，常要讲教，更为讨厌。海婴虽说是六岁，但须到本年九月底，才是十足五岁，所以不如暂且任他玩着，待到足六岁时再看罢。(《鲁迅全集》12 卷，457 页)

按：据鲁迅谈："给孩子们挑选老师时，我们有两个条件：第一，学问好，为人正直；第二，不打孩子，因为打骂中长大的孩子，好的不多。"(《新文学史料》1978 年第 4 辑，190 页)又据许广平谈："他(指鲁迅)对旧式的背诵似乎很深恶痛绝。对一般学校的教育制度也未必满意。如果他较年轻，有了孩子，我想也许自己给以教育的。可惜海婴生下之后，人事的匆促，他未能照顾到他的求学方面。"(《欣慰的纪念》，见《许广平文集》2 卷，80 页)

6 月 18 日　"上午须藤先生来为海婴诊，云是消化系性流行感冒，随至其寓所取药。"(《鲁迅全集》15 卷，155 页)

同日　致台静农信：

孩子渐大，善于捣乱，看书工夫，多为所败，从上月起，已明白宣言，以敌人视之矣。(《鲁迅全集》12 卷，459 页)

6 月 19 日　"下午须藤先生来为海婴诊。"(《鲁迅全集》15 卷，155 页)

6 月 20 日　"下午须藤先生来为海婴诊。"(《鲁迅全集》15 卷，155 页)

6 月 23 日　"下午诗荃来并赠海婴糖果一合。"(《鲁迅全集》15 卷，155 页)

6 月 30 日　三弟"为海婴买玩具枪一具，一元四角"。(《鲁迅全集》15 卷，157 页)

7 月 4 日　"夜同广平携海婴访三弟，小坐归。"(《鲁迅全集》15 卷，158 页)

7月13日　“晚同广平携海婴访坪井先生，未遇，见其夫人，赠以荔枝一筐。”（《鲁迅全集》15卷，159页）

7月21日　“须藤夫人赠海婴波罗蜜一罐。”（《鲁迅全集》15卷，161页）

7月23日　致山本初枝信：

男孩子大都是欺负妈妈的，我们的孩子也是这样；非但不听妈妈的话，还常常反抗。及至我也跟着一道说他，他反倒觉得奇怪：“为什么爸爸这样支持妈妈呢？”（《鲁迅全集》13卷，587—588页）

7月30日　“上午寄母亲信，附海婴笺，广平手录。”（《鲁迅全集》15卷，161页）

同日　致母亲信：

害马海婴都好。但海婴因大起来，心思渐野，在外面玩的时候多，只在肚饥之时，才回家里，在家里亦不静坐，连看看也吃力的。前天给他照了一张相，大约八月初头可晒好，那时当寄上。他又要写信给母亲，令广平照钞，今亦附上，内有几句上海话，已在旁边注明。（《鲁迅全集》12卷，498页）

同日　致山本初枝信：

我们的孩子也很淘气，也是要吃的时候就来了，达到目的以后就出去玩，还发牢骚，说没有弟弟，太寂寞了，是个颇伟大的不平家。（《鲁迅全集》13卷，590页）据许广平回忆：在别的时候，海婴也会来一个发表意见的机会，他说：

“我做爸爸的时候不要打儿子的。”

“如果坏得很，你怎么办呢？”鲁迅问。

“好好地教伊，买点东西给他吃。”

鲁迅笑了，他以为他自己最爱孩子，但是他儿子的意见比他更和善，能够送东西给不听话的孩子做感化工作。(《欣慰的纪念》，见《许广平文集》2卷，71页)

8月2日　“以海婴照片一幅寄母亲。”(《鲁迅全集》15卷，163页)

8月3日　“以自己及海婴之照片各一幅寄山本夫人。”(《鲁迅全集》15卷，163页)

8月7日　“晚孙式甫及其夫人招饮于鼎兴楼，与广平携海婴同往，同席十二人。”(《鲁迅全集》15卷，163页)

同日　致增田涉信：

我与内子均好，阿米巴似已和海婴告别，但海婴这家伙却非常顽皮，两三日前竟发表了颇为反动的宣言，说：“这种爸爸，什么爸爸！”真难办。(《鲁迅全集》13卷，592页)

8月11日　“上午得母亲信并与海婴笺，六日发。”(《鲁迅全集》15卷，164页)

据周海婴谈：“虽然到祖母去世，我一直没有见过她。但当时在我心里，是把她当成家人看的。祖母的来信，父亲常念给我听。我最感兴趣信上关于我的话，当时也十分想见她。她曾准备来上海，当时我心里很盼望，但是终于没有来成，很可惜。”(《海婴答问录》)

8月12日　致母亲信：“给海婴的信，也读给他听了，他非常高兴。他的照片，想必现在已经寄到，其实他平常是没有照片上那样老实的。”(《鲁迅全集》12卷，503页)

8月14日　“上午同广平携海婴往须藤医院诊，云是睡中受凉，并自乞胃药。”(《鲁迅全集》15卷，164页)

8月16日　“同广平携海婴往须藤医院诊。”(《鲁迅全集》15卷，165页)

8月19日　“下午须藤先生来为海婴诊。”(《鲁迅全集》15卷，165页)

8月21日　“下午须藤先生来为海婴诊。”(《鲁迅全集》15卷，165页)

同日　致母亲信：

海婴的痫疾，长久不发，看来是断根了；不过容易伤风，但也是小毛病，数日即愈。今年大热，孩子大抵生病或生疮，他却只伤风了一回，此外都很好，所以，他是没有什么病的。

但他大约总不会胖起来。他每天约七点钟起身，不肯睡午觉，直至夜八点钟，就没有静一静的时候。要吃东西，要买玩具，闹个不休。客来他要陪(其实是来吃东西的)，小事也要管，怎么还会胖呢。他只怕男一个人，不过在楼下闹，也仍使男不能安心读书，真是没有法子想。(《鲁迅全集》12卷，509页)

8月24日　“下午广平携海婴来。”(《鲁迅全集》15卷，166页)

按：此时鲁迅避居千里爱3号(现为山阴路2弄3号)，因内山书店职员张荣甫、周根康被捕之故。九月十八日，鲁迅返寓。(周国伟：《寻访鲁迅在上海的足迹》，17页)

8月25日　致伊罗生信：“我此刻已不住在家里，只留下女人和孩子。”(《鲁迅全集》13卷，596页)

8月31日　致母亲信：“海婴这人，其实平常总是很顽皮的，这回照相，却显得很老实。现在已去添晒，下星期内可寄出，到时请转交。”(《鲁迅全集》12卷，509页)

9月5日　“下午寄紫佩信……海婴照片一枚，转赠阮长莲。”

(《鲁迅全集》15 卷，168 页)

9 月 9 日　“下午同广平携海婴并邀阿霜至大上海戏院观《降龙伏虎》毕，往四而斋吃面。”(《鲁迅全集》15 卷，169 页)

按:上海大戏院，是鲁迅在上海时期观电影最多的一个影院，前后二十七次之多。上海大戏院是在二十年代中期由黄楚九的女婿、广东人曾焕堂创办，院址在北四川路虬江支路东南向的转角处。地址为北四川路 523 号。今为四川北路 1408 号。(周国伟 :《寻访鲁迅在上海的足迹》，172 页)

9 月 15 日　“午后同广平携海婴往须藤医院诊。”(《鲁迅全集》15 卷，169 页)

9 月 16 日　“寄母亲信，附海婴笺，广平所写。”(《鲁迅全集》15 卷，170 页)

同日　致母亲信 :

海婴也好的，他要他母亲写了一张信，今附上。他是喜欢夏天的孩子，今年如此之热，别的孩子大抵瘦落，或者生疮了，他却一点也没有什么。天气一冷，却容易伤风。现在每天很忙，专门吵闹，以及管闲事。(《鲁迅全集》12 卷，516 页)

9 月 17 日　“上午同广平携海婴往须藤医院诊。”(《鲁迅全集》15 卷，170 页)

9 月 18 日　“下午须藤先生来为海婴诊。”(《鲁迅全集》15 卷，170 页)

9 月 21 日　“上午同广平携海婴往须藤医院诊。”(《鲁迅全集》15 卷，170 页)

9 月 27 日　“得顾君留谏，下午即同广平携海婴往访之。”(《鲁迅全集》15 卷，171 页)

按：顾君，即顾孟余。

同日　致母亲信：

海婴照相，系便中寄与紫佩，托其转交，并有一信。……海婴近来较为听话，今日为他出世五周年之生日，但作少许小菜，大家吃了一餐，算是庆祝，并不请客也。（《鲁迅全集》12卷，523页）

9月30日　“午后得母亲信，附与海婴笺，二十七日发。”（《鲁迅全集》15卷，171页）

按：据俞芳回忆：“在海婴弟弟五周岁时，太师母送给最心爱的、未见过面的孙儿一件小外套。小外套是叫我到东安市场买来的。我不知道海婴弟弟身材大小，只好按着五周岁这号年龄去买。太师母看了买来的小外套很满意，寄出去了。”（《鲁迅研究资料》3辑，283页）

10月5日　致曹靖华信：“弟一切如常，内人及孩子亦均安好，希勿念是幸。”（《鲁迅全集》12卷，527页）

10月6日　“上午同海婴往须藤医院诊，广平亦去。”（《鲁迅全集》15卷，173页）

10月7日　“上午同内山君夫妇及广平携海婴往日本人俱乐部观堀越英之助君洋画展览会。”（《鲁迅全集》15卷，173页）

10月8日　“为仲方及海婴往须藤医院取药。”（《鲁迅全集》15卷，175页）

10月18日　“下午须藤先生来为海婴诊。”（《鲁迅全集》15卷，175页）

10月20日　致母亲信：

海婴渐大，懂得道理了，所以有些事情已经可以讲通，比先前好办，良心也还好，好客，不小气，只是有时要欺侮人，尤其是他自己的母亲，对男却较为客气。明年本该进学校了，但上海实在无好学校，所以想缓一年再说。有一封他口讲，广平写下来的信，今附呈。(《鲁迅全集》12 卷，540 页)

●据许广平回忆：

鲁迅的母亲是不吝啬的，把自己不多的零用钱，时常拿给急需的人。……这种脾气，儿子也一样秉承下来。他喜欢分书给人……而那第三代的小海婴，也遗传得一些，他时常把新得来的自己爱好的玩具奉送给小朋友。保姆生怕受责骂，有时候先解释说小孩子不懂事，东西都送把人了。这时候做父亲总带笑说："不要紧的，我记得我父亲早先一句话：要分给别人才好呢。我们要是专待人家分给倒不好了。"这恐怕就是这一家人的人生哲学罢。(《欣慰的纪念》，见《许广平文集》2 卷，7 页)

10 月 25 日　"下午淡海赠镜子及蛇皮笔各一，即以镜赠谷非夫人，笔赠海婴。"(《鲁迅全集》15 卷，176 页)

10 月 28 日　"夜内山君及其夫人邀往歌舞伎座观淡海剧，与广平携海婴同去。"(《鲁迅全集》15 卷，177 页)

10 月 30 日　致母亲信：

海婴已看过（指鲁瑞的照片——编者），他总算第一回认识娘娘了。现在他日夜顽皮，女仆的话简直不听，但男的话却比较的肯听，道理也讲得通了，不小气，不势利，性质还总算好的。现身体亦好，因为将届冬天，所以遵医生的话，在吃鱼肝油了。(《鲁迅全集》12 卷，551-552 页)

11 月 8 日　"上午同海婴往须藤医院诊，并自取药，广平亦去。"

（《鲁迅全集》15 卷，179 页）

11 月 11 日　“下午须藤先生来诊，云是受寒，并诊海婴。热三七·二度。”（《鲁迅全集》15 卷，179 页）

11 月 16 日　致曹靖华信：“女人和孩子却都好的。请勿念。”（《鲁迅全集》12 卷，565 页）

11 月 17 日　“下午得母亲所寄小包二个，计外套一件，以与海婴。”（《鲁迅全集》15 卷，180 页）

同日　致萧军、萧红信：“我的女人在这里，还有一个孩子。”（《鲁迅全集》12 卷，567 页）

11 月 18 日　致母亲信：

给海婴的外套，此刻刚刚可穿，内衬绒线衣及背心各一件；冬天衬衣一多，即太小，但明年还可以穿的。他的身材好像比较的高大，昨天量了一量，足有三尺了，而且是上海旧尺，倘是北京尺，就有三尺三寸。不知底细的人，都猜他是七岁。（《鲁迅全集》12 卷，568 页）

11 月 20 日　致萧军、萧红信：“我的孩子足五岁，男的，淘气得可怕。”（《鲁迅全集》12 卷，572 页）

11 月 26 日　“午前季市夫人携世玚来，并赠海婴饼干及糖食各二合。”（《鲁迅全集》15 卷，182 页）

11 月 30 日　与萧红、萧军见面。

鲁迅与萧红、萧军相约在内山见面，之后他们一同到一家咖啡馆里。萧红可能迫切地要见到许广平先生和他们的孩子——海婴，还不等鲁迅先生说什么，竟劈头地问道：

“怎么，许先生不来吗？”

“他们就来的。”鲁迅先生说的是浙江式的普通话，我们似乎听懂了，但又不十分明白，萧红张起她的两只受了惊似的大眼睛定定地望了鲁迅先生……正在这时候，海婴抢在前面，嘴里叽里咕噜地说着上海话，一眼望到我们就跑了过来……（萧军 :《鲁迅给萧军萧红信简注释录》，71—72 页）

大人在谈话中，海婴一直到那边和一些侍者以及那个外国人老板在玩着。分别时，鲁迅先生直直地站在那里望着，许广平先生在频频地扬着手里的手帕，小海婴也在挥扬着一只小手……这俨然像似我们到远方去的“永别”。（萧军 :《鲁迅给萧军萧红信简注释录》，73 页）

12 月 6 日　致萧军、萧红信 :

至于孩子，偶然看看是有趣的，但养起来，整天在一起，却真是麻烦得很。……我的孩子叫海婴，但他大起来，自己要改的，他的爸爸，就连姓都改掉了。(《鲁迅全集》12 卷，585 页）

同日　致母亲信 :

……海婴很好，因为医生说他吃鱼肝油（清的），从一月以前起，每餐后就给他吃一点，腥气得很，而他居然也能吃。现在胖了，抱起来，重得像一块石头，我们现在才知道鱼肝油有这样的力量，但麦精鱼肝油及男在北平时所吃的那一种，却似乎没有这么有力。

他现在整天的玩，从早晨到睡觉，没有休息，但比以前听话。外套稍小，但明年春还可以穿一回，以后当给与老三的孩子，他们目下还用不着，大的穿起来太小，小的穿起来又太大。(《鲁迅全集》12 卷，587—588 页）

12 月 13 日　致山本初枝信 :“内人和孩子均健康。已按须藤先生的嘱咐，给孩子吃鱼肝油，体重增加不少，也胖了一些。”（《鲁迅全集》13 卷，605 页）

12月16日　致母亲信：

海婴要写信给母亲，由广平写出，今寄上。话是他嘴里讲的，夹着一点上海话，已由男在字旁译注，可以懂了。他现在胖得圆圆的，比先前听话，这几天最得意的有三件事，一是亦能陪客（其实是来捣乱），二是自来水龙头要修的时候，他认识工人的住处，能去叫来，三是刻了一块印章。在信后面说的就是。但字却不大愿意认，说是每天认字的，也不确的。（《鲁迅全集》12卷，605页）

12月19日　“晚在梁园邀客饭，谷非夫妇未至，到者萧军夫妇、耳耶夫妇、阿紫、仲方及广平、海婴。”（《鲁迅全集》15卷，186—187页）

按：据萧军回忆：吃饭的时候，广平下首坐着海婴，鲁迅先生说：“今天本来是为H先生的儿子做满月的，大概他们没接到信，上海这地方，真麻烦……”他指了指那空位。

海婴咕哩哇喇……，满口讲的上海话，这位“小上海”的话我几乎什么也听不懂，他和萧红倒似乎一见如故混的很熟了。

我们这次作为和海婴第二次见面礼，还送了他一对枣木旋成的“小棒槌”。这是一九三四年我们路经大连，一位叫王福临的朋友送给我们的。（参见《鲁迅生平史料汇编》5卷下册，685—688页）

又按：在这次吃饭中，萧红将其祖父用来活动手部筋骨的两只光滑的核桃这心爱之物赠给了海婴。（《新文学史料》1979年8月号，175页）

12月20日　致萧军、萧红信：

代表海婴，谢谢你们送的小木棒，这我也是第一次看见。但他对于我，确是一个小棒喝团员。他去年还问：“爸爸可以吃么？”

我的答复是："吃也可以吃，不过还是不吃罢。" 今年就不再问，大约决定不吃了。(《鲁迅全集》12 卷，613 页)

12 月 26 日　"上午内山夫人赠海婴玩具二种。"(《鲁迅全集》15 卷，187 页)

同日　致许寿裳信：

妇孺亦安，可抒锦注耳。(《鲁迅全集》12 卷，622 页)

12 月 27 日　"下午镰田夫人来并赠海婴玩具三种。"(《鲁迅全集》15 卷，188 页)

12 月 30 日　"晚属梁园豫菜馆来寓治馔，邀内山君及其夫人、镰田君及其夫人并孩子、村井君、中村君夜饭，广平及海婴同食，合席共十二人。"(《鲁迅全集》15 卷，188 页)

按：这年秋，内山书店两个职员被捕。鲁迅曾避居千里爱，得到内山书店职工的照料，这次宴饮，也是酬谢之意。(周国伟：《寻访鲁迅在上海的足迹》，167—168 页)

1935 年

1 月 1 日　"衡海婴，连衣服重四十一磅。"(《鲁迅全集》15 卷，205 页)

1 月 4 日　致萧军、萧红信：

过了一年，孩子大了一岁，但我也大了一岁，这么下去，恐怕我就要打不过他，革命也就要临头了。这真是叫作怎么好。(《鲁迅全集》13 卷，4 页)

同日　致母亲信：

至于海婴所吃，系纯鱼肝油，颇腥气，但他却毫不要紧。

去年年底，给他照了一个相，不久即可去取，倘照得好，不必重照，则当寄上。元旦又称了一称，连衣服共重四十一磅，合中国十六两称三十斤十二两，也不算轻了。他现在颇听话，每天也有时教他认几个字，但脾气颇大，受软不受硬，所以骂是不大有用的。我们也不大去骂他，不过缠绕起来的时候，却真使人烦厌。(《鲁迅全集》13 卷，7 页)

同日　致山本初枝信：

孩子已经较大了，病也少了，但另一方面却非常吵闹。他苦于孤单，没有朋友，便常常来找大人，妨碍了学习。(《鲁迅全集》13 卷，610 页)

1 月 6 日　致曹靖华信："上月给孩子吃鱼肝油，胖起来了。"(《鲁迅全集》13 卷，9 页)

1 月 9 日　"下午以海婴照片一张寄母亲。……以海婴照一张寄增田君。"(《鲁迅全集》15 卷，206 页)

1 月 10 日　"午达夫、映霞从杭州来，家璧及伯奇、国亮延之在味雅午饭,亦见邀,遂同广平携海婴往。"(《鲁迅全集》15 卷,206 页)

1 月 11 日　"上午同广平携海婴往须藤医院诊，并以《饮善正要》卖与须藤先生,得泉一元,海婴得苹果十二枚,饼饵一合。得母亲信，附与海婴笺，六日发。"(《鲁迅全集》15 卷，206 页)

1 月 13 日　"上午寄须藤先生信为海婴取药。"(《鲁迅全集》15 卷，206 页)

1 月 14 日　"下午须藤先生来诊，并诊海婴。"(《鲁迅全集》

15 卷，207 页）

1 月 16 日　“上午寄母亲信，附海婴笺。”“下午须藤先生来诊，其少君同来，并赠海婴海苔一合。”（《鲁迅全集》15 卷，207 页）

同日　致母亲信：

海婴有几句话，写在另一张纸上，今附呈。（《鲁迅全集》13 卷，18 页）

1 月 21 日　致萧军、萧红信：

“小伙计”比先前胖了一点，但也闹得真可以。（《鲁迅全集》13 卷，29 页）

1 月 25 日　“上午得母亲信，二十一日发，附与海婴笺。”（《鲁迅全集》15 卷，209 页）

1 月 29 日　“下午同广平携海婴往上海大戏院观《抵抗》毕，至良如吃面。”（《鲁迅全集》15 卷，209 页）

1 月 30 日　“夜孟十还招饮于明湖春，与广平携海婴同往，合席十四人。”（《鲁迅全集》15 卷，209 页）

2 月 2 日　“仲方夫人来，赠食物二种，赠海婴糖食一囊。”（《鲁迅全集》卷 15 卷，211 页）

2 月 6 日　致增田涉信：

但我这里的海婴男士，却是个不学习的懒汉，不肯读书，总爱模仿士兵。我以为让他看看残酷的战争影片，可以吓他一下，多少会安静下来，不料上星期带他看了以后，闹得更起劲了。真使我哑口无言，希特勒有这么多党徒，盖亦不足怪矣。（《鲁迅全集》13 卷，619 页）

按：上星期所看影片即1月29日所看《抵抗》。

2月8日　“下午烈文来并赠海婴饼干一合，狮子灯一盏，赠以书三本。”（《鲁迅全集》15卷，212页）

2月9日　致萧军、萧红信：

海婴是好的，但捣乱得可以，现在是专门在打仗，可见世界一时不会平和的。（《鲁迅全集》13卷，52页）

2月27日　致增田涉信：

海婴的顽皮颇有进步，最近看了电影，就想上非洲去，旅费已积蓄了两角来钱。（《鲁迅全集》13卷，622页）

2月28日　“上午同广平携海婴往须藤医院种痘。”（《鲁迅全集》15卷，214页）

3月1日　致母亲信：

海婴也很好，大家都说他大得快；今天又给他种了一回牛痘，是第二回了。（《鲁迅全集》13卷，69页）

同日　致萧军、萧红信：

孩子很淘气，昨天给他种了痘，是生后第二回。（《鲁迅全集》13卷，71页）

3月5日　“晚约阿芷、萧军、悄吟往桥香夜饭，适河清来访，至内山书店又值聚仁来送《芒种》，遂皆同去，并广平携海婴。”（《鲁迅全集》15卷，216页）

3月12日　“上午内山君赠海婴鱼饼二枚。”(《鲁迅全集》15卷，216页)

3月13日　致萧军、萧红信：

现在孩子更捣乱了，本月内母亲又要到上海，一个担子，挑的是一老一小，怎么办呢？(《鲁迅全集》13卷，80页)

3月15日　海婴的脚被沸水烫伤。(据鲁迅3月17日给萧军、萧红的信)

3月17日　致萧红信：

前天，孩子的脚给沸水烫伤了，因为虽有人，而不去照管他。伤了半只脚，看来要有半个月才会好。等他能走路，我们再来看您罢。(《鲁迅全集》13卷，84页)

3月18日　“上午同广平携海婴往须藤医院诊。”(《鲁迅全集》15卷，217页)

3月19日　“上午同广平携海婴往须藤医院诊。”(《鲁迅全集》15卷，217页)

同日　致萧军信：

这回孩子脚给沸水烫伤，其实倒是太阔气了的缘故，并非没有人管，是有人而不管他。寓里原有一个管领他的老妈子，她这几天因为要去求神拜佛，访友探亲，便找了一个替工。那天是她们俩都在，替工以为有她在，不过她以为有替工在，就两个都不管，任凭孩子奔进厨房去捣乱，弄伤了脚。孩子也太淘气，一不留意，他就乱钻，跑得很快，大家有时也实在追不上。痛一下也好，我实在看得麻烦极了，痛的经验是应该有一点的，但我立刻给他敷了药，恐怕也不怎么痛，现在肿已退，再有十天总可以走得路，只要好后没有疤痕，我的责任算是尽了。

这孩子也不受委屈，虽然还没有发明“屁股温冰法”（上海也无冰可温），但不肯吃饭之类的消极抵抗法，却已经有了的。这时我也往往只好对他说几句好话，以息事宁人。我对别人就从来没有这样屈服过。如果我对父母能够这样，那就是一个孝子，可上“二十五孝”的了。(《鲁迅全集》13卷，86页)

3月21日　“上午同广平携海婴往须藤医院诊。”(《鲁迅全集》15卷，217页)

3月23日　“上午同广平携海婴往须藤医院诊。”(《鲁迅全集》15卷，218页)

同日　致曹靖华信：

其次，是孩子大了起来，会闹了。(《鲁迅全集》12卷，90页)

同日　致许寿裳信：

弟等均如常，但敷衍孩子，译作，看稿，忙而无聊，在自己这方面，几乎毫无生趣耳。(《鲁迅全集》13卷，91页)

3月25日“上午携海婴往须藤医院诊。”(《鲁迅全集》15卷，218页)

同日　致萧军信：

孩子的烫伤已好，可以走了，不过痂皮还没有脱，所以不许他多走。(《鲁迅全集》13卷，92页)

3月27日　“上午同广平携海婴往须藤医院诊。”(《鲁迅全集》15卷，219页)

3月29日　上午“同广平携海婴往须藤医院诊”。(《鲁迅全集》15卷，219页)

3月31日　“上午同广平携海婴往须藤医院诊，又至百货店买玩具少许。”(《鲁迅全集》15卷，219页)

同日　致母亲信：

前日给海婴种了四粒痘，都没有灌浆，医生云，可以不管，至十岁再种了。(《鲁迅全集》13卷，100页)

4月2日　“下午同广平携海婴往上海大戏院观《金银岛》。”(《鲁迅全集》15卷，221页)

4月6日　“午后携海婴至高桥医院治齿。”(《鲁迅全集》15卷，221页)

4月20日　“午后蕴如携阿菩来，遂邀之并同广平携海婴往光陆大戏院观米老鼠儿童影片。”(《鲁迅全集》15卷，223页)

●据周海婴回忆：

我幼年很幸运。凡有适合儿童观看的电影，父亲总是让我跟他去观看，或者也可以说是由他专门陪我去观看。有时也让母亲领着我和几个堂姐去看《米老鼠》一类的卡通片(现称动画片)。记得和父母一同看过的电影，有《人猿泰山》《泰山之子》《仲夏夜之梦》以及世界风光之类的纪录片。

……因为看的多是九点晚场，所以对于我来说，出去的时候，兴高采烈，非常清醒，等到回家，已经是迷迷糊糊，不记得怎样脱衣，怎样上床的了。(周海婴：《重回上海忆童年》)

4月21日　“上午同广平携海婴往须藤医院诊。”(《鲁迅全集》15卷，223页)

4月22日　午后“须藤先生来为海婴诊”。(《鲁迅全集》15

卷，223页）

4月24日 “下午须藤先生来为海婴诊。”（《鲁迅全集》15卷，224页）

4月28日 致萧军信：

孩子还有点咳，脚是全好了，不过皮色有点不同，但这没有关系。（《鲁迅全集》13卷，119页）

4月30日 致母亲信：

寓中均安，海婴亦好，可请释念。（《鲁迅全集》13卷，121页）

5月2日 “上午同广平携海婴往拉都路访萧军及悄吟，在盛福午饭。”（《鲁迅全集》15卷，225页）

按：“访萧军及悄吟”即看他们新安的家，午饭系鲁迅请客。

5月3日 下午“须藤先生来为海婴诊”。（《鲁迅全集》15卷，225页）

5月4日 “下午同广平携海婴往上海戏院观《玩意世界》。”（《鲁迅全集》15卷，226页）

5月7日 “上午同广平携海婴往须藤医院诊。”（《鲁迅全集》15卷，226页）

5月9日 “得母亲信并答海婴笺，六日发。……下午为海婴买留声机一具，二十二元。”（《鲁迅全集》15卷，226页）

●据周海婴回忆：

大概是那年四月，或者更早一些时候吧，许妈带我到隔壁邻居家串门，那是一户日本侨民。他家有一台落地式手摇大型留声机，高约一米半，比我的身材还长一截。听到他们在播放唱片，十分新鲜。可是仍感到不过瘾，因为主人不许我用手摸动它，内心深处隐存羡慕之情。回家以后，婉转向母亲提出要求，表示只要不打扰父亲，可以考虑，但规定不许在父亲工作时播唱，只在饭后稍许放放，听一听就算。我自然只有答应。过了几天，有一个晚上，看见内山先生笑呵呵地同一个店员来到我家，拎来了一架小型便携式留声机，父亲下楼接待。内山先生用日语向父亲介绍这架留声机的性能，并且当场试放。放完以后，让我再来看看，问我喜欢不喜欢；当时，我觉得它与邻家的那台相比，真是小巫见大巫，差的太远。连连摇头，表示不要。父亲见此情景，就告诉内山先生，说是孩子不大喜欢，就麻烦出售商店，请给另换一台。内山先生痛快地答应了，让店员拎走了这台留声机。过了几天，换了一台，仍然不大，我还是嫌小不要；又过了几天，通知说另换了一台，比较大，搬不来，母亲就带我到内山书店去观看。去了以后，见留声机放在里面房间，是一种中等尺寸的。这时候我似乎感到大人们已经很不耐烦了，不能再提过高的要求，因此也就表示接受了。

……

现在上海大陆新村旧居一楼，可以看到这一台棕黑色中型手摇留声机，它高29.3cm，宽40cm，深36cm，这台展出的留声机，是Magna Phonic牌的七十八转钢针的日本产品。（周海婴：《重回上海忆童年》）

5月11日　“夜与蕴如、阿菩、三弟及广平、海婴同往新光大戏院观《兽国寻尸记》。”（《鲁迅全集》15卷，226页）

5月17日　“晚镰田君来……赠海婴留声机胶片二枚。”（《鲁迅全集》15卷，227页）

5月26日　“上午同广平携海婴往须藤医院诊。”（《鲁迅全集》

15卷，228页）

5月28日　“上午同广平携海婴往须藤医院诊。”晚“须藤先生来为海婴诊”。(《鲁迅全集》15卷，229页）

6月7日　致萧军信：

孩子也好了，但他大了起来，越加捣乱，出去，就惹祸，我已经受了三家邻居的警告，——但自然，这邻居也是擅长警告邻居。但在家里，却又闹得我静不下来，我希望他快过二十岁，同爱人一起跑掉，那就好了。(《鲁迅全集》15卷，147页）

●据萧红回忆：

海婴不大在三楼玩的，除了到学校去，就是在院子里踏脚踏车，他非常喜欢跑跳，所以厨房、客厅、二楼，他是无处不跑的。(萧红：《回忆鲁迅》)

●据周海婴回忆知：

这“三家邻居”，都是日本人。周海婴的爱人叫马新云。父亲逝世后，海婴的家搬到霞飞路64号，马新云的家是1946年搬到上海的，住62号。海婴大她2岁，他们从小在一起玩，感情很好，以至于产生爱慕之情。海婴到北大上学时，因为彼此已经相爱，许广平就把马新云接到北京上高二、高三。他们先订婚，并在报上登了一个消息，很小的一块版面。马新云后来上北大俄语系，毕业后分配到北师大（女子）附中当俄语教师。他们是1952年结婚的。(《海婴答问录》)

6月16日　晚“饭后并同广平携海婴出观电影”。(《鲁迅全集》15卷，231页）

按：这次看电影，即是指去苏联驻沪领事馆的日期。所看电影为《夏伯阳》，系从南京来的苏联大使勃加莫洛夫设宴请客。鲁迅、许广平、海婴、茅盾、黎烈文坐一个汽车去的，席散后放映电影《夏伯阳》。（蒙树宏：《鲁迅年谱稿》，343 页；《鲁迅生平史料汇编》5 卷下册，1069 页）

6 月 17 日　“上午同广平携海婴往须藤医院诊。”（《鲁迅全集》15 卷，231 页）

6 月 18 日　“下午须藤先生来为海婴诊。”（《鲁迅全集》15 卷，231 页）

6 月 21 日　“上午携海婴往须藤医院诊。”（《鲁迅全集》15 卷，232 页）

6 月 22 日　致增田涉信：

谢谢对我妻儿的致意。孩子愈来愈淘气，真麻烦。（《鲁迅全集》15 卷，636 页）

按：据许广平回忆：有一回，他的稿纸正写到一半，海婴来了，看到他还未放下笔，出乎意外地，突然，他的小手在笔头上一拍，纸上立刻一大块墨，他虽则爱惜他的心血铸出来的东西，但并不像发怒，放下笔，说：“唔，你真可恶。”海婴飞快地逃开了。（《欣慰的纪念》，见《许广平文集》2 卷，73 页）

6 月 24 日　“下午须藤先生来为海婴诊。”（《鲁迅全集》15 卷，232 页）

6 月 26 日　“午陈学昭、何公竞招午餐于麦瑞饭店，与广平携海婴同往，座中共十一人。”（《鲁迅全集》15 卷，233 页）

6 月 29 日　“下午邀蕴如及阿玉、阿菩并同广平携海婴往光陆大戏院观米老鼠影片凡十种。”（《鲁迅全集》15 卷，233 页）

7月7日　“晚五时季市长女世瑄与姚（汤）君结婚，与广平携海婴同往观礼，晚饭后归。”（《鲁迅全集》15卷，235页）

7月15日　“闻内山君之母于昨病故，午后同广平携海婴往吊之。”（《鲁迅全集》15卷，236页）

7月17日　致母亲信：

海婴亦健，他每到夏天，大抵壮健的，虽然终日遍身流汗，仍然嬉戏不停。现每日上午，令裸体晒太阳约一点钟，余则任其自由玩耍。近来想买脚踏车，未曾买给；不肯认字，今秋或当令入学校，亦未可知，至九月底即满六岁，在家颇吵闹也。（《鲁迅全集》13卷，173页）

7月21日　“下午同广平携海婴往乍孙诺夫茶店饮茶。”（《鲁迅全集》15卷，236—237页）

7月27日　致萧军信：

每天上午，勒令孩子裸体晒太阳半点钟，现在他痱子最少，你想这怪不怪。（《鲁迅全集》13卷，177页）

8月5日　史女士赠玩具汽车一辆。“晚三弟来，遂邀蕴如并同广平携海婴往南京大戏院观《剿匪伟绩》。”（《鲁迅全集》15卷，338—339页）

8月6日　“西谛招夜饭，晚与广平携海婴同至其寓，同席十二人，赠其女玩具四合。”（《鲁迅全集》15卷，239页）

8月9日　“晨同广平携海婴往须藤医院诊，见赠威士忌朱古力糖果一合。”（《鲁迅全集》15卷，239页）

8月10日　“下午须藤先生来为海婴诊。”（《鲁迅全集》15卷，239页）

8月12日　“下午须藤先生来为海婴诊。”（《鲁迅全集》15

卷，240页）

8月14日 “下午同广平携海婴往南京大戏院观《野性的呼声》，与原作甚不合。”（《鲁迅全集》15卷，240页）

8月16日 致萧军信：“孩子已不肯晒太阳，月底决定把他关进幼稚园去，关他半天。”（《鲁迅全集》13卷，190页）

按：关于海婴当时捣乱的情形，萧红写道：

海婴一看到我非拉我到院子里和他一道玩不可，拉我的头发或拉我的衣裳。

为什么他不拉别人呢？据周先生说：“他看你梳着辫子，和他差不多，别人在他眼里都是大人，就看你小。

许先生问着海婴：“你为什么喜欢她呢？不喜欢别人？”

“他有小辫子。”说来就拉我的头发。（萧红：《回忆鲁迅先生》）

8月17日 下午“广平携海婴邀蕴如及阿玉、阿菩往上海大戏院观粤剧”。（《鲁迅全集》15卷，241页）

8月19日 “晚铭之挈其长女来，邀之至乍孙诺夫店夜饭，广平携海婴同去。”（《鲁迅全集》15卷，241页）

8月20日 “上午海婴往幼稚园上学。”（《鲁迅全集》15卷，241页）

按：海婴上学读书，要家长的名字，鲁迅便用“周裕斋”这个名字。（《鲁迅生平史料汇编》5卷上册，19页）据周海婴回忆：他知道父亲的名字叫鲁迅是比较迟的。他的名字很多：大先生、周先生、周豫才等等。因而也不太注意。但当时知道父亲是写文章的，会发表，会印出来。（《海婴答问录》）

●据萧军回忆：

那时海婴还不知道他爸爸是鲁迅。因为我们到他家里全是称

“周先生”，这是许广平先生事先嘱咐我们的，凡是海婴在面前，我们就什么也不谈。（萧军：《鲁迅给萧军萧红信简注释录》，214 页）

8 月 24 日 致萧军信：

孩子的幼稚园中，一共只有十多个人，所以还不十分混杂，其实也不过每天去关他四个钟头，好给我清静一下。不过我在担心，怕将来会知道他是谁的孩子。他现在还不知我的名字，一知道，是也许说出去的。（《鲁迅全集》13 卷，196 页）

8 月 31 日　致母亲信：

海婴亦好，但变成瘦长了。从二十日起，已将他送进幼稚园去，地址很近，每日关他半天，使家里可以清静一点而已。直到现在，他每天都很愿意去，还未赖学也。（《鲁迅全集》13 卷，199 页）据海婴回忆：当年的老师记不得了。当时上课多教一种简单的制作内容（即今天的手工），也唱歌，也作游戏，还发给点心吃。（《海婴答问录》）

9 月 1 日　“下午姚惺农、王钧初来，晚邀之至新亚饭店夜饭，广平携海婴同去。”（《鲁迅全集》15 卷，244 页）

按：姚惺农即姚克，王钧初是河南扶沟人，美术工作者。这次夜饭是一次友谊的辞别宴请。当时，鲁迅为培养文学青年，曾与苏联驻上海领事馆联系，介绍王钧初去苏联留学，王赴苏前，特地前来向鲁迅辞行。（周国伟：《寻访鲁迅在上海的足迹》，156 页）

9 月 14 日　“上午同广平携海婴往须藤医院诊，并衡体重，为三七·四六磅。”（《鲁迅全集》15 卷，245 页）

按：海婴体重较前下降。

9月15日 “下午须藤先生来为海婴诊。河清邀往南京饭店夜饭，晚与广平携海婴同往，同席共十人。”（《鲁迅全集》15卷，246页）

按：这天黄源（河清）请客吃饭，目的是让鲁迅和巴金见面，并且最后决定由文化生活出版社出版“译文丛书”。（蒙树宏：《鲁迅年谱稿》，348页）

9月24日 “晚同广平携海婴访胡风，饭后归。”（《鲁迅全集》15卷，247页）

9月26日 “下午钧初来并赠海婴绘具一幅。”（《鲁迅全集》15卷，247页）

9月27日 “海婴生日也，下午同广平携之至大光明大戏院观《十字军英雄记》，次至新雅夜饭。”（《鲁迅全集》15卷，247页）

●据许广平回忆：

在临到海婴六周岁，他逝世的前一年，就更加郑重地做了一次生日，先是带着到大光明去看电影，出来又到南京路的新雅晚餐，在海婴是满高兴的，他也为他的高兴而高兴。但总排遣不掉他那种急迫的情绪，有时会忽然呆起来，或坐立不安，急于要回家照常工作之状可掬。（《欣慰的纪念》，见《许广平文集》2卷，77—78页）

10月1日 “上午同广平携海婴往须藤医院诊。”（《鲁迅全集》15卷，248页）

10月4日 致萧军信：

孩子到幼稚园去，还愿意，但我怕他说江苏话，江苏话少用N音结末，譬如“三”他们说See，“南”，他们说Nee，我实在不爱听。他一去开，就接连的要去；礼拜天休息一天，第二天就想逃学——我看他也不像肯用功的人。(《鲁迅全集》13卷，227页)

10月18日　致母亲信：

海婴亦好，他只是长起来，却不胖。已上幼稚园，但有时也要赖学，有时却急于要去；爱穿洋服，与男之衣服随便者不同。今天，下门牙活动，要换牙齿了。(《鲁迅全集》13卷，231页)

●据许广平回忆：

鲁迅对于幼年穿新衣的不自由给予深刻的印象，所以对于海婴的衣着，穿了之后，是不愿叫他当心的。(《欣慰的纪念》，见《许广平文集》2卷，87页)据许广平讲：鲁迅“自己说，小的时候，家人叫他穿新衣，又怕新衣服弄污，势必时常监视警告，于是坐立都不自由了，是一件最不舒服的事。因此他宁可穿得坏些，布制的更好。方便的时候，譬如吃完点心糖果之类，他手边如果没有揩布，也可以很随便地往身上一揩”。(《欣慰的纪念》，见《许广平文集》2卷，87页)

10月25日　致增田涉信：

孩子从上月送进幼稚园，已学到铜板是可以买零食吃的知识了。(《鲁迅全集》13卷，649页)

10月27日　“午后同广平携海婴访萧军夫妇，未遇，遂至融光大戏院观《漫游兽国记》，次至新雅夜饭。”(《鲁迅全集》

15 卷，251 页）

10 月 29 日　致萧军信：

那一天，是我的豫料失败了，我以为一两点钟，你们大约总不会到公园那些地方去的，却想不到有世界语会。于是我们只好走了一通，回到北四川路，请少爷看电影。他现仍在幼稚园，认识了几个字，说“婴”字下面有“女”字，要换过了。（《鲁迅全集》13 卷，237 页）

●据许广平回忆：

海婴渐大，与鲁迅也常有些有趣的对话。

“爸爸，人人是那能死脱的呢？”

“是老了，生病医不好死了的。”

“是不是侬先死，妈妈第二，我最后呢？”

“是的。”

“那么侬死了这些书那能办呢？”

“送给你好吗？要不要呢？”

“不过这许多书那能看得完呢？如果有些我不要看的怎么办呢？”

“那么你随便送给别人好吗？”

“好的。”

“爸爸，你如果死了，那些衣裳怎么办？”

“留给你大起来穿好吗？”

“好的。”

（《欣慰的纪念》，见《许广平文集》2 卷，70 页）

11 月 2 日　“上午得母亲信，附与海婴笺，十月三十日发。”（《鲁迅全集》15 卷，252 页）

11 月 3 日　“下午同广平携海婴往卡尔登影戏院观《海底探险》。”（《鲁迅全集》15 卷，253 页）

11 月 10 日　“下午同广平携海婴往长卡登影戏院观 *Angkor*，捐给童子军募捐队一元。”（《鲁迅全集》15 卷，253 页）

按：*Angkor*，中文名《兽国古城》。

11 月 15 日　致母亲信：

海婴很好，每天上幼稚园去，不大赖学了。他比夏天胖了一点，虽然还要算瘦，却很长，刚满六岁，别人都猜他是八九岁，他是细长的手和脚，像他母亲的。今年总在吃鱼肝油，没有间断过。他什么事都想模仿我，用我来做比，只有衣服不肯学我的随便，爱漂亮，要穿洋服了。（《鲁迅全集》13 卷，247 页）

11 月 16 日　致萧军、萧红信：

孩子的幼稚园里，原有十五人，现在连先生的小妹子一共只剩了三个了，要关门大吉也说不定。他喜欢朋友，现在很感得寂寞。你们俩他是欢迎的，他欢迎客人，也喜欢留吃饭。（《鲁迅全集》13 卷，251 页）据海婴回忆：萧红“像一个大姐姐一样（她的年龄与我差距不太大），梳两条辫子，很容易接近。她在性格上爽朗，爱逗我玩。她又会做北方面食，很好吃。她一来，我马上就能尝到她的手艺，因之很喜欢她”。（《海婴答问录》）

11 月 24 日　午后“同广平携海婴往南京戏院观《寻子伏虎记》”。（《鲁迅全集》15 卷，255 页）

11 月 26 日　“午后寄母亲信，附海婴笺。”（《鲁迅全集》15 卷，255 页）

信中写道：

海婴仍上幼稚园，……他已认得一百个字，就想写信，附上一笺，其中有几个歪歪斜斜的字，就是他写的。(《鲁迅全集》13卷，258页）海婴回忆当年给祖母写信的心理说："我当时野心很大，心里有许多想法，拿起笔就想写出来。但认的字少，表达不好，因之当时对自己很有些抱怨。曾向母亲要了一个日记本（日本货，很精美），自己随意地记着，但往往写不下什么。后来这个本子也丢了，若保存到今天倒是挺有意思的。(《海婴答问录》)

11月27日　"午后同广平携海婴往须藤医院诊。"(《鲁迅全集》15卷，256页）

12月2日　"海婴始换牙。"(《鲁迅全集》15卷，257页）

12月3日　"收山本夫人寄赠海婴之有平糖一瓶。"(《鲁迅全集》15卷，257页）

同日　致山本夫人信：

你送给孩子的有平糖今日已经收到，甚感。……孩子在换门牙。从秋天起，送他进了幼稚园，他学到的宝贵知识是铜板有多么重要。因为看到同学在买各种东西吃的缘故。但由于这次的谣言，搬家者很多，现在同学只剩下六个，还不知道这个幼稚园可以维持到几时。(《鲁迅全集》13卷，651—652页)

12月4日　致母亲信：

海婴仍然每日往幼稚园，尚听话。新的下门牙两枚，已经出来，昨已往牙医处将旧牙拔去。(《鲁迅全集》13卷，261页）

同日　致王冶秋信：

其实各种举动，皆环境之故，我的小孩，一向关在家里，态度颇特别，而口吻遂像成人，今年送入幼稚园，则什么都和普通孩子一样了，尤其是想在街头买东西吃。(《鲁迅全集》13卷，263页)

12月11日　“晚同广平携海婴往国泰大戏院观《仲夏夜之梦》，至则已满座，遂回寓，饭后复往，始得观。”(《鲁迅全集》15卷，258页)

12月18日　“上午得小岛君信并赠海婴玩具火车及汽车各一具。”(《鲁迅全集》15卷，259页)

12月21日　“上午镰田夫人来，赠海婴玩具一合，文具一合，纸制唱片二枚。”(《鲁迅全集》15卷，259页)

同日　致母亲信：

海婴也很好，比夏天胖了一些，现仍每天往幼稚园，已认得一百多字，虽更加懂事，但也刁钻古怪起来了。男的朋友，常常送他玩具，比起我们的孩子时代来，真是阔气得多，但因此他也不大爱惜，常将玩具拆破了。(《鲁迅全集》13卷，273页)

●据萧红回忆：

海婴公子的玩具橱也站在客厅里，里边是些毛猴子、橡皮人、火车汽车之类，里边装得满满的，别人是数不清的，只有海婴自己伸手到里边找什么就有什么，过新年时在街上买的兔子灯，纸毛已经落了灰尘了，仍摆在玩具橱顶上。(萧红：《回忆鲁迅先生》)

12月23日　“上午以广平及海婴照相寄母亲。”(《鲁迅全集》15卷，260页)

12月24日　“内山夫人赠海婴望远镜一具。”(《鲁迅全集》

15卷，260页）

1936年

1月2日　“同广平携海婴往丽都大戏院观《从军乐》。”（《鲁迅全集》15卷，277页）

1月3日　“午后往丽华公司为海婴买玩具及干果等二元。”（《鲁迅全集》15卷，277页）

1月4日　“往须藤医院诊，广平携海婴同去。”（《鲁迅全集》15卷，277页）

1月8日　致母亲信：

海婴是够活泼的了，他在家里每天总要闯一两场祸，阴历年底，幼稚园要放两礼拜假，家里的人都在发愁。但有时是肯听话，也讲道理的，所以近一年来，不但不挨打，也不大挨骂了。他只怕男一个人，但又说，男打起来，声音虽然响，却不痛的。（《鲁迅全集》13卷，289页）

●据许广平回忆：

鲁迅反对小学教师的鞭打儿童，但有时对海婴也会加以体罚，那是遇到他太执拗顽皮、说不清的时候。但直至他死，也不过寥寥可数的不多几次。要打的时候，他总是临时抓起几张报纸，卷成一个圆筒，照海婴身上轻轻打去，但样子是严肃的，海婴赶快喊：

“爸爸，我下回不敢了。”

这时做父亲的看到儿子的楚楚可怜之状，心软下来，面纹也放宽了。跟着这宽容，小孩子最会体察到，立刻胆子大了，过来抢住那纸筒问：

“看看这里面有什么东西？”

（《欣慰的纪念》，见《许广平文集》2卷，71页）

1月12日　“下午同广平携海婴往卡尔登影戏院观《万兽女王》上集。”（《鲁迅全集》15卷，278页）

1月13日　“晚同广平携海婴往俄国饭店夜饭。”（《鲁迅全集》15卷，278页）

1月17日　致沈雁冰信：

从下星期一起，敝少爷之子幼稚园放假两星期，全家已在发愁矣。（《鲁迅全集》13卷，290页）

1月18日　“上午海婴以第一名毕幼稚园第一期。”（《鲁迅全集》15卷，279页）

1月19日　“晚同广平携海婴往梁园夜饭，并邀萧军等，共十一人。”（《鲁迅全集》15卷，279页）

1月22日　“致母亲信，附海婴笺。”（《鲁迅全集》15卷，279页）

鲁迅在信中说：

海婴已放假，在家里玩，这一两天，还不算大闹。但他考了一个第一，好像小孩子也要摆阔，竟说来说去，附上一笺，上半是他自己写的，也说着这件事，今附上。他大约已认识了二百字，曾对男说，你如果字写不出来，只要问我就是。（《鲁迅全集》13卷，294页）

1月29日　“晚河清来……，即邀之往陶陶居夜饭，并邀胡风、周文二君，广平亦携海婴去。”（《鲁迅全集》15卷，280页）

1月30日　“得母亲信，附与海婴笺，二十七发。”（《鲁迅全集》15卷，280页）

2月1日　致母亲信：

一切朋友和同学，孩子都已二十岁上下，海婴每一看见，知道他是男的朋友的儿子，便奇怪的问道：他为什么会这样大呢？

……

……海婴亦好，整日在家里闯祸，不是嚷吵，就是敲破东西，幸而再一礼拜，幼稚园也要开学了，要不然，真是不得了。(《鲁迅全集》13卷，298页)

2月4日　"下午与广平携海婴往巴黎影戏院观《恭喜发财》。"(《鲁迅全集》15卷，282页)

●据萧红回忆知：

某年春天，在萧红的提议下，鲁迅先生答应选个好晴的天气，选个礼拜日，海婴休假日，好一道去，坐一乘小汽车，一直开到兆丰公园，也算是短旅途，但这事最终没有做到。(萧红：《回忆鲁迅先生》)

按：笔者初步断定此举提议在1936年的春天。

2月15日　"饭后并同广平携海婴往大上海影戏院观《古城末日记》。"(《鲁迅全集》15卷，283页)

同日　致母亲信：

海婴已上学，不过近地的幼稚园，因为学生少，似乎未免模模糊糊，不大认真。秋天也许要另换地方的。((《鲁迅全集》13卷，308页)

●**据萧红回忆：**

许广平有年春天穿了件用紫红宁绸袍子（料子是海婴孩时别人送给海婴做被子的礼物），许与萧红正谈论着这衣服，海婴来了，许先生便使眼神，且不要提到，若提到海婴又要麻烦起来了，一定要说是他的，他就要。（萧红：《回忆鲁迅先生》）

2月23日　“上午同广平携海婴往青年会观苏联版画展览会。”（《鲁迅全集》15卷，284页）

按：在参观中，海婴常常在身边指着画幅说：“爸爸，这张我们家里有的。”鲁迅总是笑着把孩子的手按下去。（蒙树宏：《鲁迅年谱稿》，358页）

3月2日　此日鲁迅到藏书处找书，中寒，几乎卒倒。自此卧病月余，始稍痊愈。（《鲁迅先生纪念集》3辑，106页）

●**据黄源回忆：**

在这期间，我在房里，多次遇见了那位须藤老医生。有一次他听听先生的肺病又用手指敲敲，说：“现在肺部很好，还可以活十年。那时少爷也大了，你太太也不必过分担心了。”（黄源：《鲁迅先生》，见《鲁迅先生纪念集》3辑，106页）

3月18日　“山本夫人寄赠海婴文具二事。”（《鲁迅全集》15卷，288页）

3月20日　致母亲信：

海婴则甚好，胖了起来。但幼稚园中教师，则懒惰而不甚会

教，远逊去年矣。(《鲁迅全集》13 卷，330 页)

3 月 24 日　致曹靖华信：

寓中的女人孩子，都是健康的。(《鲁迅全集》15 卷，336 页)

3 月 28 日　“邀萧军、悄吟、蕴如、蕖官、三弟及广平携海婴同往丽都影戏院观《绝岛沈珠记》下集。”(《鲁迅全集》15 卷，289 页)

4 月 1 日　致母亲信：

海婴学校仍未换，因为邻近也没有较好的学校。但他身体很好，很长，在同学中，要高出一个头。也比先前听话，懂得道理了。先前有男的朋友送他一辆三轮脚踏车，早已骑破，现在正闹着要买两轮的，大约春假一到，又非报效他十多块钱不可了。(《鲁迅全集》13 卷，339 页)

4 月 11 日　“饭后邀客及广平携海婴同往光陆戏院观《铁血将军》。”(《鲁迅全集》15 卷，292 页)

4 月 18 日　“晚三弟及蕴如携蕖官来，饭后并同广平携海婴往卡尔登戏院观《*The Devils Cross*》。”(《鲁迅全集》15 卷，293 页)

按：《*The Devils Cross*》即《剑侠狄伯卢》)

4 月 26 日　“与广平携海婴往卡尔登影戏院观杂片。”(《鲁迅全集》15 卷，294 页)

5 月 7 日　“下午同广平携海婴往上海大戏院观《铁马》。”(《鲁迅全集》15 卷，296 页)

同日　致母亲信：

海婴很好，每日上学，不大赖学了，但新添了一样花头，是礼拜天要看电影；冬天胖了一下，近来又瘦长起来了。大约孩子是春天长起来。长的时候，就要瘦的。(《鲁迅全集》13 卷，373 页)

5 月 10 日　“同广平携海婴往大上海大戏院观《龙潭虎穴》。”(《鲁迅全集》15 卷，297 页)

5 月 28 日　鲁迅患病严重。

5 月 31 日　美国邓恩医生为鲁迅诊，言极危。

6 月　鲁迅病重，以至于不能记日记。

●据萧红回忆：

在鲁迅病重期间，海婴在玩着一大堆黄色的小药瓶，用一个纸盒盛着，端起来楼上楼下的跑。向着阳光照是金色的，平放着是咖啡色的，他招聚了小朋友来，他向他们展览，向他们夸耀，这种玩意只有他有而别人不能有。他说：

“这是爸爸打药针的药瓶，你们有吗？”

别人不能有，于是他拍着手骄傲地呼叫起来。

许先生一边招呼着他，不叫他喊，一边下楼来了。

“周先生好了些？”

见了许先生大家都是这样问的。

“还是那样子。”许先生说，随手抓起一个海婴的药瓶来，“这不是么，这许多瓶子，每天打一针，药瓶子也积了一大堆。”

许先生一拿起那药瓶，海婴上来就要过去，很宝贵地把那小瓶摆在纸盒里。

……

楼上楼下都是静的了，只有海婴快活的和小朋友们的吵嚷躲在太阳里跳荡。

海婴每晚临睡时必向爸爸妈妈说：“明朝会！”

有一天，他站在走上三楼去的楼梯口上喊着：

“爸爸，明朝会！”

鲁迅先生那时正病得很沉重，喉咙里边似乎有痰，那回答的声音很小，海婴没有听到，于是他又喊：

“爸爸，明朝会！”他等一等，听不到回答的声音，他就大声的连串地喊起来：

“爸爸，明朝会，爸爸，明朝会，……爸爸，明朝会……”

他的保姆在前边往楼上拖地，说是爸爸睡了，不要喊了。可是他怎么能够听见呢，仍旧喊。

这时鲁迅先生说“明朝会”，还没有说出来喉咙里就像有东西在那里堵塞着，声音无论如何放不大。到后来，鲁迅先生把头抬起来才很大声的说出：

“明朝会，明朝会。”

说完就咳嗽起来。

许先生被惊动得从楼下跑来了，不住地训斥着海婴。

海婴一边笑着一边上楼去了，嘴里唠叨着：

“爸爸是个聋人哪！”

鲁迅先生没有听到海婴的话，还在那里咳嗽着。

（萧红：《回忆鲁迅先生》）

●据海婴回忆：

当时鲁迅病重，不能像过去那样，有信必复、有稿必看了。接到信件，不愿拖延时日，以免寄信人和寄稿人牵挂，所以请人刻制一枚“生病”的图章，在回执条上盖上“生病”二字，使寄件人见此回执，就能明白情况，不致再急催促。

当时，海婴在楼下玩耍，遇到来信要盖此章时，往往不许旁人插手，不论邮件缓急，抢着完成自以为非常荣耀的任务。（参见周海婴：《重回上海忆童年》）

●据海婴回忆，在鲁迅病重期间——

（他）遵照母亲的嘱咐，每天从三楼下来，总是蹑手蹑脚，不敢大声说话。

父亲的房门一般不关，我悄悄钻进卧室，侧耳倾听他的鼻息声。父亲睡在眠床外侧，床头凳上有一个瓷杯，水中浸着他的假牙。瓷杯旁边，放着香烟、火柴和烟缸，还有象牙烟嘴。我自知道对他的健康帮不了什么，但总想尽点微力，让他一展容颜，也算是一点安慰。于是轻轻地从烟盒里抽出一只香烟，细心地插进被熏得又黑又黄的烟嘴里，放到他醒来以后伸手就能拿到的地方，然后悄然离去。这些动作十分轻捷，没有一点声响。也不敢大声叫嚷，像过去那样：每一出门，总要说“爸爸再见”。中午吃饭的时候，总盼望父亲对自己安装香烟的“功劳”夸奖一句。不料，父亲往往是故意不提。我忍不住，便迂回曲折地询问一句：“今朝烟嘴里有啥末事？”父亲听后微微一笑，便说：“小乖姑，香烟是你装的吧。”听到这句比什么奖赏都贵重的语言，我心里感到乐滋滋的，饭吃得更香，父亲和母亲也都相视一笑。借此全家人暂离愁城。（周海婴：《重回上海忆童年》）

6月15日　这一天，日本医生须藤五百三给鲁迅拍了胸部X光线照片后，他们谈起了海婴。

●须藤回忆说：

然而，因为他的儿子是腺病性体质，患着喘息病，是很担心的。遇到海婴发热或下痢的时候，先生常常亲自给他检查体温，敷解热药和吩咐他注意饮食等事。为了儿子他可以说是竭尽了他为亲者的慈爱的心力了。我们的朋友，是在虔诚地祷祝着海婴健康地长大的。先生关于海婴的体质与教育，好像无时无刻不在脑里思量着似的。我们在杂谈中常听到他有这样的话，说："海婴生来就是孱弱和体质不好，很有点不妥。要是他的头脑属于中等以上的话，我倒是很想教他在学问上得点成果；不然的话，我觉得教他从职业方面找出路比较适当。要是体格又弱，头脑又不灵活的话，就打算教他充一员适当的职工……"（《鲁迅生平史料汇编》5卷下册，1078页）

7月6日　致母亲信：

海婴已以第一名在幼稚园毕业，其实亦不过"山中无好汉，猢狲称霸王"而已。（《鲁迅全集》13卷，390—391页）

7月10日　"内山夫人之父自宇治来，赠海婴五色豆、综合花火各一合。"（《鲁迅全集》15卷，302页）

7月14日　鲁迅患病卧床于二楼，许钦文来访时，海婴手里拿个桃子走进来，鲁迅先生见此后，说是他也要吃一个，桃子本是他所爱吃的。但在广平、钦文等的劝阻下，鲁迅先生终于没有吃。（参见《鲁迅先生纪念集》1辑，74—75页）

8月1日　"上午邀内山君并同广平携海婴往问须藤先生疾。"（《鲁迅全集》15卷，305页）

8月5日　上午"同广平携海婴往须藤医院"。（《鲁迅全集》15卷，306页）

8月7日　"往须藤医院，……广平、海婴亦去。"（《鲁迅全集》15卷，306页）

8月11日　上午"往须藤医院诊并注射，广平携海婴同去"。（《鲁迅全集》15卷，306页）

8月25日　致母亲信：

海婴安好，瘦长了，生一点疮。仍在大陆小学，进一年级，已

开学。学校办得并不好，贪图近便，关关而已。照相当俟秋凉，成后寄上。(《鲁迅全集》13 卷，409 页）

8 月 31 日　“上午寄须藤先生信为海婴取药，又感冒也。”(《鲁迅全集》15 卷，309 页）

9 月 1 日　“须藤先生来为海婴诊。”(《鲁迅全集》15 卷，309 页）

9 月 3 日　致母亲信：“海婴亦好，仍上大陆小学。”(《鲁迅全集》13 卷，419 页）

9 月 5 日　作《死》一文，有遗嘱，其中第五条云：“孩子长大，倘无才能，可寻点小事情过活，万不可去做空头文学家或美术家。”(《鲁迅全集》6 卷，612 页）

9 月 12 日　夜，内山君送来阿纯发生机以为鲁迅治病，当时海婴在场。(周海婴：《重回上海忆童年》)

9 月 13 日　致母亲信：“下午须藤先生来注射，并为海婴治疖。”(《鲁迅全集》15 卷，311 页）

9 月 20 日　致母亲信：海婴手被玻璃刺破，“鲜血淋漓”。(《鲁迅全集》13 卷，430 页）

9 月 22 日　致母亲信：

海婴仍在原地方读书，夏天头上生了几个小疮，现在好了，前天玻璃割破了手，鲜血淋漓，今天又好了。他同玛利很要好，因为他一向喜欢客人，爱热闹的，平常也时时口出怨言，说没有兄弟姐妹，只生他一个，冷静得很。见了玛利，他很高兴，但被他粘缠起来的时候，我看实在也讨厌之至。(《鲁迅全集》13 卷，430 页）

●据周海婴回忆：

秋天来临，一片萧瑟。因为父亲日益病重，家里寂静得像医院一样。大家感到有一种无形的压力，越来越沉重地向我们袭来。我虽不懂父亲病情的变化，也不懂什么叫死期，但脑子里影影绰绰地感到它会产生巨大的不幸，而且与父亲的生命有关。只是希望它不要降临，离得越远越好。（周海婴：《重回上海忆童年》）

10月4日　“鹿地君及其夫人来，下午邀之往上海大戏院观《冰天雪地》，马理及广平携海婴同去。”（《鲁迅全集》15卷，315页）

10月6日　“午后同马理及广平携海婴往南京大戏院观《未来世界》，殊不佳也。”（《鲁迅全集》15卷，315页）

10月8日　鲁迅抱病“往青年会观第二回全国木刻流动展览会”。在与白危、曹白、陈烟桥等谈话中，提到自己的儿子。他说：“已经进学校了。”又说：“听说那个学校的先生要打掌心的。”之后，又蹙着眉说：“现在也还打掌心的么？”林夫回答“是的”时，鲁迅先生显出深恶痛绝的样子，说：“为什么要打掌心呢？孩子是最怕这种刑罚的。”从中看出，他对于现行教育制度的弊病表示极端不满，特别是有关儿童教育问题。（参见《鲁迅生平史料汇编》5卷上册，80页）

10月10日　“午后同广平携海婴并玛理往上海大戏院观 *Dubrorsky*。（《复仇艳遇》）（《鲁迅全集》15卷，316页）

10月14日　黄源看望鲁迅。

●据黄源回忆：

这天黄源与萧军去看鲁迅，带一个小小的高尔基木雕像，鲁迅看到后愉快地说：“雕得不坏，很像……”

他的爱儿海婴这时拿了一个剖开了的、萧军刚送过去的石榴走进房来，看到雕像就从椅子上爬到书桌上，问道：

“这是爸爸……”

“我哪配……”说着他便把小像放在靠近身边的桌子上。

“你猜是谁？你知道，高……”广平女士站在桌子旁边，抚着海婴说。

“高尔基……高尔基。”海婴伶俐地带着微笑接着说。

他直坐在藤椅上，仰天直望着海婴，听见他说对了，便回头对我笑着说：

“高尔基已被他认识了。”（《鲁迅回忆录》2卷，113—114页）

10月16日　周海婴有不详之感。

●据海婴回忆：

父亲去逝前两三天，我下午放学回家。突然耳朵里听到遥远空中有人对我说：“你爸爸要死啦！”这句话非常清晰。我非常惊讶，环顾四周，附近并没有什么人，而这句话却非常明确地送入我的耳鼓。一个七岁的人就产生幻听，而且在我这么多年来也只有一次，至今觉得仍是一个谜，姑且写下，也算是纪实吧。当时我快步回家，走上三楼，把这件事告诉许妈。许妈斥我：“瞎三话四，那里会有这件事。”（周海婴：《重回上海忆童年》）

10月17日　鲁迅来到奥田杏花家，谈起了中日关系的发展趋势。鲁迅说：“一个懦弱的孩子和一个强横的孩子二人在一起，一定会吵起来，然而要是懦弱的孩子也长大强壮起来，就不会再吵闹，反而很好地玩着。”（《鲁迅回忆录》散篇下卷，1458页）

10月19日　上午五时二十分，鲁迅先生逝世于上海北四川底施高塔路（今山阴路）大陆新村9号寓所。享年五十六岁。

●据海婴回忆：

十九日清晨，许妈叫他起床很迟，当他自己穿好衣服正下楼时，许妈来到三楼低声说：“弟弟，今朝你不要上学去了！”海婴便急促询问为什么时，许妈强抑泪水迟缓地说：“爸爸呒没了，侬现在勿要下楼去。”海婴急促地奔向父亲的房间，房间的空气十分低沉，压得人喘不过气来。母亲流着眼泪，赶紧拉着我的手，紧紧地贴住我，生怕再失去什么。我只觉得悲哀从心头涌起，挨着母亲无言地流泪。

当日本女护士为鲁迅作“振动”时，海婴心里希望奇迹出现，希望他能忽然一下子苏醒。然而没有，海婴的眼泪夺眶而出。

当日本塑像家奥田杏花用石膏在鲁迅脸上制鲁迅头像模子时，海婴看到石面模拔下父亲许多胡子，当时感到很不舒服，仿佛从他自己的身上拔下许多毛发一样难受。（参见周海婴：《重回上海忆童年》）

10月20日　上午九时开始瞻仰遗容。

10月21日　据吴似鸿谈：“十月二十一日，我到了殡仪馆门口，在壁角里看到蓬头垢面的许广平和可怜的小海男（即海婴）悲哀地肃立着，使人感到一阵心痛。”（《鲁迅研究资料》20辑，51页）

10月22日　下午一时五十分举行“启灵祭”，由青年作家扶柩上车，执绋者六千余人，送葬者数万人。

按：海婴那天真的孩子抱在人家手腕里啃着饼。他太幼小，对这情景有点茫然，但在将来，将是一个永恒的记忆。（黄源：《鲁迅先生纪念集》3辑，146页）据郁达夫谈：“在万国殡仪馆成殓出殡的上午，我一面看到了他的遗容，一面又看见海婴仍是若无其事地在人前穿了小小的丧服在那里快快乐乐地跑，我的心真有点酸的难耐。”（转引自《读书》1991年6月号，18页）

2017年4月14日于渭南职业技术学院

（张学义　渭南职业技术学院　教授）

主要参考资料：

1.《鲁迅全集》16 卷本，人民文学出版社 1981 年版；

2.《许广平文集》3 卷本，江苏文艺出版社 1998 年 1 月版；

3. 北京鲁迅博物馆：《鲁迅研究资料》1—24 辑，1976 年 10 月至 1991 年 12 月先后为文物出版社、天津人民出版社、中国文联出版公司出版。

4. 周国伟：《寻访鲁迅在上海的足迹》，上海教育出版社 1987 年 7 月版；

5. 周海婴：《鲁迅、许广平所藏书信选》，湖南文艺出版社 1987 年 1 月版；

6. 蒙树宏:《鲁迅年谱稿》,广西师范大学出版社 1988 年 8 月版;

7. 薛绥之：《鲁迅生平史料汇编》5 卷，天津人民出版社 1986 年 5 月版；

8. 郑心伶：《鲁迅诗歌浅析》，华山文艺出版社 1982 年版；

9. 上海鲁迅纪念馆：《上海鲁迅研究》；

10. 周海婴：《重回上海忆童年》，载《新文学史料》1981 年第 3 期；

11. 冯雪峰：《回忆鲁迅》，见《鲁迅回忆录》专著、下卷，鲁迅博物馆、鲁迅研究室、《鲁迅研究月刊》编，北京出版社 1999 年 1 月版。

12. 萧红：《回忆鲁迅先生》，见《鲁迅回忆录》散篇中卷，鲁迅博物馆、鲁迅研究室、《鲁迅研究月刊》编，北京出版社 1999 年 1 月版。

13. 马蹄疾：《鲁迅、秋白交往系年考》，《鲁迅研究年刊》1984 年，205 页。

14. 唐弢：《向鲁迅先生学习》，平明出版社 1963 年版；

15. 萧军：《鲁迅给萧军萧红信简注释录》，黑龙江人民出版社 1981 年 6 月版；

16. 鲁迅先生纪念委员会：《鲁迅先生纪念集》，影印版，上海书店复印，1979 年 12 月印刷；

17.《海婴答问录》，系编者采访周海婴整理稿件。

18. 李霁野：《回忆鲁迅先生》，新文艺出版社 1952 年版；

19.《鲁迅回忆录》1、2 卷，上海文艺出版社 1979 年 6 月版；

20. 复旦大学、上海师大、上海师院《鲁迅年谱》编写组：《鲁迅年谱》，安徽人民出版社 1979 年 3 月版。

思想启蒙、改造国民性：鲁迅译作与创作思想命题对观

王家平

摘要

本文从关键词“启蒙”入手，首先论述鲁迅译作与创作对启蒙者被误解、被围观命运的书写，接着分析鲁迅译作与创作对启蒙理想主义的质疑和批评，其后阐述了鲁迅译作与创作对奴性、奴隶道德的批判，以及对文化保守主义的批判，并引入厨川白村的日本国民观，建立起鲁迅与日本国民性批判和改造思想的对话通道。本文通过鲁迅的文学实践证实，文学翻译与创作的文本之间的确存在着对话、互文关系。

关键词

启蒙 国民性 鲁迅 翻译

启蒙，作为动词时，它的英文为 enlighten，原义为照耀、点亮，引申义为启蒙、开导、教导等。作为思想史上的一个发展阶段，启蒙运动（The Enlightenment）指的是在 18 世纪法国大革命之前发生，一直延续到 19 世纪并从法国扩展到欧洲其他国家的思想运动。启蒙知识分子通过宣传自由、平等、民主、科学思想，给

生活在精神昏暗里的人们带去光明、智慧，帮助他们走出在专制和迷信控制下的思想状态，获得精神上的解放。

启蒙思潮传播到中国是在19世纪后期危机四伏的特殊年代。20世纪初留学日本的鲁迅通过阅读西方读物，接受了启蒙思想的润泽，并走向通过翻译外国文学作品向中国大众启蒙的人生道路。五四新文化运动大力宣传科学、民主思想，被后世称为中国的思想启蒙运动，鲁迅成为这一运动的核心人物。鲁迅自发表了振聋发聩的《狂人日记》之后，逐渐成为现代中国最伟大的启蒙思想家之一。

从留日时期与挚友许寿裳讨论中国的国民性问题开始，鲁迅一生致力于通过文学翻译和文学创作，批判和改造中国国民性的工作。在中国近现代内忧外患的语境下，批判、改造国民性工作是中国思想启蒙运动特殊而重要的组成部分。

青年鲁迅所翻译的《月界旅行》《地底旅行》《造人术》等起到了传播现代科学的启蒙功效。鲁迅于1918至1920年间翻译的尼采著作《查拉图斯特拉如是说》的序言文言版和白话版，也是他传播欧洲现代启蒙思想的尝试。而且尼采这篇序言就包含了启蒙的命题。

一、对启蒙者被误解、被围观命运的书写

鲁迅于1920年发表了尼采的《察拉图斯忒拉[1]的序言》译作，该序言第二节写查拉图斯特拉离开静修十年的山里，走向山下人间传播他的学说，在旅途中他遇见了林中的老圣人，那位圣人盘问查氏：“你不怕放火犯的罚么？”盗火者、放火犯，曾是带有世俗偏见的人们对启蒙者的贬称，后来，它们逐渐成为启蒙者的隐喻，甚至获得了褒义性的内涵。老圣人提醒查氏，从事启蒙工作是危险的事业，然后他继续评价道：“察拉图斯忒拉

[1] 本文采用通译的“查拉图斯特拉”。

变了，察拉图斯忒拉成了孩子了，察拉图斯忒拉是一个醒的了：你到睡着的那里要做甚么？”[1] 老圣人称查拉图斯特拉为觉醒着的人，把芸芸众生称作昏睡者，查氏下山的使命就是唤醒沉睡着的人们，这就把他摆在充当开启民智的启蒙者位置上。老圣人还提醒查氏，作为夜行人的启蒙者，他可能被人们误解为趁着夜色偷窃的小偷：

我们的足音度过他们的街，响的太孤寂。他们夜间在他们的床上听到一个人走，还在太阳出山之前，总要自己问着说：这偷儿要到那里去呢？[2]

鲁迅所译《察拉图斯忒拉的序言》第三至第五节记录的都是查拉图斯特拉向民众传播“超人说”的内容，也写出了民众对查氏学说的不理解和不欣赏。第五节开头写道：

察拉图斯忒拉说了这话的时候，又看着群众而且沉默了。“他们在这里站着，”他对他的心说，“他们在这里笑：他们不懂我，我不是合于这些耳朵的嘴。……那么我便要对他们说最可侮蔑的事：但这便是末人。”[3]

这段文字写出了启蒙者与被启蒙者的隔阂，这就是近代欧洲思想界关于独异个人与庸俗众数的对立这一重大思想命题的再现。在第五节的结尾，群众甚至以“末人”自居，大肆嘲笑查拉图斯特拉的“超人说”，查氏痛心地认识到：

[1]（德）尼采：《察拉图斯忒拉的序言》，唐俟译，《鲁迅译文全集》第 8 卷，第 77 页。福州：福建教育出版社，2008 年版。（版本下同）。
[2]（德）尼采：《察拉图斯忒拉的序言》，唐俟译，《鲁迅译文全集》第 8 卷，第 77—78 页。
[3]（德）尼采：《察拉图斯忒拉的序言》，唐俟译，《鲁迅译文全集》第 8 卷，第 81 页。

他们不懂我：我不是合于这些耳朵的嘴。

或者我生活在山间太长久，我听那流水和树木也太多了：现在对了他们说，不异对着牧羊儿。

……现在他们瞥视我而且笑：而且他们正在笑，他们也仍嫌忌我，这有冰在他们的笑里。[1]

鲁迅所译尼采的这篇文章揭示了启蒙者的基本境遇，即他们竭力去传播新思想、新观念，不仅不能引起群众的理解和共鸣，反而招来群众的不满、嘲笑甚至迫害。

表现启蒙者、革命者不被民众理解，甚至遭受嘲笑的境遇，也是鲁迅创作的基本主题。在《狂人日记》里，狂人跟大哥宣讲从虫子到鱼鸟到猴子再到人的进化史，劝说他放弃吃人的思想，显然鲁迅借用了他所译《察拉图斯忒拉的序言》关于人从虫豸进化而来的观点：

你们已经走了从虫豸到人的路，在你们里面还有许多份是虫豸。你们做过猴子，到了现在，人还尤其猴子，无论比哪一个猴子。[2]

当狂人劝说大哥不再吃人时，他身边围了一圈看客，小说写道：“大门外立着一伙人，赵贵翁和他的狗，也在里面，都探头探脑的挨进来。有的是看不出面貌，似乎用布蒙着；有的是仍旧青面獠牙，抿着嘴笑。我认识他们是一伙，都是吃人的人。可是也晓得他们心思很不一样，一种是以为从来如此，应该吃的；一种是知道不该吃，可是仍然要吃，又怕别人说破他，所以听了

[1]（德）尼采：《察拉图斯忒拉的序言》，唐俟译，《鲁迅译文全集》第8卷，第83页。

[2]（德）尼采：《察拉图斯忒拉的序言》，唐俟译，《鲁迅译文全集》第8卷，第78页。

我的话，越发气愤不过，可是抿着嘴冷笑。"[1] 鲁迅把狂人开导众人放弃吃人心思的遭遇写得相当恐怖，那些看客不仅不接受狂人的开导，反而用充满敌意的眼光和冷笑围剿狂人，像一群青面獠牙的怪兽。

20 世纪早期的革命不仅要从政治、经济上解放民众，而且也要从思想上帮助民众摆脱旧有思想的控制，因此革命成为启蒙的一种特殊方式，革命者有时还扮演了启蒙者的角色。小说《药》中的革命者夏瑜就是一位启蒙者，他在监狱里开导狱卒"红眼睛"阿义，宣讲"这大清江山是我们大家的"革命教义，结果遭到阿义的痛打。启蒙者欲拯救民众，民众不仅不给予支持，反而受到他们的误解和迫害，这是启蒙者的悲哀之一。

夏瑜被处决后，刽子手康大叔来到华老栓的茶馆，后者刚购买了用夏瑜的鲜血制成的人血馒头给儿子小栓治痨病。当康大叔复述夏瑜劝牢头阿义造反的观点时，茶馆里的茶客都显得很气愤，认为他疯了；当听说阿义揍了夏瑜之后，茶客们都很快活地说夏瑜活该。鲁迅的小说再现了清末昏昏沉沉的时代语境中革命者、启蒙者夏瑜的悲剧性境遇：他所传播的革命思想根本引不起民众的兴趣，反而成为他们茶余饭后的谈资，受尽他们的嘲笑和辱骂，落下了个疯子的恶名。这与前述鲁迅所译尼采文本中的启蒙者的命运形成了互文关系。

与小说《药》中云集着大批的革命看客近似，鲁迅所译作品也对围绕在启蒙者、革命者身边的看客群体，以及启蒙者、革命者被看客恶意鉴赏的遭遇进行了艺术的表述。鲁迅所译阿尔志跋绥夫小说《工人绥惠略夫》中的大学生亚拉借夫是纯朴的农家子弟，他由无政府主义者变成了托尔斯泰主义的信仰者，后来警察为了追剿革命者绥惠略夫，在公寓展开大搜捕，亚拉借夫为了保

[1] 鲁迅：《狂人日记》，《鲁迅全集》第 1 卷，第 452 页。北京：人民文学出版社，2005 年版。（版本下同）

护朋友留在他那里的革命组织成员名单，举枪与警察对峙，从托尔斯泰的非暴力思想的拥护者，变成了以暴力迎击暴力的斗士，他打死了两名警察，自己也被射杀身亡。

亚拉借夫的尸体被抬出之前，街上的人们在鉴赏着亚拉借夫的故事，异常兴奋的画匠伙计充当了主诉人，他滔滔不绝地描述着亚拉借夫与警察的对峙情况，其他六位不同阶层的看客或好奇，或憎恶，或同情地议论着亚拉借夫的死，这与鲁迅《药》的夏瑜之死和茶馆中的各位茶客对他之死的议论形成了对话，两部小说都渲染了人们对志士的隔膜以及志士之死的悲剧性。

亚拉借夫的尸体被抬走了，看客们也逐渐走散，混在人群中的绥惠略夫回想起了很多往事：

他想，在那一回，当他所爱的那女人被绞的时候，或是他知己的谁，去就那自愿牺牲的死的时候，也没有人嚷出苦痛和恐怖来，也没有人离开了他自己的营业。人们并不互相关联，来分担那些可怕的可悲的消息。

照旧的是走着街道电车，照旧的店铺都开着，照旧的如在镜中，盛服的女人悠悠的散步，庄严的有事的男人坐车经过了。他那被凄惨和绝望的无声的叫唤抽作一团的心，已给碎裂了的那可怕的苦痛，全没有相关的人。[1]

小说《工人绥惠略夫》对志士死后人们的反应和街道的状况的描写，对鲁迅 1926 年为纪念被北洋军阀政府枪杀的刘和珍等烈士而写的杂文可能产生了某种启发："时间永是流驶，街市依旧太平，有限的几个生命，在中国是不算什么的，至多，不过供无恶意的闲人以饭后的谈资，或者给有恶意的闲人作'流言'的种子。至于此外的深的意义，我总觉得很寥寥，因为这实在

[1]（俄）阿尔志跋绥夫：《工人绥惠略夫》，鲁迅译，《鲁迅译文全集》第 1 卷，第 203 页。

不过是徒手的请愿。人类的血战前行的历史，正如煤的形成，当时用大量的木材，结果却只是一小块，但请愿是不在其中的，更何况是徒手。”[1]

鲁迅在《〈争自由的波浪〉小引》中从俄国社会变革志士的身上同样看出了类似的命运："以前的俄国的英雄们，实在以种种方式用了他们的血，使同志感奋，使好心肠人堕泪，使刽子手有功，使闲汉得消遣。总是有益于人们，尤其是有益于暴君，酷吏，闲人们的时候多；餍足他们的凶心，供给他们的谈助。……英雄的血，始终是无味的国土里的人生的盐，而且大抵是给闲人们作生活的盐，这倒实在是很可诧异的。”[2]群众中真的不乏这样活得百无聊赖的庸人，他们从英雄的死难中获得刺激，尝到滋味，继续度着灰色无聊的人生。

鲁迅所译雅各武莱夫的小说《十月》是一部描绘“十月革命”时期红军与白军在莫斯科展开巷战的中篇小说，作品对莫斯科街头的革命看客多有描写。小说第八章写到了市民们在街上充当默然的革命看客，孩子们像过节一样欢乐的情景：

……群众不明白市街中央的情形，所以很镇静，但为好奇心所驱使，以为战斗是没有什么大不了的，就看作十分有趣的事情。……然而孩子们却大高兴，成了杂色的群，在大街和列树路上东奔西走，炫示着从战场上拾来的子弹壳和子弹夹，将这来换苹果、向日葵子和铜钱。[3]

小说第九章描绘了某种奇异的革命历史场景：穷人们纷纷跑到正在经历着生死搏斗的莫斯科街头，他们多数人对革命漠不关心，甚至有人不断嘲笑着革命者：

[1]鲁迅：《纪念刘和珍君》，《鲁迅全集》第3卷，第293页。
[2]鲁迅：《〈争自由的波浪〉小引》，《鲁迅全集》第7卷，第317—318页。
[3]（苏）雅各武莱夫：《十月》，鲁迅译，《鲁迅译文全集》第6卷，第140页。

住在市梢的穷人们，都停了工作，跑向大街上来，诧异着奇特的情形，塞满了步道。到处争论起来，骂变节者，责反叛者，讲德国的暗探，有的则皱了眉头，看着那些挟枪前往中央的战场的工人们。

……这灰色脸相的穿着肮脏衣服的人们，脸上打着穷字的印子的人们，对于事件，是漠不关心的。他们嗑着向日葵子，向大家开玩笑……

而且所有的人，好像高兴火灾的孩子一样，都成了非常畅快的心情……[1]

小说以大量笔墨捕捉莫斯科街道上普通市民对革命的反应，写出了大多数人只是革命的看客，并不理解、关心革命，这样的场景是对当时历史的真实再现。

鲁迅所译苏联作家法捷耶夫的小说《毁灭》第三部第二章对革命者被处死前的示众场面描写同样令人惊心，在小镇的街上，居民们欢快而麻木地来围观哥萨克匪军对被捕的游击队战士美迭里札的示众，美迭里札反过来也冷冷地鉴赏着这些看客：

美迭里札常常想，他对于怀着无聊的琐屑的忧虑，随和着围绕他们的一切的人们，是既不喜欢，也不轻蔑的。……然而他一生所做的最重大，最紧要的一切，却自己不知不觉地，都由于对于人们，为了人们，使他们因此注视他，夸奖他，感叹他，而且称赞他而做的。现在他抬起头来的时候，便不但用了视线，简直是用了全心，将农民，少年，彩色长衫的吃惊的妇人，白花头巾的姑娘，帽沿下露着刷得如画的遒劲而漂亮的结发的雄赳赳的骑士，这些波动的斑驳陆离的静默的群众，——在湿得好像哭过的草上跳跃的他们的长而活泼的影子，并且连那为如水的太阳所照射，壮丽地，沉重地凝结在寒冷的空中的，他们头上的旧教堂的

[1]（苏）雅各武莱夫：《十月》，鲁迅译，《鲁迅译文全集》第6卷，第142页。

穹窿，也全都包罗了。

“呵，真好！”他一遇到这些活泼的，斑斓的，可怜的群众——在他动弹，呼吸，闪烁，和在他里面搏动的一切，高兴得快要欢呼出来。他用了轻捷的野兽一般，好像足不践地的脚步，摆着柔软的身躯，更迅速，更自由地往前走，广场上的群众便都转脸来看他，并且觉得在这他的柔软而热烈的身体中，就藏着像这脚步的，野兽似的轻捷的力量。[1]

法捷耶夫书写了美迭里札面对即将带来的死亡的那种满不在乎，这是真正的强者才可能具有的从容，其中包含了对敌人的蔑视，对自己所做事业之正义性的自信。作家还渲染了美迭里札身处围观他的群众之中的孤寂和孤傲，因此这位革命者身上又具有了尼采笔下的超人俯瞰庸众的精神高度，具有了俄国作家阿尔志跋绥夫小说《工人绥惠略夫》主人公漠视群众的冷峻气质。许多革命文艺作品写到英雄赴难前，总要与悲痛欲绝的群众依依惜别，群众眼中喷射出仇恨的怒火注视着敌人——这样的场面是那些没有真正参加过严酷斗争的文艺家们想象的产物，他们从阶级斗争理论出发，公式化地理解严酷斗争年代的阶级分野，以为人民大众总是觉悟的，总是坚决站在革命者一边，而痛恨着一切剥削者和统治者。

然而历史的复杂性和悲剧性在于，当革命英雄们受难和赴死时，不少蒙昧的群众不仅不同情、支持他们，反而麻木地充当看客，甚至还有人成为统治者的帮凶。鲁迅的《随感录·六十五暴君的臣民》写道：

暴君治下的臣民，大抵比暴君更暴；暴君的暴政，时常还不能餍足暴君治下的臣民的欲望。……暴君的臣民，只愿暴政暴在他人的头上，他却看着高兴，拿“残酷”做娱乐，拿“他人的苦”

[1]（苏）法捷耶夫：《毁灭》，鲁迅译，《鲁迅译文全集》第5卷，第377页。

做赏玩，做慰安。

自己的本领只是“幸免”。从“幸免”里又选出牺牲，供给暴君治下的臣民的渴血的欲望，但谁也不明白。死的说“阿呀”，活的高兴着。[1]

鲁迅在杂文《铲共大观》里引用1928年《申报》对国民党当局在长沙处决共产党湖南省委负责人郭亮以及3名女共产党员事件的报道文章，《申报》的文章写道：“是日执行之后，因马（淑纯，十六岁；志纯，十四岁）傅（凤君，二十四岁）三犯，系属女性，全城男女往观者，终日人山人海，拥挤不通。加以共魁郭亮之首级，又悬之司门口示众，往观者更众。司门口八角亭一带，交通为之断绝。计南门一带民众，则看郭亮首级后，又赴教育会看女尸。北门一带民众，则在教育会看女尸后，又往司门口看郭首级。全城扰攘，铲共空气，为之骤张；直至晚间，观者始不似日间之拥挤。”鲁迅看完此文后心情沉重，他写出了自己对1928年中国民众思想觉悟的观察，他发现民众只要能够有杀人的示众场面可看就会非常兴奋：“我临末还要揭出一点黑暗，是我们中国现在（现在！不是超时代的）的民众，其实还不很管什么党，只要看‘头’和‘女尸’。只要有，无论谁的都有人看……”[2]

鲁迅小说《药》开头写群众围观革命者夏瑜被处决的场面，已经成为这类文学作品的经典：

老栓又吃一惊，睁眼看时，几个人从他面前过去了。一个还回头看他，样子不甚分明，但很像久饿的人见了食物一般，眼里闪出一种攫取的光。……

……一阵脚步声响，一眨眼，已经拥过了一大簇人。那三三两两的人，也忽然合作一堆，潮一般向前进；将到丁字街口，便

[1] 鲁迅：《随感录·六十五暴君的臣民》，《鲁迅全集》第1卷，第384页。
[2] 鲁迅：《铲共大观》，《鲁迅全集》第4卷，第106—107页。

突然立住，簇成一个半圆。

老栓也向那边看，却只见一堆人的后背；颈项都伸得很长，仿佛许多鸭，被无形的手捏住了的，向上提着。静了一会，似乎有点声音，便又动摇起来，轰的一声，都向后退；一直散到老栓立着的地方，几乎将他挤倒了。[1]

鲁迅笔下的民众愚昧、冷酷，他们像赶集一样地去看统治者屠杀革命者，他们眼里所流露出来的饿狼一样的凶光，令人不寒而栗。鲁迅比法捷耶夫等多数作家（尤其是20世纪30年代中国那些革命文豪们）更深刻的是，他看到了群众对革命者、先驱者的受难、受死冷漠地鉴赏是古往今来一个重大的文化悲剧命题。鲁迅曾经在《寸铁》（1919年）、《随感录·六十五暴君的臣民》（1919年）、《复仇（其二）》（1924年）、《无花的蔷薇》（1926年）等文中述及耶稣被他所要拯救的以色列人围观和迫害的事件，尤其是《复仇（其二）》再现了耶稣在以色列人的围观、嘲笑、辱骂中被钉死在十字架上的悲剧：

十字架竖起来了；他悬在虚空中。

……路人都辱骂他，祭司长和文士也戏弄他，和他同钉的两个强盗也讥诮他。

……四面都是敌意，可悲悯的，可咒诅的。[2]

还是回到法捷耶夫的小说《毁灭》，前面所引那段写游击队员美迭里札被示众的文字，美迭里札在精神上与阿尔志跋绥夫小说《工人绥惠略夫》主人公绥惠略夫更加接近，毕竟他们都是俄苏文学谱系中的人物，尤其是在面对群众围观时两位主人公都表露出了孤傲、冷峻的气质，只是《毁灭》的美迭里札没有像绥惠略夫

[1] 鲁迅：《药》，《鲁迅全集》第1卷，第464页。
[2] 鲁迅：《复仇（其二）》，《鲁迅全集》第2卷，第178—179页。

一样调转枪口，向帮助军警围捕自己的群众开枪。

作为具有启蒙者气质的革命者绥惠略夫，他原是一名大学生，五年前他投身革命洪流，革命事业遭受重挫后他失去了爱人、战友，自己也被捕并被判了死刑，他机智地逃出，并继续从事反抗沙皇政府的事业。绥惠略夫出生入死从事革命活动，为的是帮助千千万万的俄国民众获得解放，他本以为民众会理解、支持他；但是在被警察围追堵截的过程中，街上的民众不仅无人出手援助，甚至还有民众加入警察对他的围捕行列，他对民众这样的立场非常失望而且愤怒，于是转而攻击民众，向民众复仇。

小说第十五章写被警察追赶着的绥惠略夫冲进了戏院，戏院里的观众根本不知道他所经历的一切痛苦，看着那些衣饰华贵的、迷醉于戏剧的人们，披头散发、面相狞厉的他内心涌起了疯狂的复仇念头，他举起了手枪，把枪弹射向观众们：

> 从勃朗宁(Browning)的平滑的枪膛里奔电似的射向坐位的排列上，人头上，在狼狈的恐怖中蜷曲着的脊梁上，逃走的人的腿上，这叫唤的混沌中，也透出女人的歇斯迭里的锐叫来。……
>
> 但超出了一切，超出一切的响着，是绥惠略夫的勃朗宁枪的不断的连珠，他抱了凉血的残暴的欢喜，施行复仇了，为了那许多他自己时常遇见的，损害，苦恼，和被毁的生活。[1]

最终绥惠略夫被警察抓获，他带着复仇后的满足，坚定、冷静地面对一切。阿尔志跋绥夫把满腔怒火灌注进了主人公的枪管里，渲染了某种复仇的快感。

鲁迅多次说起启蒙者、革命者因从事救民于水火的事业，反而受民众迫害的事。他说“孤独的精神的战士，虽然为民众战斗，却

[1](俄)阿尔志跋绥夫:《工人绥惠略夫》,鲁迅译,《鲁迅译文全集》第1卷,第213页。

往往反为这‘所为’而灭亡”[1]。他还说过:“暴君治下的臣民，大抵比暴君更暴。暴君的暴政时常还不能餍足暴君治下的臣民的欲望。”[2] 鲁迅的小说《药》表达的就是先觉者夏瑜欲救国救民，但民众不理解、不支持他的事业，相反还嘲笑着他的“疯狂”和鉴赏（围观、品味）着他的死亡，甚至用他的鲜血蘸馒头来治病。鲁迅的小说《孤独者》主人公也具有绥惠略夫的精神气质，他所从事的文化启蒙工作因民众的不理解、不支持而一再受挫，最后他转而躬行自己先前所反对的一切，当了军阀的顾问官，最终他抑郁而死，他用毁灭自己的方式来向民众复仇。

鲁迅在《记谈话》中透露了他译介小说《工人绥惠略夫》的宗旨是，借俄国改革者（革命者）的悲剧命运来表达他对中国改革者屡遭困厄之命运的关切，他具体说道：“大概，觉得民国以前，以后，我们也有许多改革者，境遇和绥惠略夫很相像，所以借借他人的酒杯罢。然而昨晚上一看，岂但那时，譬如其中的改革者的被迫，代表的吃苦，便是现在，——便是将来，便是几十年以后，我想，还要有许多改革者的境遇和他相像的。”[3] 这部小说的翻译表明，鲁迅译介外国文学作品通常是基于他对中国现实社会问题的关切而做出的抉择，是希望借助异域文学作品激发变革中国社会的力量。

二、对启蒙理想主义的批评

在启蒙者与被启蒙者、革命者与民众之间，鲁迅一方面批判着被启蒙者民众的不觉悟和冷漠，另一方面他也对启蒙者有所批评，批评他们理想的过于高蹈，甚至反思启蒙理想给人们带来的负面效果。鲁迅所译小说《工人绥惠略夫》对“黄金的国”的质

[1] 鲁迅：《这个与那个》，《鲁迅全集》第 3 卷，第 150 页。
[2] 鲁迅：《暴君的臣民》，《鲁迅全集》第 1 卷，第 384 页。
[3] 鲁迅：《记谈话》，《鲁迅全集》第 3 卷，第 375—376 页。

疑和对启蒙本身的反省，与他创作中对启蒙的质疑，对启蒙者可能带给被启蒙者的“毒害”的艺术表达形成了对话关系。

在鲁迅所译小说《工人绥惠略夫》里，作家阿尔志跋绥夫借助亚拉借夫对阿伦加的爱情启蒙事件，质疑了梦想家们“黄金的国”的理想。正如鲁迅小说《伤逝》的女主角子君是在男性涓生引导（启蒙）下懂得了爱情一样，《工人绥惠略夫》中的阿伦加也是在亚拉借夫的带动下懂得了文学和爱情，这两部小说都书写了女性人物在男性启蒙者的引导下懂得了爱，但是最终男性启蒙者并不能帮助她们真正走出社会的压迫和自我的桎梏，子君离开涓生并抑郁而亡，阿伦加被迫嫁给毫无感情的粗俗商人华希理。

《工人绥惠略夫》中的女裁缝阿伦加虽然出身贫寒且听力有残疾，但是她品行端正，并在亚拉借夫的引导下阅读了不少文学名著。作为寄养在女房东家的孤女，她承受不住女房东的压力而准备嫁给华希理，她把这一决定告诉自己真心喜欢的人亚拉借夫，其实她希望亚拉借夫能够直接说出对她的爱，但后者未敢表白。阿伦加未能从亚拉借夫这里获得真正的帮助只好离去，绥惠略夫因此对他的朋友亚拉借夫进行了严厉的批评：“伊来到你这里，因为伊爱你……因为伊有着纯洁的澄彻的灵魂，这就是你将伊唤醒转来的……现在，伊要堕落了，伊到你这里，为的是要寻求正当的东西，就是你教给伊爱的。你能够说给伊什么呢？……没有……你，这梦想家，理想家，你要明白，你将怎样的非人间的苦恼种在伊这里了。你竟不怕，伊在婚姻的喜悦的床上，在这凶暴淫纵的肉块下面，会当诅咒那向伊絮说些幸福生活的黄金似的好梦的你们哪。”绥惠略夫非常明确地道出了一个事实，即亚拉借夫唤醒了阿伦加爱的能力，却不能给她带去美好的爱情，因此是他害了阿伦加。绥惠略夫进一步直陈启蒙者给被启蒙者带去的精神痛苦：

“可怕的是，使死骸站立起来，给他能看见自己的腐烂……可怕的是，在人的灵魂中造出些纯洁的宝贵的东西，却只用了这个来细腻他的苦恼，锐敏他的忧愁……

“你们无休无息的梦想着人类将来的幸福……你们可曾知道，你们可曾当真明白，你们走到这将来，是应该经过多少鲜血的洪流呢……你们诓骗那些人们……你们教他们梦想些什么，是他们永永不会身历的东西……只使他们活着，给猪子做了食料……这猪，是在这里得意到呻吟而且喉鸣，就因为他的牺牲有这样嫩，这样美，感了这样难堪的苦恼！……”[1]

阿尔志跋绥夫是借小说中阿伦加的爱情悲剧来批评启蒙者（梦想家）亚拉借夫，指出启蒙（梦想宣传）可能给被启蒙者带去伤害，鲁迅的小说《伤逝》同样也表达了对爱情启蒙的质疑。

鲁迅更深刻之处在于他还把这种质疑指向了他自身，他一方面在“五四”新文化运动中通过文学创作参与启蒙事业，后来他发现了启蒙的无力，他开始反省自己所从事的启蒙工作可能给人们带去的负面效应，他在1927年9月写的杂文《答有恒先生》中说，“中国历来是排着吃人的筵宴，有吃的，有被吃的。被吃的也曾吃人，正吃的也会被吃”。鲁迅一直致力于从思想文化上扫除吃人者并帮助被吃者获得解放的启蒙事业，但是他忽然发现“自己也帮助着排筵宴”。鲁迅问有恒先生，“你是看我的作品的，我现在发一个问题：看了之后，使你麻木，还是使你清楚；使你昏沉，还是使你活泼？倘所觉的是后者，那我的自己裁判，便证实大半了”。接着，鲁迅借助江浙一带吃“醉虾”的饮食习俗来说明问题，那一带的人喜欢给活虾浇上酒、醋来激活它。鲁迅深刻地指出：“中国的筵席上有一种‘醉虾’，虾越鲜活，吃的人便越高兴，越畅快。我就是做这醉虾的帮手，弄清了老实而不幸的青年的脑子和弄敏了他的感觉，使他万一遭灾时来尝加倍的苦痛，同时给憎

[1]（俄）阿尔志跋绥夫：《工人绥惠略夫》，鲁迅译，《鲁迅译文全集》第1卷，第185页。

恶他的人们赏玩这较灵的苦痛，得到格外的享乐。”[1]

这的确是一个关于启蒙的“诛心之论”：在《呐喊·自序》所描绘的黑屋子中，人们一直生活于昏睡状态，直至死去也不觉得痛苦；终于有早醒的人（启蒙者）发现自己的处境之后叫喊起来，吵醒了其他昏睡中的人；这黑屋子是异常的坚固，被吵醒的人想冲出黑屋子到外面享受光明，人们的努力一再失败，他们带着对屋外光明的渴望，清醒地在黑屋子中受煎熬，直至老死。更可怕的是，鲁迅竟然发现自己不自觉中充当了压迫者的帮手，用文学作品刺激年轻人，让他们在被压迫者吃食过程中清醒地死去，自己就成为了中国吃人筵席上的帮手——厨师。

在平时的生活和他的作品中，鲁迅时常表现着这种“犯罪感”。20年代初，一位青年学子来买他的书，当年轻人从衣袋中掏出钱放在鲁迅手里时，那钱还带着体温，这体温从此烙在鲁迅心上，每当提笔作文时，他便怕毒害了这类青年，“我就怕我未熟的果实偏偏毒死了爱我果实的人”[2]。鲁迅在1925年的《北京通信》中交代，他对自己选择的生命之路可以负责到底，即使“前面是深渊，荆棘，狭谷，火坑”也大踏步走去，“然而向青年说话可就难了，如果盲人瞎马，引入危途，我就该得谋杀许多人命的罪孽”[3]。这也是鲁迅一直拒绝充当指导年轻人人生道路的“青年导师”的原因，他害怕指导（启蒙）会耽误甚至害死年轻人。

在鲁迅所译《工人绥惠略夫》第九章的结尾，绥惠略夫对亚拉借夫式的梦想家（启蒙者）直接给予了谴责：“你们将那黄金时代，豫约给他们的后人，但你们却别有什么给这些人们呢？……你们……将来的人间界的豫言者，……当得诅咒哩！”[4] 绥惠略夫带咒骂色彩的这番话语在鲁迅1920年10月创作的小说《头发的

[1] 鲁迅：《答有恒先生》，《鲁迅全集》第3卷，第474页。
[2] 鲁迅：《写在〈坟〉后面》，《鲁迅全集》第1卷，第300—301页。
[3] 鲁迅：《北京通信》，《鲁迅全集》第3卷，第54页。
[4]（俄）阿尔志跋绥夫：《工人绥惠略夫》，鲁迅译，《鲁迅译文全集》第1卷，第186页。

故事》里有了回声。在该小说的结尾处，主人公N先生回顾了清末理想家鼓动剪辫子，让一些青年因此被清政府所杀的往事，他还发现当前理想家们鼓动青年女子剪发，造成她们被学校开除或者被学校排斥在校门之外的悲剧。N先生对理想家们质问道："我要借了阿尔志跋绥夫话问你们：你们将黄金时代的出现豫约给这些人们的子孙了，但有什么给这些人们自己呢？……你们的嘴里既然并无毒牙，何以偏要在额上帖起'蝮蛇'两个大字，引乞丐来打杀？……"[1]这是对《工人绥惠略夫》质疑启蒙观点的的直接借用，在中国当时的语境中同样非常具有现实冲击性和警醒力。

三、对人们身上奴性、奴隶道德的批判

作为近代中国思想启蒙的重要组成部分，改造国民性思想在清末已经开始酝酿、生成。1894年中日甲午战争以北洋水师全军覆没告终，深受战败刺激的著名翻译家、前英国皇家海军学院毕业生严复于1895年3月发表《原强》一文，剖析中国战败原因，提出推动国家走向强大的策略。严复从民力、民智、民德三方面分析西方国家富强的原因，认为"民力已苶，民智已卑，民德已薄"是中国甲午战败的主因[2]。严复提出，中国社会改革应该从三方面着手，"一曰鼓民力，二曰开民智，三曰新民德"[3]。梁启超颇为欣赏严复的"三民"观，1902年至1906年他在《新民丛报》连载了著名的政论长文《新民说》，其中第二篇的标题为"新民为今日中国之第一急务"。学者程致中指出："梁启超的《新民说》是近代中国甚为完备的改造国民性主张，对改造国民性的理论依据、目标模式和实施途径等问题作了较为周详的阐述。就其对国民性

[1] 鲁迅：《头发的故事》，《鲁迅全集》第1卷，第488页。
[2] 严复：《原强》，《严复文选》，牛仰山选注，第15—17页。天津：百花文艺出版社，2006年版。
[3] 严复：《原强》，《严复文选》，牛仰山选注，第25页。

问题的思考而言，梁氏对鲁迅的影响无疑是最为重大的。”[1]

受严复、梁启超等前辈的影响，20 世纪初留学日本时的鲁迅与挚友许寿裳经常讨论三个问题，即：“(一)怎样才是最理想的人性？(二)中国国民性中最缺乏的是什么？(三)它的病根何在？”[2] 鲁迅从此开始了批判、改造国民性思想的探索。对国民性的批判是鲁迅创作最重要的主题之一，他全方位揭示了中国国民的劣根性，其中对中国人奴性的批判是最为深刻犀利的精神痛击。鲁迅译著也有对人类奴性的痛击，其中果戈理《死魂灵》，尼采和卢那卡尔斯基的论著都有对奴隶哲学、奴隶道德的批判。

鲁迅所译《死魂灵》对乞乞科夫的马车夫绥里方的奴隶哲学的讽刺性描写非常生动活泼。该小说第一部第三章写乞乞科夫计划去地主梭巴开维支庄园拜访，途中忽然遭遇暴雨，喝得醉醺醺的车夫绥里方不仅迷了路，而且控制不住马车而倾覆，乞乞科夫被摔进了泥浆中浑身湿透，好不狼狈。他怒斥绥里方总喝醉酒误事，想要鞭打这酒徒，绥里方见主人发怒，就开始服软说：“如果做了该吃鞭子的事，怎么可以不给鞭子呢；这全都随您的便，您是主子呀！农奴是应该给点鞭子的，要不然，就不听话。规矩总得有。如果我闹出事来，那么，抽我一顿就是了，怎么可以不给鞭子呢？”[3] 乞乞科夫对于绥里方的这套哲学一时也没有应对办法，也就对这位承认自己做错了事的车夫从轻发落。

在鲁迅所译尼采《察拉图斯忒拉的序言》第三节，查拉图斯特拉滔滔不绝地给群众宣讲“超人学说”，他引述了群众对幸福、理性、道德、正义和同情的理解，这些理解基本都建立在基督教爱的哲学基础上，然后他用“超人”学说的闪电击打着这些平庸的群众，显示了尼采对基督教强烈的批判倾向。在第五节，查拉图斯特拉对近似于奴隶的“末人”的幸福生活进行了鞭挞，查氏

[1] 程致中：《鲁迅国民性批判探源》，《鲁迅研究月刊》2002 年第 10 期。
[2] 许寿裳：《亡友鲁迅印象记》，第 19 页。北京：人民文学出版社，1953 年版。
[3] (俄)果戈理：《死魂灵》，鲁迅译，《鲁迅译文全集》第 7 卷，第 53 页。

认为"末人"种族"是跳蚤似的除灭不完；末人活得最长久"，"末人"认可的幸福生活是"人也还爱邻人而且大家挤擦着：因为人要些温暖"[1]。从这段文字仍然可以看到尼采对基督教邻人互爱哲学的竭力贬低。

尼采在其著作《论道德的谱系》中全面论述了奴隶道德和主人道德。尼采指出，奴隶道德通常从"善与恶"角度进行道德判断：

> 这种从反方向寻求确定价值的行动值得注意的是，这是向外界而不是向自身方向寻求价值——这就是一种怨恨；奴隶道德的形成总是先需要一个对立的外部环境，从物理学的角度讲，它需要外界刺激才能出场，这种行动从本质上说是对外界的反应。[2]

与之相反，主人道德从"好与坏"的角度进行价值判断，这种"价值判断的前提是一个强有力的体魄，是一种焕发的、丰富的、奔放的健康，以及维持这种体魄和健康的条件：战斗、冒险、狩猎、跳舞、比赛等等所有强壮的、自由的、愉快的行动"[3]。

尼采指出了奉行奴隶道德哲学的后果："我们如今已不再能够看到任何会变得更伟大的东西。我们担心的是，人还在继续走下坡路，还在变得更仔细、更温和、更狡黠、更舒适、更平庸、更冷漠、更中国式、更基督化。"[4] 尼采把"中国式"与"基督化"一起视作负面道德的代名词，与鲁迅对中国国民奴性人格的批判构成了呼应关系。

鲁迅所译卢那卡尔斯基专著《艺术论》第五篇《艺术与生活》探讨了阶级社会里主人道德和奴隶道德的关系："主人们大

---

[1]（德）尼采：《察拉图斯忒拉序言》，唐俟译，《鲁迅译文全集》第8卷，第82页。

[2]（德）尼采：《论道德的谱系》，第21页。北京：三联书店，1992年版。（版本下同）

[3]（德）尼采：《论道德的谱系》，第18页。

[4]（德）尼采：《论道德的谱系》，第27页。

概强行自己们的正义"，"奴隶们只是苦恼，梦想自己们的正义的胜利"；然后就出现了道德家，他们倡导博爱、平等、自由，他们教人相信梦，相信千年王国能够在人间实现，"奴隶们尤其欢喜，迎接这样的教义——他们是不希望用自己们的力，来实现自己的正义的"[1]。可见，卢氏对奴隶道德也是采取了否定的立场。

鲁迅所译阿尔志跋绥夫小说《工人绥惠略夫》对老女佣隐忍的奴隶思想进行了讽刺。老女佣得意地告诉亚拉借夫，自己当年在伯爵家当女佣被冤屈，因她能隐忍而获得主人奖赏，当时她被怀疑偷了小姐的手镯，挨了伯爵三个嘴巴，断了两颗牙，她也一直"打熬着"，直到后来真相大白，伯爵赏给她一百卢布。当老女佣讲述这些往事时，"愉快到几乎喉噎，而且在伊完全打皱的脸上溢出得胜的微笑来"[2]。这位老女佣的奴才相被作家刻画得生动传神、入木三分。

尼采、卢那卡尔斯基、阿尔志跋绥夫对奴隶道德的揭示，与鲁迅在杂文《灯下漫笔》《漫与》，散文诗《聪明人和傻子和奴才》等作品对奴隶道德的批判，异曲而同工，发人深思。鲁迅在《灯下漫笔》里高屋建瓴地指出，"中国人向来就没有争到过'人'的价格，至多不过是奴隶，到现在还如此"。鲁迅用奴隶这个关键词总结了中国数千年的历史更替，认为中国总共只有两个时代，也即："一，想做奴隶而不得的时代；二，暂时做稳了奴隶的时代。"[3]

鲁迅的杂文《漫与》对中国的奴隶道德作了这样的概括：

一个活人，当然是总想活下去的，就是真正老牌的奴隶，也还在打熬着要活下去。然而自己明知道是奴隶，打熬着，并且不平着，挣扎着，一面"意图"挣脱以至实行挣脱的，即使暂

---

[1]（俄）卢那卡尔斯基：《艺术论》，鲁迅译，《鲁迅译文全集》第4卷，第255—256页。

[2]（俄）阿尔志跋绥夫：《工人绥惠略夫》，鲁迅译，《鲁迅译文全集》第1卷，第168页。

[3]鲁迅：《灯下漫笔》，《鲁迅全集》第1卷，第224—225页。

时失败，还是套上了镣铐罢，他却不过是单单的奴隶。如果从奴隶生活中寻出“美”来，赞叹，抚摩，陶醉，那可简直是万劫不复的奴才了，他使自己和别人永远安住于这生活。就因为奴群中有这一点差别，所以使社会有平安和不安的差别，而在文学上，就分明的显现了麻醉的和战斗的的不同。[1]

鲁迅的散文诗《聪明人和傻子和奴才》开宗明义地写道：“奴才总不过是寻人诉苦。只要这样，也只能这样。”作品中的奴才上街遇见了聪明人，他向后者诉苦的可怜样子真是哀婉动人：“他悲哀地说，眼泪联成一线，就从眼角上直流下来。”奴才细细地叙述自己吃得猪狗不如，从早到晚劳作没得休息，聪明人听得“眼圈有些红，似乎要下泪”，然后就安慰奴才说“我想，你总会好起来”。奴才既向聪明人诉了苦，又得到聪明人的安慰和同情，心理舒服多了，他因此认为有聪明人的存在，“可见天理没有灭绝”。但是奴才的生活并未有改善，过了几天他又心有不平，向街上遇见的傻子诉起苦来，他流着眼泪说“主人并不将我当人；他对他的叭儿狗还要好到几万倍”；说自己住的小破屋又潮又湿、秽气冲天，且没有开任何窗子。傻子让奴才带他到小屋子里，他要帮后者在墙上打一个引进阳光的窗洞。特别具有讽刺意味的是，当傻子动手开窗时，奴才不仅不帮忙，而且大喊其他奴才一起抓强盗，作品这样生动地描写奴才的肉麻相：“他哭嚷着，在地上团团地打滚。”奴才们协力赶走了傻子，主人才慢慢地出来，奴才像哈巴狗一样摇着尾巴向主人邀功：“有强盗要来毁咱们的屋子，我首先叫喊起来，大家一同把他赶走了。”[2] 于是，主人夸奖了奴才。当聪明人来慰问奴才时，奴才称赞聪明人上次见面说今后生活会好起来，太有先见之明。

---

[1] 鲁迅：《漫与》，《鲁迅全集》第 4 卷，第 604 页。
[2] 鲁迅：《聪明人和傻子和奴才》，《鲁迅全集》第 2 卷，第 221—222 页。

鲁迅的这篇散文诗深刻地揭示了中国奴才的精神特征，他们是愚昧的人，虽然对生活常怀不满却不允许傻子动手来帮助他们改善境遇，但是一旦得到文人、主人的哄骗和夸奖，就觉得生活无限美好；他们卑贱到了肉麻的程度，躺在地上打滚大叫奴才兄弟一起驱赶傻子，这样做的目的是为了赢得主人的夸奖；他们非常善感多愁，甚至会被自己哀伤可怜的姿态感动得泪水涟涟，这奴才回味着自己的奴隶道德和卑贱身段而陶醉了。鲁迅笔下的这位中国奴才与《工人绥惠略夫》中的那位叙述自己的奴隶生涯而“愉快到几乎喉噎”的老女佣相当近似，他们同属心为奴者，是鲁迅所说的万劫不复的奴才。

四、中日国民性批判和改造的对话

在改造国民性问题上，鲁迅与他所译厨川白村《出了象牙之塔》的对话达到了相当深入的程度。该书第一篇题名也是《出了象牙之塔》，它的第七节“聪明人”写日本列车车厢内聪明人用草帽争抢座位的社会世相，这些聪明人工于算计，远没有那些拿着刀枪的强盗质朴、真实、可爱，虽然后者身上充满了人性的缺陷。鲁迅翻译到这里时可能会心一笑，他 20 世纪 30 年代曾经说过“我宁可向泼剌的妓女立正，却不愿意和死样活气的文人打棚”[1]。他创作于 1925 年 12 月的散文诗《聪明人和傻子和奴才》可谓与厨川白村对话的作品，他笔下的聪明人与日本的同类一样精于世故和算计，但是更具有中国特色，即替主人统治奴才提供精神上的鸦片（“你总会好起来的”）。

厨川著作第一篇《出了象牙之塔》第八节“呆子”应该是厨川白村全书比较能够引起鲁迅共鸣的部分了，鲁迅《聪明人和傻子和奴才》里的傻子与厨川笔下的呆子是精神上的兄弟。厨川笔下的呆子是这样的人，他们“是踢开利害的打算，专凭不伪不

---

[1] 鲁迅：《“京派”和“海派”》，《鲁迅全集》第 6 卷，第 315 页。

饰的自己的本心而动的人；是决不能姑且妥协，姑且敷衍，就算完事的人。是本质底地，彻底底地，第一义底地来思索事物，而能将这实现于自己的生活的人”[1]。厨川指出，“为人类而战斗的Prometheus（普罗米修斯）”就是呆子的神话原型，被关进疯人院的尼采是近代呆子的代表。厨川认为，“人类在现今进到这地步者，就因为有那样的许多呆子之大者拼了命给做事的缘故”。厨川心目中的大呆子正是历史上罕有的伟人：

特地出了王宫，弃了妻子，走进檀特山去的释迦，是大大的呆子。

被加略的犹大所卖，遭着给家狗咬了手似的事情之后，终于处了磔刑的基督，也是颇大的呆子。[2]

厨川认为人类应该感激这些大呆子给文明带来的巨大贡献。但事实上，人类不仅忘记感激他们，而且还常常把他们当作嘲笑、迫害的对象。鲁迅在散文诗《聪明人和傻子和奴才》里把改革家称作傻子，那位傻子就遭到奴才们的围剿和痛打而被驱赶出黑屋子。鲁迅在1926年2月写的《无花的蔷薇》中揭示了孔子、耶稣、释迦牟尼等伟大的预言家和先知受尽世人误解、利用和迫害的悲剧命运：

豫言者，即先觉，每为故国所不容，也每受同时人的迫害，大人物也时常这样。他要得人们的恭维赞叹时，必须死掉，或者沉默，或者不在面前。

总而言之，第一要难于质证。

如果孔丘，释迦，耶稣基督还活着，那些教徒难免要恐慌。对

[1]（日）厨川白村：《出了象牙之塔》，鲁迅译，《鲁迅译文全集》第2卷，第318页。

[2]（日）厨川白村：《出了象牙之塔》，鲁迅译，《鲁迅译文全集》第2卷，第317页。

于他们的行为，真不知道教主先生要怎样慨叹。

所以，如果活着，只得迫害他。

待到伟大人物成为化石，人们都称他伟人时，他已经变了傀儡了。

有一流人物之所谓伟大与渺小，是指他可给自己利用的效果大小而言。[1]

厨川白村著作第一篇《出了象牙之塔》第十四节“改造与国民性”分析了德川幕府长期的统治，让日本变成了盛产聪明人的国度。厨川引用东京大学教授芳贺的话说，日本的国民性是乐天洒脱、淡泊潇洒、纤丽巧致。厨川认为，以和歌、俳句为代表的日本文学证明了日本人缺乏生命的热力。厨川提出，“对于国民性竭力加以大改造,则正是生活于新时代的人们的任务”[2]。鲁迅从年轻时代留学日本起就开始致力于改造国民性的事业，他的文学创作最重大的主题就是揭示中国人的精神弊病，就是展开对中国国民性的批判。厨川白村对日本国民性的剖析，应该对鲁迅有一定影响。但是鲁迅有时却通过与日本国民的对比，看出日本民族身上那些中国人所不具备的优点，比如做事极其认真的态度。因此他与厨川的看法不尽相同，甚至通过日本民族的优点来反衬中国国民性的缺点。

鲁迅所译厨川著作《出了象牙之塔》第二篇是《观享乐的生活》，它提出了人应该过着感得一切和赏味一切，“以观照享乐为根柢的艺术的生活”[3]。日本近50年来匆忙追赶先进的西方文明，其实仅仅学到浮泛肤浅的东西，“没有深，也没有奥，没有将事物来宁静地思索和赏味的余裕”。厨川认为光从物质上追求富庶不能给人带来人生的快乐，只有心灵生活的充实才是人应该

---

[1] 鲁迅 :《鲁迅全集》第 3 卷，第 272—273 页。

[2]（日）厨川白村:《出了象牙之塔》，鲁迅译，《鲁迅译文全集》第 2 卷，第 327 页。

[3]（日）厨川白村:《出了象牙之塔》，鲁迅译，《鲁迅译文全集》第 2 卷，第 345 页。

追求的。他这些思想应该能够引起鲁迅的共鸣，早在《文化偏至论》里，鲁迅就对西方19世纪后期以来偏执于物质的时代潮流，对清末中国“维新志士”仅从物质和制度层面学习西方的价值取向予以了深刻的批判，提出了“掊物质而张灵明”的独特主张。

在译完《观享乐的生活》之后，鲁迅撰写了译者附记，他指出：“作者对于他的本国的缺点的猛烈的攻击法，真是一个霹雳手。但大约因为同是立国于亚东，情形大抵相像之故罢，他所狙击的要害，我觉得往往也就是中国的病痛的要害；这是我们大可以借此深思，反省的。”[1] 于此可以看出，鲁迅翻译该文的目的是借助厨川的思想批评中国社会的痼疾。

鲁迅所译厨川著作《出了象牙之塔》第三篇《从灵向肉和从肉向灵》，通过与西洋人的对照，批判了日本人过于强调精神、唯心生活的弊端，主张开辟一条从肉到灵、从物质到人情、从权利义务到情爱的新生活之路。鲁迅在该译作的译者附记中说，厨川白村的“主旨是专在指摘他最爱的母国——日本——的缺陷的”，“但我看除了开首这一节攻击旅馆制度和第三节攻击馈送仪节的和中国不甚相干外，其他却多半切中我们现在大家隐蔽着的痼疾，尤其是很自负的所谓精神文明”，“现在我就再来输入，作为从外国药房贩来的一帖泻药罢”[2]。鲁迅翻译外国文学作品，在很大程度上是寻找批判、改造中国社会和国民性的思想资源，他用从外国药房购入泻药喻指从异域输入批判性思想资源的行为，与他后来在《文艺政策》译者后记中说自己“从别国里窃得火来，本意却在煮自己的肉的”[3] 的比喻有着同样的价值关切。

从鲁迅的译后记可以看出，《出了象牙之塔》最吸引他的是厨川白村对日本国民性的批判，他说“从这本书，尤其是最紧要的

[1] 鲁迅：《〈观享乐的生活〉译者附记》，《鲁迅全集》第10卷，第277页。
[2] 鲁迅：《〈从灵向肉和从肉向灵〉译者附记》，《鲁迅全集》第10卷，第278页。
[3] 鲁迅：《〈文艺政策〉后记》，《鲁迅全集》第10卷，第341页。

前三篇看来，却确已现了战士身而出世，于本国的微温，中道，妥协，虚假，小气，自大，保守等世态，一一加以辛辣的攻击和无所假借的批评。就是从我们外国人的眼睛看，也往往觉得有‘快刀断乱麻’似的爽利，至于禁不住称快”。鲁迅接着道出了他译介该书的目的：

我译这书，也并非想揭邻人的缺失，来聊博国人的快意。中国现在并无“取乱侮亡”的雄心，我也不觉得负有刺探别国弱点的使命，所以正无须致力于此。但当我旁观他鞭责自己时，仿佛痛楚到了我的身上了，后来却又霍然，宛如服了一帖凉药。生在陈腐的古国的人们……

大抵总觉到一种肿痛，有如生着未破的疮。未尝生过疮的，生而未尝割治的，大概都不会知道；否则，就明白一割的创痛，比未割的肿痛要快活得多。这就是所谓“痛快”罢？我就是想借此先将那肿痛提醒，而后将这“痛快”分给同病的人们。[1]

因此，鲁迅翻译此书的目的不是借此揭露日本的短处，而是想让中国读者从厨川白村对日本的批判中，收获对自己国民性的痛彻认识。

鲁迅指出：“厨川白村呵责他本国没有独创的文明，没有卓绝的人物，这是的确的。他们的文化先取法于中国，后来便学了欧洲；人物不但没有孔、墨，连做和尚的也谁都比不过玄奘。”鲁迅不完全认同厨川这种观点，他认为日本后来学习西方自然科学还是取得了比较重大的成就，“在植物学，地震学，医学上，他们是已经著了相当的功绩的，也许是著者因为正在针砭‘自大病’之故，都故意抹杀了”。当时正值中日关系交恶之际，鲁迅担心中国人看到厨川这番对日本文化的自贬，会助长国人的骄傲自满，他还深刻地从日本文化缺少创造性这个缺点上，看出了日本也因此

[1] 鲁迅：《〈出了象牙之塔〉后记》，《鲁迅全集》第 10 卷，第 269 页。

就没有中国的改革那样积重难返，反而具有轻装上路的优点。鲁迅说，日本的确“并无固有的文明和伟大的世界的人物；当两国的交情很坏的时候，我们的论者也常常于此加以嗤笑，聊快一时的人心。然而我以为惟其如此，正所以使日本能有今日，因为旧物很少，执著也就不深，时势一移，蜕变极易，在任何时候，都能适合于生存”。鲁迅笔锋一转，开始批判中国文化虽然创造了辉煌的历史，但是现代中国社会却问题重重，他说日本“不像幸存的古国，恃着固有而陈旧的文明，害得一切硬化，终于要走到灭亡的路”，“中国倘不彻底地改革，运命总还是日本长久，这是我所相信的”[1]。

鲁迅在《出了象牙之塔》译后记指出了中日国民性共有的缺点，他说厨川白村所指责的日本的“微温，中道，妥协，虚假，小气，自大，保守等世态，简直可以疑心是说着中国”，“尤其是凡事都做得不上不下，没有底力；一切都要从灵向肉，度着幽魂生活这些话”，“凡那些，倘不是受了我们中国的传染，那便是游泳在东方文明里的人们都如此”。鲁迅认为古代日本虽受中国文化影响，但也剔除了其中一些负面的文化要素，“日本虽然采取了许多中国文明，刑法上却不用凌迟，宫庭中仍无太监，妇女们也终于不缠足”[2]。可见日本在学习中国文化过程中，还是舍弃了一些糟粕的。

五、对于固守传统文化立场的批判

鲁迅所译鹤见祐辅随笔集《思想·山水·人物》与鲁迅作品对国民性的批判也具有对话性。该书第五篇《自以为是》通过对印第安人、犹太人和日本人等民族特性的剖析，得出了自以为是、

[1] 鲁迅：《〈出了象牙之塔〉后记》，《鲁迅全集》第10卷，第269页。
[2] 鲁迅：《〈出了象牙之塔〉后记》，《鲁迅全集》第10卷，第270—271页。

妄自尊大、固守传统的民族和国家终将衰亡的结论。这样的思想应该是引起了鲁迅的共鸣的，难怪译介鹤见祐辅这部书时，鲁迅会把第五篇选作动开手翻译的第一篇。

鹤见祐辅认为美洲原住民印第安人具有勇敢热情、注重情义等优点，但是他们自以为是世上唯一优秀的民族，蔑视别的民族，拒绝吸收白人的文化，他们的傲慢使得自己失去了进步的机会，最终走向衰弱，在美国政府保护区里过着凄惨的生活。古罗马人起初因为具有包容其他民族文化的谦虚心态，而得以建立横跨欧亚非大陆的强大帝国；后来他们陶醉于自己军事征服上的成功，帝国终于逐渐走向崩溃；现代德国人也在走着类似古罗马人这样的道路。而现代中国的衰败，也是因为自负造成的。犹太人几千年来历经苦难而得以生存下来，得益于他们对传统的坚守和团结精神；但是他们唯我独尊、固守传统的立场遭致其他民族的憎恶和排斥，最后的结局，不是他们征服别的民族，就是他们被别的民族征服。

鹤见祐辅非常清醒地对日本本国进行了批判，他认为日本人希望外国人纷纷来学习日语是很不现实的梦想，日本人还在吃《源氏物语》《徒然草》等古典名著的老本，现在却做起使日语成为世界语的梦想，这固然显示了勇敢爱国的心情，但是它违背了人类文化的进化路向，是不能实现的美好愿望。日本必须虚心学习其他民族文化，才能生长出新的文化来。鹤见祐辅深刻地对世界文明发展史的经验教训做了总结：

> 以一个民族，征服全世界，已经是古老的梦了。波斯，罗马，蒙古，拿破仑，就都蹉跌在这一条道路上。然而摄取了世界的文化，建设起新文明来的民族，却在史上占得永久的地位的。蕞尔的雅典的文化，至今也还是世界文明的渊源。[1]

---

[1]（日）鹤见祐辅：《思想·山水·人物》，鲁迅译，《鲁迅译文全集》第3卷，第177页。

鲁迅终生致力于批判中国国民性，他所揭示的中国人主要思想痼疾就是妄自尊大、排斥异己，以及迷醉于祖先留下来的悠久文化。鹤见祐辅上述观点，无疑可以成为鲁迅批判中国国民性和中国传统文化的思想资源。

然而奇怪的是，鹤见祐辅在《思想・山水・人物》大半本书中批判印第安人、古罗马人、犹太人，以及现代德国人、日本人妄自尊大、固守传统的民族缺点之后，到了全书接近结尾处，却用近 9 千字的篇幅写了《北京的魅力》的长文，大力赞美古都北京为代表的中国传统文化，尤其是渲染了一批在民国初期北京定居的西洋人对中国生活方式和传统文化的迷恋。这显示了日本现代自由主义思想家鹤见祐辅对传统文化批判的不彻底性，当然也从某种程度上证明了中国传统文化对来自异国的现代知识分子的巨大的吸附力。鲁迅对他所译鹤见祐辅《思想・山水・人物》对中国传统文化的讴歌保持了清醒的批判立场。

鲁迅对鹤见祐辅笔下外国人赞美、陶醉中国传统文化的批判，构成鲁迅译著与鲁迅创作的一种特殊的对话关系。鹤见祐辅随笔集《思想・山水・人物》第十八篇《北京的魅力》第四节竟用“到死为止在北京”这样的标题来写几位西洋人对北京生活的迷恋。鹤见祐辅的一位美国朋友刚来北京任职时，本打算工作一年就离开，但住了一年后他开始喜欢上北京的生活，住上两年后，他就打算老死于北京了。这位美国人对北京的传统文化充满仰慕之情，于是他住进门口有石雕的龙、挂着红灯笼的红漆民居，他让仆人戴上清朝官员的帽子，雇来能够给他做出无数珍馐的中国厨子，然后操着半生的中国话到处寻找奇货，各种古董终于堆满了他的院子。鹤见祐辅来京后去这位美国人家里赴宴，他家里早已云集了六七位患了“支那病”的外国人。鹤见祐辅写这群外国人吃着中国美食，谈论着中国的古董、艺术和政治，完全被中国文化所征服，然后联想起了蒙古人、满族人，他们虽然征服了汉人，但最终却被汉文化所征服。

如此竭力称颂中国生活和文化的外国人，当然有他们的可爱之处，很多中国人也是喜欢自己的国家和文化被老外如此赞美的，当他们看到鹤见祐辅笔下的西洋人如此陶醉于中国美食和文化时，不少中国人还会心生民族自豪感。但是面对外国人对中国的赞颂，鲁迅跟绝大多数中国人的反应不一样，他不觉得被外国人赞美有什么值得高兴的，鲁迅写于1925年4月的杂文《灯下漫笔》第二节指出，中国社会还一直排着吃人的宴席，此时外国人也加入了吃人的宴席，同时还要大力称赞中国固有的文明。

鲁迅在《灯下漫笔》中大量引用了鹤见祐辅《北京的魅力》描写西洋人被中国生活和文化陶醉的文字：

在圆的桃花心木的食桌前坐定，川流不息地献着山海的珍味，谈话就从古董，画，政治这些开头。电灯上罩着支那式的灯罩，淡淡的光洋溢于古物罗列的屋子中。什么无产阶级呀，Proletariat 呀那些事，就像不过在什么地方刮风。

我一面陶醉在支那生活的空气中，一面深思着对于外人有着“魅力”的这东西。元人也曾征服支那，而被征服于汉人种的生活美了；满人也征服支那，而被征服于汉人种的生活美了。现在西洋人也一样，嘴里虽然说着 Democracy，什么什么呀，而却被魅于支那人费六千年而建筑起来的生活的美。一经住过北京，就忘不掉那生活的味道。大风时候的万丈的沙尘，每三月一回的督军们的开战游戏，都不能抹去这支那生活的魅力。[1]

鲁迅面对外国人这样赞美中国的文字，心情非常沉痛，他写道：“我们的古圣先贤既给予我们保古守旧的格言，但同时也排好了用子女玉帛所做的奉献于征服者的大宴。中国人的耐劳，中国人的多子，都就是办酒的材料，到现在还为我们的爱国者所自诩的。”西洋人刚进入中国时对这里的一切并不感兴趣，后来慢慢也

[1] 鲁迅：《灯下漫笔》，《鲁迅全集》第1卷，第226页。

加入吃人的宴席，他们“待到享受盛宴的时候，自然也就是赞颂中国固有文明的时候；但是我们的有些乐观的爱国者，也许反而欣然色喜，以为他们将要开始被中国同化了罢”，“古人曾以女人作苟安的城堡，美其名以自欺曰‘和亲’，今人还用子女玉帛为作奴的贽敬，又美其名曰‘同化’”。鲁迅更喜欢这样的外国人，“倘有外国的谁，到了已有赴宴的资格的现在，而还替我们诅咒中国的现状者，这才是真有良心的真可佩服的人”[1]。从这个意义上说，鲁迅其实是不喜欢鹤见祐辅这样描写外国人陶醉于中国生活和文化的作品的，但是他还是把它译介进来了，并且加以深刻的剖析，他是想让国人惊醒，不要再沉醉在幻梦之中。

鲁迅对中国人热衷于复古的保守国民性多有批判，他的译文集《壁下译丛》中岛崎藤村作品《从浅草来》在“历史”篇目下也批判了日本人的复古倾向，主张要厚今薄古。这种历史态度应能引起鲁迅的共鸣，他在1919年5月发表的《现在的屠杀者》中批评那些复古派说：“明明是现代人，吸着现在的空气，却偏要勒派朽腐的名教，僵死的语言，侮蔑尽现在，这都是‘现在的屠杀者’。”[2]

《壁下译丛》中岛崎藤村《从浅草来》那篇“青年的书”标题下只有20个字，却非常有力量：“青年是应当合上了老人的书，先去读青年的书的。”这行文字与鲁迅写于1925年2月的《青年必读书》具有互文性。1925年，《京报副刊》向社会贤达征求“青年爱读书”和“青年必读书”书目，鲁迅应约写了下了这样的回答：“从来没有留心过，所以现在说不出。”然后他在“附注“里作了补充，写下了让中国读书人震惊的文字：“我看中国书时，总觉得就沉静下去，与实人生离开；读外国书——但除了印度——时，往往就与人生接触，想做点事。中国书虽有劝人入世的话，也多是僵尸的乐观；外国书即使是颓唐和厌世的，但却

[1] 鲁迅：《灯下漫笔》，《鲁迅全集》第1卷，第226—227页。
[2] 鲁迅：《现在的屠杀者》，《鲁迅全集》第1卷，第366页。

是活人的颓唐和厌世。我以为要少——或者竟不——看中国书，多看外国书。少看中国书，其结果不过不能作文而已。……”[1]

岛崎藤村从时间层面上强调了老年人的书与青年人的书之间的差别，鲁迅则从空间（中外）角度突出中国书与外国书的迥异，不过，在鲁迅笔下，僵尸式的中国书就相当于岛崎文中的“老人的书”，充满活力的外国书即是岛崎说的“青年的书”。结合岛崎在前边述及的对厚古薄今历史态度的批评，他与鲁迅对保守的国民性批判的立场应该是接近的，即为了现代社会中的人们能够轻轻松松地生活着，抛却传统的负担（古籍）是势所必然的。

鲁迅立足于启蒙主义立场，同时质疑启蒙主义的有效性；鲁迅与日本作家就改造国民性问题进行对话，但是提醒中国人不要迷醉于日本人对日本国民性的批判，更应该关注和去除我们中国的国民性弊端。

作为中国现代最为敏锐深刻的思想家之一，鲁迅对于古今中外一切重大的思想学说都发生过兴趣，与影响人类文明进程的主要哲学、宗教体系展开了对话；但是具有独立思想气质的鲁迅不会彻底被某种思想体系捕获而完全臣服，他与一切重要学说都是“在而不属于”的关系，一旦沉浸有时，他就会冲出某种思想的营垒，完成精神的突围，然后返身对这种思想学说进行质疑和批评，从而实现着对这种思想学说更高意义上的理解和受容。

鲁迅与启蒙主义、改造国民性思想体系的关系也可作如是观。

鲁迅的译著和创作在前述思想命题上展开的对话，内涵丰富而充满张力，显示了鲁迅著译之间深刻的互文性。

（王家平 文学博士 首都师范大学教授 ）

[1] 鲁迅：《青年必读书》，《鲁迅全集》第3卷，第12页。

编后记

依《新国学研究》的传统，是没有“编后记”这个环节的，但是，第16辑的编者有几句特殊的话想记在此处。

2016年，寒假临近，编者有所意外地得到通知：《新国学研究》获得学校批准的一年两辑的出版经费。于是不得不约稿了，也跟已经身体不佳的王富仁老师报告了《新国学研究》的最新境况。没有想到的是，2016年12月6日，我收到了一个师弟的邮件，说：“王老师嘱我把他的文章《鲁迅与顾颉刚》发给您，请见附件。”我知道，附件里的文章就是给《新国学研究》的长文了，没有想到的是，居然是近22万字的长文；不过，我细节性地清楚这字数已经是2017年的9月了——一些剧烈的遗憾已经发生，一些事物似乎无可挽回地成为过去！

2017年9月的时候，设想过，干脆把这22万字出成一本特殊的《新国学研究》纪念专刊吧——一本《新国学研究》，一篇长文，一个作者，一点纪念。记得，在樊骏先生去世之后，王富仁老师就撰写“樊骏论”，越写越长，一直写到了20多万字，那时候就这样说：写完这《樊骏论》，出成一本《新国学研究》得嘞……那么，将20多万字的《鲁迅与顾颉刚》编成一本《新国学研究》的话，王富仁老师在天之灵也一定不会不高兴的吧？

虽说如此，《新国学研究》第16辑最终接受了多方的提议，拟将《鲁迅与顾颉刚》分期在数辑《新国学研究》上刊载——这也挺可以的吧，在较长的时间线上面对先生的文字，那记忆的心绪也因此而是别一种境状，也好。

因此，《新国学研究》第16辑的尤为特别之处是"纪念"。虽然，"纪念"的事，其实真的，也许仅仅于纪念者有意义，而对于被记忆者的意义究竟有没有啊？——很可疑的吧？

编者

2017年11月，于汕头

图书在版编目(CIP)数据

新国学研究. 第16辑/汕头大学新国学研究中心编. —长沙:岳麓书社,2019.6

ISBN 978-7-5538-1046-1

Ⅰ.①新… Ⅱ.①汕… Ⅲ.①社会科学—中国—丛刊
Ⅳ.①C55

中国版本图书馆CIP数据核字(2018)第259697号

XIN GUOXUE YANJIU (DI 16 JI)

新国学研究(第16辑)

编　　者:汕头大学新国学研究中心

责任编辑:彭楚兵

责任校对:舒　舍

封面设计:山和水工作室

岳麓书社出版发行

地址:湖南省长沙市爱民路47号

直销电话:0731-88804152　0731-88885616

邮编:410006

岳麓书社网址:www.yueluhistory.com

2019年6月第1版第1次印刷

开本:640mm×960mm　1/16

印张:20.25

字数:254千字

ISBN 978-7-5538-1046-1

定价:48.00元

承印:长沙市宏发印刷有限公司

如有印装质量问题,请与本社印务部联系

电话:0731-88884129